全国建设行业职业教育规划推荐教材

房地产经纪

(房地产类专业适用)

周 柳 主编

中国建筑工业出版社

图书在版编目（CIP）数据

房地产经纪/周柳主编. —北京：中国建筑工业出版社，2007

全国建设行业职业教育规划推荐教材

ISBN 978-7-112-09517-9

Ⅰ. 房… Ⅱ. 周… Ⅲ. 房地产业-经纪人-专业学校-教材　Ⅳ. F299.233.5

中国版本图书馆 CIP 数据核字（2007）第 129789 号

本书共分 11 章，内容为包括房地产经纪概述，房地产经纪人，房地产经纪人员基本素质与技能，房地产交易相关知识，房地产代理业务，房地产居间业务，房地产经纪其他业务，房地产经纪人员的业务技巧，房地产经纪行业管理，房地产经纪管理信息化等。

本书可作为中职房地产经营与管理专业教材，也可作为高职高专房地产类专业教材和房地产从业人员岗位培训或自学用书。

* * *

责任编辑：张　晶　刘平平
责任设计：董建平
责任校对：兰曼利　孟　楠

全国建设行业职业教育规划推荐教材
房地产经纪
（房地产类专业适用）

周　柳　主　编
欧江波　彭后生　主　审

*

中国建筑工业出版社出版、发行（北京西郊百万庄）
各地新华书店、建筑书店经销
北京密云红光制版公司制版
廊坊市海涛印刷有限公司印刷

*

开本：787×1092 毫米　1/16　印张：13½　字数：327 千字
2007 年 11 月第一版　2015 年 4 月第六次印刷
定价：22.00 元
ISBN 978-7-112-09517-9
（20325）

版权所有　翻印必究
如有印装质量问题，可寄本社退换
（邮政编码　100037）

前　言

　　本教材是根据职业教育房地产经营与管理专业的"教育标准"、"培养方案"及全国建设行业职业教育规划推荐教材"房地产经纪"课程教学大纲的要求编写的。针对学生的实际情况，本教材在内容、结构上作了全新的调整与创新，在编写时突出了以下几个特点：一是突出职业性、实用性与可操作性，不拘泥于学科、学术的理论性；二是内容全面、系统，涵盖了房地产经纪概论和房地产经纪实务的内容，兼顾严谨的科学性与形式的灵活性，更易于学生的学习和阅读；三是既符合教学需要，又贴近实践，及时更新和完善专业知识，反映当前房地产经纪行业发展现状的同时又适当兼顾今后的发展趋势。

　　本教材共分为十一章。第一章概述了房地产经纪活动的发展，为后面各章的学习打下良好的基础，第二章至第四章分别介绍了房地产经纪人、房地产经纪机构以及房地产经纪人员应具备的基本素质与技能，第五章介绍了房地产交易的相关知识，为后面房地产经纪业务的铺开打下理论基础，第六章至第八章分别介绍房地产代理业务、居间业务和其他业务，第九章介绍了房地产经纪人员的业务操作技巧，第十章介绍了房地产经纪行业管理的模式和主要内容，第十一章介绍了房地产经纪的信息化管理。

　　在教材编写过程中，编者参考了有关论著、教材和资料，在此向文献的作者表示深深的感谢。广州市社科院研究员欧江波博士、江苏省常州建设高等职业技术学校彭后生老师审阅了书稿，并提出了许多宝贵的修改意见，在此表示衷心的感谢。广州市土地房产管理学校的领导对教材的编写给予了大力的支持，邓建清同志参与了本书的资料收集和书稿整理工作，在此亦表示诚挚的谢意。

　　由于编者的学识和经验有限，书中难免有疏漏之处，敬请读者批评指正。

目 录

第一章 房地产经纪概述 ··· 1
- 第一节 房地产经纪基本概念 ··· 1
- 第二节 房地产经纪的特征与作用 ··· 5
- 第三节 我国香港、台湾及美国房地产经纪发展经验 ··· 7
- 第四节 我国房地产经纪发展历史、现状与趋势 ··· 14
- 复习思考题 ··· 17

第二章 房地产经纪人 ··· 18
- 第一节 经纪人与房地产经纪人 ··· 18
- 第二节 房地产经纪人员的执业规范 ··· 20
- 第三节 房地产经纪人员执业中的禁止行为 ··· 23
- 复习思考题 ··· 25

第三章 房地产经纪机构 ··· 27
- 第一节 房地产经纪机构的设立 ··· 27
- 第二节 房地产经纪机构的基本类型 ··· 29
- 第三节 房地产经纪机构的经营模式 ··· 31
- 第四节 房地产经纪机构的组织系统 ··· 36
- 复习思考题 ··· 42

第四章 房地产经纪人员基本素质与技能 ··· 43
- 第一节 房地产经纪人员的职业道德 ··· 43
- 第二节 房地产经纪人员的知识结构 ··· 46
- 第三节 房地产经纪人员的执业技能 ··· 49
- 第四节 房地产经纪人员的心理素质 ··· 53
- 第五节 房地产经纪人员的礼仪修养 ··· 55
- 复习思考题 ··· 64

第五章 房地产交易相关知识 ··· 65
- 第一节 房地产交易的基本流程 ··· 65
- 第二节 房地产交易合同的类型与内容 ··· 71
- 第三节 房地产交易的相关政策与法规 ··· 93
- 第四节 房地产交易相关税费 ··· 98
- 复习思考题 ··· 106

第六章 房地产代理业务 ··· 107
- 第一节 房地产代理的基本操作 ··· 107
- 第二节 商品房销售代理业务 ··· 108
- 第三节 二手房转让代理业务 ··· 112
- 第四节 房屋租赁代理业务 ··· 117

第五节　房屋置换代理业务 …………………………………… 122
　　第六节　房地产代理业务案例 …………………………………… 123
　　复习思考题 …………………………………………………………… 125

第七章　房地产居间业务 …………………………………………… 126
　　第一节　房地产居间业务概述 …………………………………… 126
　　第二节　房地产居间业务的基本流程 …………………………… 127
　　第三节　房地产居间合同 ………………………………………… 129
　　第四节　房地产居间业务案例 …………………………………… 133
　　复习思考题 …………………………………………………………… 134

第八章　房地产经纪其他业务 ……………………………………… 135
　　第一节　房地产经纪业务中的咨询服务 ………………………… 135
　　第二节　房地产经纪业务中的代办服务 ………………………… 139
　　第三节　房地产行纪 ……………………………………………… 142
　　第四节　房地产拍卖 ……………………………………………… 143
　　复习思考题 …………………………………………………………… 146

第九章　房地产经纪人员的业务技巧 ……………………………… 148
　　第一节　房源开拓与管理技巧 …………………………………… 148
　　第二节　客源开拓与管理技巧 …………………………………… 153
　　第三节　谈判技巧与策略 ………………………………………… 157
　　第四节　异议处理的技巧 ………………………………………… 159
　　第五节　促成交易技巧 …………………………………………… 164
　　第六节　签约的技巧 ……………………………………………… 167
　　第七节　后续服务的技巧 ………………………………………… 167
　　复习思考题 …………………………………………………………… 169

第十章　房地产经纪行业管理 ……………………………………… 170
　　第一节　房地产经纪行业管理概述 ……………………………… 170
　　第二节　房地产经纪行业管理的内容 …………………………… 174
　　复习思考题 …………………………………………………………… 184

第十一章　房地产经纪管理信息化 ………………………………… 186
　　第一节　房地产经纪信息概述 …………………………………… 186
　　第二节　房地产经纪信息管理 …………………………………… 188
　　第三节　房地产经纪信息的计算机管理系统 …………………… 191
　　复习思考题 …………………………………………………………… 194

附录1　城市房地产中介服务管理规定 ……………………………… 195
附录2　关于房地产中介服务收费的通知 …………………………… 199
附录3　中介服务收费管理办法 ……………………………………… 201
附录4　房地产经纪人员职业资格制度暂行规定 …………………… 204
附录5　房地产经纪人执业资格考试实施办法 ……………………… 208

参考文献 ……………………………………………………………………… 210

第一章 房地产经纪概述

房地产经纪是伴随着房地产市场的建立和发展而形成的一门新兴行业。本章在阐明了房地产经纪的概念、特征、必要性和作用等理论的基础上，回顾了我国房地产经纪的发展历程，借鉴发达国家和地区房地产经纪的发展经验，总结了当前我国房地产经纪的发展状况。要求学生在学习本章时能理论联系实际，对现阶段我国房地产经纪发展状况、趋势以及所存在的主要问题有初步认识，为后面各章内容的深入学习打下良好的基础。

第一节 房地产经纪基本概念

一、经纪

（一）经纪的内涵

经纪作为一种社会经济活动，即经纪活动，是社会经济活动中的一种中介服务行为，具体是指为促成各种市场交易而从事的居间、行纪、代理及咨询等的有偿服务活动。

根据以上定义，无论何种经纪活动，均有两个基本内涵：

其一，经纪活动是一种中介活动，主要是提供信息和专业知识服务来进行"牵线说合"，最终促成交易。

其二，以赢利为目的，即经纪人提供中介服务，通过佣金方式取得其服务的报酬。

（二）经纪的特点

经纪作为一种社会中介服务活动，具有以下的特点。

1. 活动范围的广泛性

市场上有多少种商品就会有多少种经纪活动。不仅包括有形商品，还包括无形商品。社会需求的千差万别为经纪活动提供了广泛的空间。

2. 活动内容的服务性

在经纪活动中，经纪主体只提供服务，不直接从事经营。经纪人对商品没有所有权、抵押权和使用权，不存在买卖行为。经纪机构的自营买卖不属于经纪行为。

3. 活动目的的有偿性

在经纪活动中，经纪人所提供的服务是一种商品，不仅具有一定的使用价值，而且具有交换价值，因此提供服务的经纪人有权向享受服务的委托人收取合理的佣金。佣金是经纪人应得的合法收入。

4. 活动地位的居间性

在经纪活动中发生委托行为的必要前提，是存在着可能实现委托人目的的第三主体，即委托目标的承受人。而经纪服务的行为人，只是为委托人与承受人所进行的事项发挥居间撮合、协助的作用。接受不存在第三主体的委托事项，不属于经纪服务。

5. 活动责任的确定性

在经纪活动中，经纪人与委托人之间往往通过签订经纪合同，明确各自的权利和义务。在不同的经纪活动方式下经纪人承担的法律责任和义务不同。明确的法律关系，是经纪活动中双方诚实守信的基础。

（三）经纪的活动方式

一般说来，经纪活动的主要方式分为居间、行纪、代理。经纪活动的主体——经纪人也就具备了相应的身份，所以，经纪的活动方式实际就是经纪人的活动方式。

1. 居间

是指经纪人或经纪机构向委托人报告订立合同的机会或者提供订立合同的媒介服务，撮合交易成功并向委托人收取报酬的商业行为。居间是一种买卖关系最简单、最灵活，而本身承担风险最小的中介活动，是经纪行为中广泛采用的一种基本形式。其特点是：①服务对象和范围广泛；②只以自己的名义替交易双方媒介交易，并不具体代表其中任何一方，因此一般没有代为订约的权力；③介入交易双方的交易活动的程度较浅、较窄，服务内容较为简单，与服务对象的关系多以媒介的具体交易行为为限，时间一般比较短暂。

2. 行纪

是指经纪人或经纪机构受委托人的委托，以自己的名义与第三方进行交易，并承担规定的法律责任的商业行为，其特点是：①行纪属于自为营业主体，但为委托方的利益而进行活动；②服务对象和范围较广，服务内容和参与程度较深；③以自己的名义进行活动，行纪活动中的权利与责任归行纪人自己。

3. 代理

是指经纪人或经纪机构在受托权限内，以委托人名义与第三方进行交易，并由委托人直接承担相应法律责任的商业行为。经纪活动中的代理，属于一种商业代理活动，其特点是经纪人或经纪机构与委托人之间有较长期稳定的合作关系，经纪人或经纪机构只能以委托人的名义开展活动，活动中产生的权利和责任归委托人，经纪人或经纪机构只收取委托人的佣金。

> **居间、代理与行纪的区别**
> ➢ 承担的法律责任不同。在委托权限内，代理活动所产生的法律责任由委托人直接承担，居间、行纪活动所产生的法律责任则由经纪人或经纪机构承担；
> ➢ 收入来源不尽相同。居间、代理活动只能以佣金作为唯一的收入来源，行纪活动除了佣金外，经纪机构还可以在委托人同意或双方事先约定的前提下，以低于（或高于）委托人指定的价格买进（或卖出），并因此而增加报酬。

（四）经纪收入

佣金是经纪活动的主体——经纪机构和经纪人的收入的基本来源，其性质是劳动收入、经营收入和风险收入的综合体。它是对经纪机构和经纪人开展经纪活动时付出的劳动、支付的成本和承担的风险的总回报。国家保护经纪机构和经纪人从事合法经纪活动并取得佣金的权利。

佣金可分为法定佣金和自由佣金。法定佣金是指经纪人从事特定经纪业务时按照国家对特定经纪业务规定的佣金标准获得的佣金。法定佣金具有强制效力，当事人各方都必须接受，不得高于或低于法定佣金。自由佣金是指经纪人与委托人协商确定的佣金，自由佣金一经双方确定并写入合同后也具有同样的法律效力，违约者必须承担违约责任。

除法律法规另有规定外，佣金的支付时间由经纪人与委托人自行约定，可在确定委托关系后预收全部或部分佣金，也可与委托人协商约定在提供服务期间分期收取或在完成委托事项后一次性收取。在双方签订经纪合同时，应将佣金的数量、支付方式、支付期限及中介不成功时的中介费用的负担等明确写入合同。经纪人收取佣金时应当开具发票，并依法缴纳相关税费。经纪人为防止佣金被"甩"，可以在签订合同时预收部分佣金和费用，也可与委托人签订"专有经纪合同"、公证或到工商行政管理机关进行合同鉴证。

> ➢ 佣金与回扣、信息费的区别
> ➢ 佣金是经纪人开展经纪业务所得到的合理、合法收入，它是由经营收入、劳动收入和风险收入构成的综合体；
> ➢ 回扣既不是风险收入，也不是劳动收入和经营收入，而是由卖方转让给买方的一部分让利，在我国，暗中收受回扣属于违规、违法行为；
> ➢ 信息费是因提供有价值信息而对信息提供者所支付的价款，是出卖信息商品的销售收入，只要将信息售出，即可收取。

（五）经纪的作用

1. 传播经济信息

随着中国市场经济的形成和发展，市场竞争必然日益加剧，中国企业的生产和经营面临众多的竞争对手，触及各种类型的市场，企业靠自身的能力难以掌握多种市场信息，从而需要通过经纪的中介服务来把握有关商品需求与生产的信息。

经纪能够发挥信息传播作用，因为从事经纪活动的经纪人员都是活跃在各个市场的专业人员，他们依靠自身的专业知识，借助中介组织的优势和有效的设备，能够针对性很强地汇集和把握市场供求双方的信息。通过中介过程的实施，买卖双方也就能对买卖商品的行情和有关信息有清晰的了解。

2. 加速商品流通

随着中国市场体系的进一步完善和细化，每一个专业市场将不断调整、更新其交易规则，并强化其专业特点。企业靠自身的能力往往难以及时、准确地把握市场交易规则，从而需要通过经纪的中介服务抓住交易时机，迅速实施交易。

经纪能够发挥加速商品流通的作用，这是因为从事经纪活动的经纪人员常常能较系统较连续地掌握某类商品供求的有关信息，因此对此类商品的供求变化趋势就能有较准确的分析和判断。同时，从事经纪活动的经纪人员在各自熟悉的专业领域中不断实践，积累了丰富的交易经验和熟练的交易技巧，因此在每个交易环节上，能够综合行情及价格走势，考虑各种交易因素，结合交易规则和法律法规的要求，及时地进行恰当的分析和准确的判断。经纪人员熟练地办理繁琐和复杂的手续，能够帮助交易双方顺利通过各个交易环节，以合理的价格、最短的时间来完成交易。

3. 优化资源配置

资源的合理配置，主要是指人力、物力、财力在各种不同的使用方向之间的合理分配。资源在产业、地区、企业之间的合理配置取决于市场的完善，而供求双方良好的沟通和健全的市场竞争机制，将驱使企业有效利用资源，使之发挥尽可能大的作用。市场的这一功能需借助经纪的作用才能很好地体现。由于经纪的最基本作用就是沟通供求双方，发挥信息传播作用，通过委托业务将有关产品竞争力的分析和判断传播给企业，从而为企业调整资源配置提供必要的依据和市场向导。同时，在经纪活动中，经纪人员是在市场上广泛的客户层面中依据公认的竞价原则为买主寻找卖主，或为卖主寻找买主，这种顺应市场竞争规律的持续的经纪活动过程，会引导企业等买卖双方将资源向合理的方向配置，可见，经纪服务能发挥优化资源配置的积极作用。

4. 推动市场规范化

经纪活动数量的增加和质量的提高，将加大商品交换的范围，加快商品交换的速度，增加商品交换的数量，进而促使市场更加活跃。经纪活动的参与，有助于专业市场发展，促进市场结构不断完善。同时，由于经纪业务的发展，增加了对市场信息的需求量，提高了对信息的汇集、处理和传播的质量要求，从而在客观上推动了市场硬件和软件的现代化建设。

通过经纪活动，经纪人员可以积累大量的交易经验，把握交易的规律性特点，从而能够通过企业的委托业务，影响企业在竞争中的行为从不规范转向规范。可见，在市场管理部门规范化管理的指导下，经纪人员通过自身的努力，通过中介组织的协调，能够发挥推动市场规范化的积极作用。

5. 促进社会经济发展

社会经济的发展是伴随着社会分工的专业化、系统化而实现的。社会分工越细，人们在各自分工的专业内的投入就越大，产出就越高，社会经济发展的速度也就越快。在市场多样化且瞬息万变的今天，在相对过剩的买方市场时期，作为生产企业来讲，通过委托经纪活动来处理涉及市场和交易的问题，可以更加准确地把握市场机遇，及时、优质地解决除生产以外的各种专业难题。这样一来，企业生产整体成本将随之降低，企业的竞争力增强，整个社会的专业化水平也将大幅度提高。因此，经纪活动的服务，可以促进社会经济的发展。在中国社会主义市场经济的发展过程中，经纪活动的这一作用将会日益显示出来。

二、房地产经纪

（一）房地产经纪内涵

房地产中介服务活动是房地产市场经济发展的产物，是房地产商品生产流通和消费不可缺少的媒介和桥梁。根据《城市房地产中介服务管理规定》，房地产中介服务是指房地产咨询、房地产价格评估、房地产经纪等活动的总称。可见，房地产经纪是房地产中介服务活动的一个基本组成部分。

房地产经纪是基于房地产这个特殊的物质所形成的市场而产生的，是受委托人委托，并为委托人提供房地产信息和居间、行纪和代理业务的经营活动。具体而言，房地产经纪是指向进行房地产开发、转让、抵押、租赁等房地产经济活动的当事人有偿提供居间、行纪、代理服务的经营性活动。

（二）房地产经纪活动方式

按照一般分类方法可将房地产经纪业务分为房地产居间、代理和行纪三种类型。目前房地产居间与代理通常被认为是房地产经纪的两种基本类型，房地产居间是指向委托人报告订立房地产交易合同的机会或者提供订立房地产交易合同的媒介服务，并收取委托人佣金的行为。存量房买卖中广泛采用居间形式。房地产代理是指以委托人的名义，在授权范围内，为促成委托人与第三方进行房地产交易而提供服务，并收取委托人佣金的行为。增量房的买卖主要采用代理形式。

（三）房地产经纪的内容

房地产经纪是一种专业性的营业或职业活动，其活动的主要内容包括：

(1) 从事现房交易活动，为买者代买或为卖者代卖，交易成功，按交易额的一定比例获取佣金。

(2) 从事期房交易，为买者代买或为卖者代卖，交易成功，按交易额的一定比例获取佣金。

(3) 从事地产交易，为需地者找到地源。

(4) 从事房地产抵押业务，为产权人申请抵押贷款，办好有关手续。

(5) 从事房屋租赁代理，按月租金额的一定比例提取佣金。

(6) 从事有关房地产的合资、合作或联营的项目交易活动。

(7) 从事有关房地产的广告策划、过户纳税、产权调换、售后服务等代理活动。

第二节 房地产经纪的特征与作用

一、房地产经纪的特性

1. 服务性

经纪人作为中介人从事的是一种商业服务行为，即行为主体（经纪人）通过经纪活动使另一个主体（服务对象）获得某种利益，它所提供的商品不具有实物形态。

2. 专业性

房地产是一种特殊的商品，价值量大，其经纪活动涉及到许多专门知识，如房地产产权、房地产价格构成、房地产税收、房地产交易手续、房地产法律法规等。因此，房地产经纪具有较强的专业性。

3. 地域性

由于房地产商品的空间固定性、地域性，所以房地产交易市场不存在全国性市场，更不存在全球性市场，而是一个地区性市场。由此可见，房地产经纪活动具有很强的地域性。

二、房地产经纪的必要性

我国的房地产市场正处于快速发展与不断完善的阶段。为了完成以市场为基础配置房地产资源的任务，必须创造各种必要的条件，完善市场功能。因此，房地产经纪人及其活动的合法地位必须确立。当前，发展房地产经纪的必要性主要有以下几个重要因素：

1. 房地产商品的特性

房地产商品的特性决定了房地产商品的流通不同于一般商品的流通。房地产的价值量大，不宜通过经销商出售，因为维持这类存货的费用比较高，经销商难以承受。同时房地产具有不可移动性和差异性，其交易过程是要把消费者往产品处集中，以达到认识和购买的目的。专业的房地产经纪人以合理的费用提供专业化中介服务，从而对促进房地产流通，提高房地产市场运行效率，降低房地产交易成本，保证房地产消费者的合法行为起着十分重要的作用。

2. 房地产交易的复杂性

房地产交易的复杂性，使得每一笔交易都需要耗费时日，并且还要懂得有关的法律、市场营销或估价知识。训练有素的经纪人能为买卖双方提供各种技术帮助。而且房地产买方大都需要融资，经纪人熟悉抵押贷款的各种规定，能帮助买主向金融机构筹措购房贷款。因此，在一些市场经济发达的国家，绝大部分房地产交易均经过房地产经纪人努力。如在美国，在成交的房地产买卖总量当中，约有80%的房地产交易是通过房地产经纪人的经纪服务而成交的。

在当前房地产市场中，从土地批租到商品房的销售和售后服务，市场机制已建立并逐步完善，这必然会加大对房地产经纪人的市场需求。

3. 城镇住房制度改革深入的需要

城镇住房制度改革的方向是要实现住房商品化和社会化，自有住房必然日益增多。随着房屋商品化的深入，单位和个人产权房必然越来越多，市场交易量也必定日益增大。而且，旧公房的出售、拍卖、转让，公房联营、入股、店面开发以及危房、旧房的更新改造等，都将成为市场交易中的常见业务，这些业务都需要经纪人从中牵线搭桥。此外过去公房无偿分配所造成的居住矛盾，需要通过使用权或产权调换的方式去解决。可见，随着住房制度改革的深入，更需要发挥房地产经纪人的作用。

三、房地产经纪的作用

经纪在经济活动中的作用集中表现为在各种经济活动中的沟通和中介作用，即沟通市场供给与需求，提供说合买卖的中介服务。房地产经纪作为一种经纪活动，除了具有经纪活动的一般作用，还具有自己独特的功能定位，主要表现在以下三个方面：

1. 沟通信息、提供咨询

房地产交易中，买卖双方之间存在严重的信息不对称。因此，需要由房地产经纪人搜集交易信息，沟通供需双方，提供专业咨询。房地产经纪人的中介地位和专业能力，使他们具有获得房地产商品交易信息的职业优势。如果房地产经纪人不能坚守中介立场，而是运用职业便利做出超越中介的行为，则更易加剧信息的不对称，导致市场失灵。

2. 促成交易、提高效率

在房地产交易中，当事人需要市场供求、对方诚信等信息，只有在了解对方和市场情况后才会作出决定。房地产又由于价值量大，交易双方都比较谨慎，不仅导致双方搜寻信息的成本相当高，而且由于缺乏房地产知识而使交易的效率低下。因此房地产经纪业存在的第二个基本理由，也就是行业功能的另一个基本定位，就是通过为当事人提供专业服务，促成双方顺利、安全交易，以提高市场交易效率，从而为当事人省事、省钱。

在正常的房地产交易活动中，房地产经纪人能比较准确地把握市场供需，并根据物业现状对价格作出判断，运用法律知识为双方当事人制订相对完备的合同，减少或杜绝违约行为。这些专业服务使双方当事人减少顾虑，较快促成交易，提高了效率。当然，房地产经纪人不能为了快速成交而偏袒一方，甚至蒙骗，诱导当事人。否则，这种对于当事人的不公平交易，即使一时成交，也会留下隐患，并且会损害当事人的利益，引发各方纠纷，实际结果是交易的低效，甚至是无效。

3. 公平买卖、保障安全

房地产交易主要是产权的转让。由于房地产价值量大，在当事人的全部财产中占有相当大的份额，因此，房地产交易的安全关系到当事人的重大利益。目前，银行为房地产买卖提供主要的金融贷款支持，房地产交易的不安全也会增加银行风险，严重的情况还会危及社会稳定，从而具有社会风险性质。

追根溯源，在房地产交易中，利用交易信息不对称逐利，以及缺乏专业能力是导致交易风险的根本性隐患，因此，防范房地产交易不安全造成的相关社会风险，保护有关当事人的财产安全的最有效市场方式，就是依托经纪人坚守中介立场，发挥专业优势，规范服务程序。对居间业来说，必须在交易过程的各个环节，严格把好安全关。房地产经纪人应把维护房地产交易安全当成自己的首要使命，以诚信为本，维护交易安全，否则经纪人会失去客户的信任，殃及整个经纪行业的声誉，危害行业的发展。

第三节 我国香港、台湾及美国房地产经纪发展经验

一、我国香港地区房地产经纪业的发展

房地产经纪公司在香港被称为地产代理公司，房地产经纪行业被称为地产代理业。在香港，地产代理起着促进房地产市场兴旺、活跃的重要作用，大约70%的房地产交易是由地产代理促成的。香港的地产代理经历了个人代理、公司企业代理、集团化代理三个阶段。运作方式也由20世纪70年代的地头式经营或单打独斗，发展到80年代地区式多间分行经营；到90年代跨区经营成熟的地产代理公司由据点式发展转变为网络式拓展，本地地产代理公司日渐成熟；1998年以后，亚洲金融风暴的爆发使香港地产业受到了很大的影响，香港的房地产经纪行业开始面临困境，一些企业出现亏损，因此，整个房地产经纪行业开始有所调整，以谋求更好的生存发展。其中，部分大型的地产代理商将目光转向中国内地，开设分支机构，谋求新的业务发展。总的来看，房地产经纪的繁荣程度与房地产市场兴旺程度成正比。

经过半个多世纪的发展，香港地产代理建立了较为成熟的牌照制度、佣金制度、纠纷处理制度和信誉及风险赔偿制度。

(一) 牌照制度

在香港，地产代理牌照的种类可分为三大类：地产代理（个人）牌照、地产代理（公司）牌照、营业员牌照。从事地产代理的公司必须持有地产代理（公司）牌照方可营业。获得营业员牌照是地产代理机构从业人员最起码的从业条件。营业员只能在地产代理人的监督下从事房地产经纪工作，其雇主须对他的工作负责。相对于营业员牌照而言，获得地产代理（个人）牌照的难度要高一些。无论是以独资经营者、合伙人、管理公司具体业务的董事的身份，还是以地产代理业务经理的身份从事房地产代理工作的人都必须获得地产

代理（个人）牌照。持有牌照的地产代理人可以作为一般职员受雇于某一家地产代理公司。通过发牌制度可以提高从业人员的专业水平，保证基本的服务水准。

香港地产经纪业从业人员资格考试由香港筹试局委托地产监管局代行举办，每年举办三次。考试内容主要包含以下八个方面：

（1）香港地产代理业的发展史；

（2）地产代理实务：含地产代理法定监管组织、监管局有关地产代理的发牌条件、地产代理的法定责任及《地产代理条例》、操守守则、地产代理执业条例、与地产代理业有关的指引等内容；

（3）监管物业转让的习惯及程序的法例；

（4）土地注册制度、查册及与物业有关的资料系统；

（5）与建筑物有关的知识、物业分类及物业管理；

（6）房地产估价的理论与实务；

（7）租赁与租约事项；

（8）地产代理业务的有效管理（控制）：含物业资料的管理、处理投诉与佣金纠纷、地产代理和营业员的工作程序等。

为提高业内从业人员的业务水平，香港多家高等院校及职业培训机构特意举办地产代理和营业员的培训课程。

（二）佣金制度

在香港，目前市场上一般佣金的收费为楼价的1%，是全世界最低的（美国和加拿大是6%，我国台湾地区是3%，新加坡和日本是2%）。地产代理人和营业员应当在交易前与买卖双方商定佣金收费，以减少发生争执的可能性。

地产代理人在收取佣金时应注意：

（1）地产代理人和营业员必须明示为客户提供服务所应当收取的佣金，商定的佣金收费率或数额必须在地产代理协议中说明。任何更改议定收费率或数额必须用书面的形式予以记录，并附加于原来的地产代理协议之后。

（2）地产代理人和营业员不得因提供服务而私自要求、留存或收取佣金的折扣或回扣，除非已向客户全面披露其保留佣金、折扣和回扣的性质、幅度和数额，并取得客户和雇主对该安排的同意。

（三）纠纷处理制度

根据香港《地产代理条例》的规定，在地产代理活动中出现的纠纷，主要由监管局负责处理。监管局有权在收到投诉以后或者主动对涉嫌触犯有关法规、条例的行为进行调查或研训，对触犯条例的人采取相应的制裁。佣金方面的争议也主要由监管局作出裁定。监管局的裁决可在地方法院登记，经登记后的裁决在法律意义上相当于法庭的判决。

此外，消费者委员会、警方及廉政公署也可处理在购买或租赁物业过程中出现的纠纷。情节比较严重的纠纷，也可直接诉诸法律。

（四）信誉及风险赔偿制度

为提高行业信誉，香港房地产经纪业已基本建立了告知制度，规定地产代理人有义务提供以下资料：权属及登记文件、物业的建筑面积、使用面积、允许用途、落成年份、权利及业主声明（说明他曾否未经任何许可进行了扩建、改建及新业主是否需要承担什么特定的费用，如公共建筑的改建或修建工程的摊派费或其他费用）等。此外，房地产中介代理机构在发布广告时，需在广告中说明房地产代理机构的认可名称、牌照号码及地址等。

一般而言，无论是地产代理机构还是个人，在从事代理业务时非常重视自己的声誉，一旦声誉受损，就很难在行业中立足。

地产代理协议书是一份非常重要的文件，地产代理人和客户只有在已签订协议书的情况下，才可拥有各自相应的权利，就有关交易提出诉讼，有权追讨赔偿、得到经济补助或补救。

在代理活动中，地产代理人或者委托人，因对方没有履行应有的责任而蒙受损失的，一般都可通过法律程序获得损害赔偿。

二、中国台湾地区房地产经纪业的发展

台湾地区的房地产经纪业也经历了个体化、公司企业化、连锁集团化三个阶段，经营方式也由个人"跑单帮"方式发展到有组织的中介机构，经营模式由楼面式营业转向店面经营，由直营连锁发展到加盟连锁经营。目前，台湾房地产中介发展呈现出以下几个特征：①拓展项目，全面服务。台湾房地产中介业经营范围大幅扩张，开拓全面服务，包括成屋预售、商业中介、租赁、投资管理等项目。此间加盟式的中介业者不断壮大，市场上逐渐形成直营与加盟两大模式，并重视提高服务质量。②调整薪奖，注重品牌。1990年因受市场不景气的影响，部分中介企业缩小编制，减少据点以作应变。薪奖结构一般采用无薪高奖或高薪低奖，通过调整薪奖制度来构筑业务动力。随着民众收入水平提高，人们逐渐重视房屋，这促使房屋中介业趋向追求服务质量和信誉形象，因此，注重品牌成为行业的主要导向，树立了以满足客户需求、提升自身专业形象的新趋势。③同业联盟、交易安全。1995年起，台湾房屋中介业进入同业联盟时期，即由同业发起联卖制度，行业公会推动不动产资讯的流通化，编印出版不动产成交行情公报，借以交流信息，促进流通，推动行业发展。

（一）执业资质与教育培训制度

1. **房地产经纪业**

台湾经纪业包括中介业务和代销业务两种类型。中介业务指从事不动产买卖、互易、租赁之居间或代理业务。代销业务指受起造人或建筑业之委托，负责企划并代理销售不动产之业务。经纪业不得雇用未具备经纪人员资格者从事中介或代销业务。经纪业设立的营业处所，至少应设置经纪人1名。营业处所经纪营业员超过20名时，应增设经纪人1名。经纪业者在办妥申报登记后，需加入登记所在地的同业公会后方得营业，并应于6个月内开始营业；逾期未开业者，由主管机关取消其许可。根据经纪业的业务性质，分别组织中介经纪业或代销经纪业的同业公会。

2. **房地产经纪人员**

台湾地区房地产经纪人员可分为经纪人和经纪营业员两种身份。经纪人的职务为执行中介或代销业务，并由经纪业指派取得签订有关契约的权力；经纪营业员的职务为协助经纪人执行中介或代销业务。房地产经纪人和经纪营业员，均需经过培训，考试合格，取得资格证书方能从事经纪业务。经纪人员应专任一家经纪机构，并不得为自己或其他经纪机构执行中介或代销业务。

3. 教育培训

（1）资格教育。房地产经纪人和经纪营业员的培训、考试，由主管机关委托台湾房屋中介商业同业公会主办。测定的主要科目为不动产基本法规、不动产经纪法规、中介实务等。经考试合格者，充任经纪营业员；不动产经纪人考试及格者，应具备一年以上经纪营业员经验，方能申领经纪人证书。

在测定考试时，为恪守职业道德，提高人员素质，需由应考人立约签署《不动产经纪营业员道德规范》。内容包括保护消费者权益、坚持公平交易、提升专业素养等。若有违反上述道德规范，经公会确认，不适发给证书者，不予核发证照。已取得证照者，若发生前项情节，其证照予以撤销，不予办理换照，并由所属公司提报公会登记备案，永不录用。

（2）继续教育。不动产经纪人证书有效期为4年，期满时，经纪人应接受继续教育，提交4年内在主管机关认可的机构、团体完成30个小时以上专业训练的证明文件，并在政府部门办理换证。

（二）佣金制度

台湾地区房地产经纪业过去收取佣金的费率，一般为成交标的4%～5%，没有形成统一的标准。1999年2月颁布的《不动产经纪业管理条例》，指出经营中介业务者，应依实际成交价金或租金按主管机关规定的报酬标准计收。并进一步规定了不动产经纪业或经纪人员经营中介业务者收费最高标准，即向买卖或租赁之一方或双方收取报酬之总额合计不得超过该不动产实际成交价金6%或一个半月的租金。

经过30多年的行业发展，台湾房地产机构在实际操作中的收费方式和标准在不断地发生变化。随着房地产经纪行业的日趋成熟，业界对不赚差价已达成共识，并已列入《不动产经纪业管理条例》。条例规定："经纪业或经纪人员不得收取差价或其他报酬，并应依照实际成交价或租金按主管机关规定的报酬标准计收。"如违反此项规定者，其已收取的差价或其他报酬，应加计利息后加倍返还支付人。

（三）信誉制度

1. 建立公示制度

台湾《不动产经纪业管理条例》规定，经纪业应将其中介或代销相关证照和许可文件、经纪人员证书，以及收取报酬的标准和方式等告示在营业处所的明显之处，公示于众，采取透明服务，不搞"暗箱作业"。

2. 开展"金仲奖"评选活动，树立行业良好形象

台湾房屋中介商业同业公会早在1996年发起首届"金仲奖"评选活动，在业内评选优秀的房地产经纪人员，并加以表彰。举办"金仲奖"为提升经纪业的信誉和社会地位发挥了良好的推动作用。

3. 提高服务质量，建立企业信誉

近年来，台湾房地产经纪业纷纷提出各种服务制度或保障措施，借以提高信誉，吸引消费者。如已推出的为确保过户安全的"交易安全保障制度"；保护付款安全的"交屋履约制度"；防止人为操纵赚取差价的"电脑出价制度"；为保障售后服务的"水电保固制度"、"零瑕疵保证服务"等，为提升企业的信誉创造了有利条件。

（四）风险防范制度

1. 建立交易安全保障制度

在房地产经纪活动中，以产权与购房款列为风险的主要来源，因而买卖双方均以保障交易安全作为最大的需求。目前，台湾房地产经纪业界为防范风险，提出了交易安全保障的相关措施：①制作不动产说明书；②建立购屋付款保证制度；③提供契约的示范文本；④建立交易签证与履约保证制度。房地产经纪业对客户最具有保障交易安全的制度是"产权调查"、"代理审查"及"付款保证"制度。1996年以来，有的经纪企业引入建筑经纪公司和金融机构介入交易流程，合作提供不动产交易签证和成屋履约保证等，更为周全、完善地促进交易安全保障。

2. 营业保证金及赔偿制度

为了确保交易当事人的合法权益，保障损害赔偿，台湾通过当局立法，在《不动产经纪业管理条例》中明确规定，不动产经纪业在协理公司或商业登记后，应按主管机关规定，向不动产经纪业同业公会缴存营业保证金。所缴存的营业保证金独立于经纪业及经纪人员之外，不因经纪业或经纪人员之债务关系而让与、扣押、抵销或负担，并由专门的管理委员会负责保管。

因经纪业的责任不能履行委托契约，致使委托人受到损害时，由经纪业负赔偿责任。经纪业因经纪人员执行业务的故意或过失致交易当事人受损害，该经纪业与经纪人员应负连带赔偿责任。受害人向同一业公会请求代为赔偿时，应由管委会进行调查处理。调处决议事项或代为赔偿时，以中介业或代销业全联会名义行之。经代为赔偿后，应通知经纪企业限期补缴。

（五）纠纷处理制度

1. 建立投诉通道

台湾地区房地产经纪业的主管机关与经纪企业，普遍设置投诉电话，受理消费者的投诉。在交易过程中发生的纠纷，通常由企业调查处理。主管机关（部门）接受的投诉，一般委托同业公会或企业进行调查处理。

2. 设立仲裁机构

台湾于1996年底成立了"不动产纠纷仲裁委员会"，凡对房地产经纪纠纷调解不成者，可由当事人向纠纷仲裁委员会申请仲裁。此外，受理消费者申诉不动产纠纷案件的民间团体有消基会、仲裁组织，当地则有公平会、消保会、监察院等。

3. 通过"条例"立法，对违规行为进行处罚

（1）因经纪人员在两处企业经营，或未取得签约权的情况下擅自签约，或泄露客户秘密而造成的纠纷，对违规者应予申诫。受申诫处分3次者，应予6个月以上3年以下停止执行业务的处分。

（2）因无证经营而造成的纠纷，对违规者应禁止其营业，并对公司负责人或行为人处以新台币10万元以上30万元以下的罚款。在禁止营业处分后，仍继续营业者，处1年以下有期徒刑、拘役或并课新台币10万元以上30万元以下罚金。

（3）因收取差价或额外报酬引发的纠纷，对违规者应予6个月以上3年以下的停止执行业务处分。受停止执行业务处分累计达5年者，撤销其经纪人员证书。

三、美国房地产经纪业的发展

目前，我国的房地产经纪公司虽然发展迅速，但真正让当事人信得过的经纪公司却不

多。市场亟待一种规范、健全的房地产经纪体制，需要诚实、守信的房地产经纪人。因为房地产经纪在整个房地产运行模式里处于一种很特殊的地位。房地产经纪虽然不是房地产市场交易的主体，但却是保证房地产交易成功的必要环节。美国的房地产经纪行业发展起步早，经验较为丰富，可供我们参考。

（一）行业管理

在美国，房地产中介业是相当发达的，为了保证房地产业的健康发展，美国房地产经纪业建立严格的执业牌照管理制度。从行业管理上看，全国及地方都有一些以提高会员的业务能力和保护公共利益为宗旨的房地产经纪人协会，持有经营执照的房地产经纪人才有资格申请入会。"全美房地产经纪人协会"是美国最大的行业协会，下面有54家州协会，1200家地区（市）协会，共有会员72万人。美国的房地产经纪人协会纯粹是为房地产经纪人服务的机构，既不依靠政府，也不享有任何政府管理职能。

（二）佣金制度

在美国，任何房地产经纪人交易机构不可强迫订立最小佣金比率，否则便违反了反托拉斯法的规定。一般来说，经纪人收费即佣金通常是按总售价的百分比确定，一般为6%左右，如是租赁，则为1年租金的6%左右。具体标准随所销售的房地产种类而有所不同。单栋独立住宅的佣金通常为成交额的5%～8%；大型商用房地产收取的佣金为成交额的3%～6%；对未开发的土地转让的销售佣金按转让价的6%～8%。

（三）资质管理与教育培训制度

全美持有房地产经纪人经营执照的有250万人，其中高学历、高素质的人员占了很大比重。在美国，房地产经纪人员有经纪人（Broker）和销售员（Salesman）之分。

销售员只能受经纪人委托受理业务，无权为买卖双方订立契约和收取佣金，报酬则由经纪人按其业绩付给。取得销售员执照必须具备下列条件：①年满18岁的自然人；②具有诚实良好的名声；③持有有意雇用其为销售员的房地产经纪人签名的推荐信；④高中毕业、具有专业知识的训练课时，并修完《房地产原理》课程，通过房地产销售人员考试；⑤取得执照18个月内还需加修两门与房地产有关的学科，并经过考试合格。

经纪人必须具备的条件是：①年满18岁的自然人；②有诚实良好名声的可信证明；③高中毕业、具有专业知识的训练课时，具备2年以上从事房地产实际工作的经验，并修完与房地产业有关的8门学科；④具有一定年限的销售员工作经验并通过房地产经纪人考试；⑤执照持有者每4年必须重修45小时有关房地产最新教育内容的课程，然后方可申请换领执照。

在某些州，房地产经纪人或销售员停业超过2年或3年，必须重新参加考试，才得以恢复营业。经过几十年的发展，美国已经形成一套完整的从学院培养到在职教育的房地产中介人才培养机制。

（四）房地产中介的职能管理

早期，美国房地产市场交易主要由律师和公证人为买卖双方作见证，并处理产权转移事宜，后来由于房地产经纪人的出现，他们不仅作为中介，还代为买卖双方办理产权转移等法律问题，从而在房地产市场交易中发挥不可替代的作用。目前，美国房地产交易过程已经相当规范,具有一整套完整的流程。一宗交易中的参与者各自负有的责任划分得相当明确。

(五)法规制度

在美国,对房地产经纪人有严格细致的法律规定,这些法律包括代理法、契约法规、各州的执照法、各州的相关法律、联邦法及专业伦理法则等。其中,以房地产执照法为规范房地产经纪人行为最严密的法规。对于何种情形下经纪人必须持照都有详细规定。而且,虽然美国各州关于发放执照的条件不尽相同,但一般要求符合条件的申请者修习并考试通过相关课程。美国还要求每位房地产经纪人均须有固定的营业场所,并要求开立特别信用账户(Trust Account)以存放房主及客户的资金,避免私账混入。此外。还要将所有登陆个案、成交记录等文件资料保留一定时期,以备查。

四、发达国家和地区房地产经纪发展经验启示

第一,加强法制建设、加强行业管理。房地产中介业发展很快,不断出现新的业务形式。一方面还需要政府不断颁布相应的政策法规予以规范、保障,另一方面还需要加大执法力度,加强执法监督,真正做到"有法可依、有法必依",使中介业真正和世界接轨。今后应着重研究房地产中介机构与政府、房地产中介机构与其服务购买者及政府与服务购买者之间的法律建设。

第二,完善中介操作的技术标准、程序标准。发达国家和地区的经验表明,在统一的技术标准的基础上确定统一的判断标准,可以保障市场的正常秩序。而健全完善的程序标准应当是杜绝目前中介市场中的种种不良现象的根本措施。

第三,发挥行业协会的作用,加强行业自律。一个行业的行业协会往往是健全该行业的必需机构。综观房地产中介业发达的国家(地区)的经验,要完善房地产中介业的结构,除了国家立法规范、行政管理完善之外,很大程度上有赖于行业协会发挥其教育及监督的功能,以提高行业整体素质、加强行业自律。我国各地市虽然也成立了相应的行业协会,但是其目前的发展状况与有效承担社会赋予的相应职能还有一定距离。随着脱钩改制工作的开展,今后行业协会要逐步承担起原由行政部门承担的资质评定,审核和从业人员教育培训、资格管理等行业管理工作。政府部门要给协会明确的授权,健全和强化学会的机构职能和力量。政府部门除了保留监督和最终裁定权之外,其他所有的事情都应交给协会来办。

第四,构建房地产经纪诚信服务体系。这一体系主要包括信用制度、信用管理和信用环境三个方面。首先,进一步完善和细化与房地产经纪服务诚信制度有关的法律、法规,如房地产经纪业主体的资质和诚信状况公示、服务过程和标准、交易契约的签订等,为诚信体系提供一个坚实的制度基础。其次,加强对房地产经纪企业和从业人员自身的信用管理。要增强房地产经纪企业信用风险的防范能力,对企业的经营交易过程进行全程信用管理,通过建立客户资信管理制度、内部授信制度、交易佣金与预付款等资金管理制度,提升企业的信用管理水平。建立房地产经纪人员个人从业信用档案,通过房地产经纪行业协会的诚信管理,提高从业人员反诚信的社会成本。第三,通过采用电子化、因特网等现代科技完善房地产经纪信用环境,促进市场信息公开化、交易透明化。

第四节 我国房地产经纪发展历史、现状与趋势

一、我国房地产经纪业的起源与发展

（一）1949 年以前的中国房地产经纪业

我国房地产经纪业的历史源远流长，其兴起可以追溯到很早以前。据史书记载，我国历史上最早的经纪人出现于马市，即是两汉时期的"驵侩"。"驵侩"看马是以马的牙齿论价，因此，这种中间人又称为"牙侩"。到宋代，涉及田宅买卖的牙商已经出现，在《宋史》中就有"典卖田宅增牙税钱"的记载。据元《通制条格》卷十八《关市》记载，在元代已大量存在房地产经纪活动的人，当时从事房地产经纪活动即房屋买卖说合的中介被称为"房牙"。这一称谓一直沿用到清代。

1840 年鸦片战争之后，在我国的一些通商口岸，如上海，房地产经营活动纷纷出现，活跃了房地产市场，于是房地产掮客也应运而生。房地产掮客活动范围十分广泛，有买卖、租赁、抵押等。在上海，房地产掮客大致分为两大类，一为挂牌掮客，有固定的经营场所，以"顶屋公司"的名义挂牌，通过在报纸上刊登房地产出卖或出租广告的方式招揽生意，待顾客前来固定经营场所询问，成交后收取若干佣金。另一类为流动掮客，没有固定的办公场所，以茶楼作为经营据点，交换信息，撮合成交，收取佣金。这一时期，房地产掮客对于活跃房地产市场，缓解市民住房紧张，促进住房商品流通，起到了一定的作用。但房地产掮客鱼龙混杂，多数经营做法不正，投机取巧，又没有形成行业组织，加上政府管理不严，放任自流，也在一定程度上加剧了房地产市场的混乱。

（二）1949 年以后的中国房地产经纪业

解放初期，民间的房地产经纪活动仍较为活跃。当时整个房地产经纪活动比较混乱，一部分不法房地产经纪人员用欺骗、威胁等手段，对房东、房客或房屋的买主、卖主进行敲诈，索取高额中介费，并哄抬房价。20 世纪 50 年代初开始，政府加强了对经纪人的管理，采取了一系列如淘汰、取代、改造、利用以及惩办投机等手段，整治了当时的房地产经纪业。

随后，直到 1978 年改革开放前，由于房屋作为"福利品"由国家分配，而不是通过市场交易，因此，在这一时期，房地产经纪活动基本消失。

改革开放以后，随着城镇国有土地有偿使用和住房制度改革的逐步推进，特别是 1992 年邓小平同志南巡讲话的发表，我国房地产业得到了迅猛的发展，房地产经纪人及经纪企业顺应房地产市场发展的要求，如雨后春笋般涌现出来。由于房地产具有价值大、位置固定、使用期长和交易过程复杂等特点，房地产市场活动中交易各方往往需要有关专门知识和信息的帮助，因此，在我国房地产市场快速发展中，房地产经纪作为房地产市场的一个重要环节，发挥了重要的作用，成为活跃房地产市场的一个重要方面。特别是 1995 年 1 月 1 日《城市房地产管理法》和 1996 年 2 月《城市房地产中介服务管理规定》（2001 年 8 月 5 日修改）实施后，房地产经纪行业的地位逐步为社会所承认。据不完全统计，目前全国注册登记的房地产经纪机构已逾万家，从业人员的数量达几十万人之多，而且房地产经纪企业和经纪人员的数量还在迅速增加。

从全国范围来看，房地产经纪业的发展是不均衡的，一些经济较发达的地区发展得较早、较快，而一些经济相对落后的地区则发展得较晚、较慢。如深圳，早在1988年深圳国际房地产咨询股份有限公司就得以成立并运作，仅1993年一年就批准成立了近70家房地产中介服务机构。再如上海，1992年5月，上海首家房地产中介机构——上海同信房地产信托咨询服务有限公司成立，到2005年4月底，已有房地产经纪机构9800家，其中分支机构9060家，从业人员23842人。而在苏州，房地产经纪业主要是在1996年与1997年两年才逐步形成规模。其他一些经济相对落后的中小城市发展就更慢了。

随着《城市房地产管理法》、《房地产中介服务管理规定》、《经纪人管理办法》的相继出台，各地如上海、广州、深圳、北京、汕头、苏州等城市都制定了房地产经纪行业管理的专门性法规政策。这些法规及政策措施的实施，为规范房地产经济行为、加强对房地产经纪人员和经纪活动的管理起到了促进作用。

虽然我国房地产经纪业的兴起只有短短几年时间，但房地产经纪人在活跃房地产市场，促进房地产交易，规范市场行为，改善人们的生活、学习、工作条件等方面发挥了显著的作用。截至2004年底，北京市房地产交易管理网上登记的房地产中介机构有2471家，约占经纪行业的75%；广州市房地产中介服务管理所登记的中介机构有1540家；上海的房地产中介机构数量有约1.4万家，几乎是2002年底的一倍。据不完全统计，上海市约有50%的新建商品房销售和90%的二手房买卖是通过房地产中介机构实现的。

房地产经纪行业已成为中国房地产业的重要组成部分。据不完全统计，目前全国已逾万家房地产经纪机构，从业人员达到几十万人。

二、我国房地产经纪业的发展现状

随着我国城镇住房制度改革的深化和全面实施，我国房地产经纪行业也呈现出蓬勃发展的势头。据调查，目前北京房屋出租市场上，有近50%的业主委托经纪公司代为出租房屋，上海市大约有90%的二手房买卖是通过房地产中介机构实现的。但是，由于我国的房地产经纪机构起步较晚，在执业标准、执业规则、专业人员素质、运作经验和管理经验等方面都还不成熟，存在收费过高、服务质量低、不能替消费者维权、欺诈客户、专业服务水平低等问题，影响了房地产经纪行业的健康发展。总体来看，我国的房地产经纪行业正处在高速发展的不成熟阶段，主要呈现出以下几个特点：

第一，起步晚，普遍规模小，资金实力弱。以北京市为例，目前北京市经纪行业的发展以内资企业发展占主导地位，约占本市经纪行业的95.95%。房地产经纪发展较快，约占全行业的75%。外商投资已进入经纪行业，主要集中在房地产业，文化、体育、保险、产权等行业也有投资。行业投资规模一般不大，约84.82%的注册资本（金）在100万元人民币以下。

第二，从业人员素质不一，良莠不齐。早期的房地产经纪业可以说完全是自发而生的，既没有行政许可，又没有行业自律管理，同时缺乏严格的行业准入制度，行业进入容易，导致房地产经纪业从业人员的结构较为复杂，有专职的、兼职的还有退休后加入该行业的，有持照的合法经纪，也有无照的黑市经纪，使得从业人员之间无论在专业素质还是在道德素质、服务意识等方面都存在较大的差距。一部分房地产经纪从业人员专业素质差、法制观念淡薄、操作不规范，有的甚至存在骗取中介费、吃差价等违背诚信的行为，严重影响整个行业从业人员的形象。

第三,各地区经纪业发展不平衡,存在东多西少,东快西慢的发展格局。各地房地产经纪业的发展状况与各地区的经济发展水平、房地产市场的完善程度相一致,我国东部经济相对较发达地区房地产经纪业起步早,发展迅速,中西部经济较落后地区则起步较晚,发展也较慢。在经纪业4.7万个法人单位中,数目最多的为北京有1.5万个,占总数的31.9%;上海7266个,占15.5%;广东3835个,占8.2%。数目最少的西藏、青海、宁夏和贵州四省区合计为262个仅占0.6%。

第四,政府对房地产经纪人和房地产经纪企业的监管进一步加强。2003年3月北京市国土资源与房地产管理局要求,房地产经纪机构不得以"房屋银行"、"房屋超市"名义发布房地产经纪广告、受理房地产经纪业务。建设部于2002年10月11日发布了《关于举行首次全国房地产经纪人执业资格考试有关问题的通知》,并出台了房地产经纪人执业资格考试的办法,中国房地产经纪人开始实行资格认证制度。

第五,开始出现房地产经纪人行业协会。2004年7月12日,经建设部同意、民政部批准中国房地产估价师学会更名为中国房地产估价师与房地产经纪人学会。中国房地产估价师与房地产经纪人学会在建立房地产估价师、经纪人执业资格,建立和完善行业自律机制等方面做了大量的工作。

三、我国房地产经纪业的发展趋势

(一)房地产经纪行业的规章制度进一步完善

房地产经纪行业要得到健康发展,规章制度的完善是非常必要的。房地产经纪人执业守则应该尽快出台并完善,各地对房地产经纪行业的监管也将落到实处。广州市从2004年1月1日起实施《广州市房地产中介服务管理条例》,对房地产中介提出更高的要求,根据该规定,房地产中介服务机构的固定营业面积最低标准是15m²,每家房地产中介公司都要有30万元以上的注册资金和不少于3个持证专业技术人员。其他各地也将陆续出台房地产经纪执业规定。

(二)房地产经纪行业自律职能进一步加强

今后,行业自律管理、企业关系协调、咨询服务等工作将从政府职能中分离出来,交给行业自律组织承担。政府行政管理和行业自律管理的区分将更明显。行业行政主管部门须切实加大监管力度。主要是建立健全相关规章制度,监督经纪机构和从业人员的执业情况,加大定期、不定期的执法检查力度,对消费者投诉的非法中介机构及经纪人要进行严肃查处,同时行业自律管理将进一步强化。房地产估价师与房地产经纪人学会将加强各项自律性管理制度的建设,建立完善、有效的行业自律性管理约束机制,对违反经纪行业职业道德,违章、违规的经纪机构和执业人员进行自律性处罚。

(三)房地产经纪企业将品牌化

要想在激烈竞争的市场中站稳脚步,就必须树立自己的品牌。随着中国房地产中介服务市场的逐步规范和完善,经纪机构会深刻认识到品牌的重要性,社会也会格外青睐有品牌的中介企业。品牌化需要高素质的队伍、高质量的服务和高效率的管理来保证。因此,严把房地产经纪执业人员准入关,加强行业自律管理,实行房地产经纪执业人员继续教育制度,培养房地产经纪机构的社会责任感和风险意识,促进房地产经纪机构的横向交流以及国际交往。政府在加大对房地产中介市场的监管力度的同时，会为培育优秀的房地产经纪企业品牌创造良好的外部环境。目前中国注册登记的房地产经纪企业机构已逾万家，从业人员的数量达几十万人之多，但大多数房地产经纪企业规模较小，企业实力弱，因此，房地产经纪企业加盟连锁经营和特许经营是房地产经纪业未来发展的新动态。

（四）房地产经纪机构的活动进一步国际化

按照中国加入WTO的承诺，必将逐步扩大商贸的市场准入，包括银行业、保险业、证券业、电信业、法律服务、中介咨询、建筑设计、工程建设、旅游业等专业服务领域的开放，外资将被允许进一步进入中国市场，房地产经纪行业也必将扩大对外开放。房地产经纪机构与国际上的一些知名权威组织的交往也会更加紧密，如英国皇家测量师学会、国际评估准则委员会、世界测量师联合会、美国评估学会、全美房地产代理人协会等，执业资格互认也会提到议事日程上来。

复习思考题

一、名词解释

房地产经纪

二、填空题

1. 经纪活动的主要方式可分为（　　）、（　　）、（　　）。
2. （　　）是经纪活动主体——经纪机构和经纪人的收入的基本来源。
3. 房地产经纪具有（　　）、（　　）、（　　）的特性。

三、简答题

1. 经纪作为一种社会中介服务活动，具有哪些特点？
2. 居间、代理、行纪的区别主要表现在哪几个方面？
3. 房地产经纪的内容主要有哪些？
4. 房地产经纪除了具有经纪活动的一般作用，还具有哪几方面作用？

四、论述题

1. 发达国家和地区的房地产经纪发展经验对我国房地产经纪发展有何借鉴作用？
2. 联系实际，谈一谈我国的房地产经纪行业的特点与发展趋势。

第二章 房地产经纪人

要成为房地产经纪人员，必须取得房地产经纪的有关职业资格。在房地产经纪人员的执业过程中，还要清楚地知道其执业的基本要求和禁止行为。本章介绍了房地产经纪人员职业资格种类，房地产经纪人员的权利和义务，以及基本执业规范和执业程序，并列出了当前社会上房地产经纪人员常见的九种违规操作，希望引起警惕。

第一节 经纪人与房地产经纪人

一、经纪人

（一）经纪人概念

关于经纪人的定义，持不同观点的人有不同的看法。美国市场学家菲利浦·R·特奥拉在《国际市场经济》一书中认为：“经纪人系指提供廉价、代理服务的各种中间人的总称，他们在客商之间无连续性关系。”我国的《经济大词典》中的定义为：“经纪人，中间商人，旧时称捐客，处于独立地位，作为买卖双方的媒介，促成交易以赚取佣金的中间商人。”

由此可以看出，经纪人是指为买卖双方牵线搭桥，从中赚取佣金，起一种中介作用的中间商人。它主要包括四个方面和含义：

（1）市场信息的不对称是经纪人活动的前提。

（2）经纪人的服务对象是交易活动中的买卖双方。

（3）中介服务活动是在充分尊重买卖双方权益的基础上进行的。

（4）经纪人以获取佣金为其提供中介服务的目的。

经纪人既可以是自然人，也可以是法人。

（二）经纪人的特点

1. 经纪人不占有商品

经纪人既不是商品生产者，也不是商品的供应者或购买者，这是经纪人区别于其他中间人的一个重要特征。经纪人知道何处可提供某类商品，因而在信息上有支配权，并能为供需双方提供服务。

2. 经纪人以信息为活动资本

经纪人通过所掌握的信息为供需双方牵线搭桥，并凭借专业知识和有效的服务促成供需双方的交易。

3. 经纪人的经纪活动是有偿的

经纪人在经纪活动中所提供的服务像任何其他服务一样，是一种具有商品性质的服务。当供需双方在经纪人的中介下成交时，经纪人要从供需双方中收取佣金。

4. 经纪人与客户之间无连续性关系

经纪人的服务对象是开放的、广泛的,一般不仅限于某些特定的客户。经纪活动通常是就某一特定事项提供服务,经纪人和委托人无长期固定的合作关系,特定事项完成,委托关系即终止。

5. 经纪人具有良好的专业素质和声誉及广泛的知识背景

合格的经纪人要提供全面、专业、优质的中介服务,必须有良好的专业素质和良好的社会声誉及个人诚信。同时,在具备扎实的专业知识的基础上,还需掌握与经纪专业相关的各学科专业知识,如金融、法律、计算机、公共关系等。

(三)经纪人的权利与义务

1. 经纪人在经纪活动中具有的权利

(1)依法开展经纪活动,行使其各项合法权利。

(2)依照合同约定获得合法佣金的权利。

(3)依照合同要求当事人支付成本费用的权利。在开展经纪活动中,经纪人不可避免地要支出一些费用,如通信费、交通费、广告费等,经纪人有权依照经纪合同的事先约定收取。但经纪合同中没有约定的不得收取。

(4)当委托人故意隐瞒事实真相或有欺诈行为时,经纪人有权拒绝为其提供服务。

(5)发现委托人不具有履约能力时,可立即终止经纪活动。

2. 经纪人在经纪活动中负有的义务

(1)诚实介绍。经纪人应当按照委托人的要求全面、准确、及时地提供有关信息,以利于委托人作出正确的决定。严禁经纪人利用刊登虚假广告、隐瞒或夸大事实、弄虚作假等手段来欺骗消费者,损害当事人的利益。由于经纪人提供虚假信息或未尽到事先约定的职责而使当事人受到损害的,经纪人要承担相应的赔偿责任。

(2)忠实保护客户利益。如果委托人要求为其保守商业秘密,经纪人应遵守。经纪人应当事人的要求在保管各种样品时,不得丢失、损坏和调换,应尽到妥善保管的义务。

(3)不接受额外给付。没有特别约定,经纪人不得接受当事人支付的佣金以外的其他费用。除非事先有特别约定,经纪人无权买卖当事人的财产和劳务。

(4)公平、公正、诚实、信用的义务。经纪人从事经纪活动时,对于双方当事人,必须保持其公平的地位,不偏袒任何一方,更不能为了一方利益而损害另一方的利益。

(5)不从事违禁商品的经纪活动。凡国家禁止流通的商品和服务,经纪人不得进行经纪活动;凡国家限制自由买卖的商品和服务,经纪人应当遵守国家有关规定在核准的经营范围内进行经纪活动。

(6)依法纳税并接受行政监督。在从事经纪活动时,经纪人要自觉接受工商行政管理部门和政府其他有关部门的监督,并依法缴纳税金和行政管理费。

二、房地产经纪人

(一)房地产经纪人概念

我国对房地产经纪人员实行职业资格制度。因此,房地产经纪人,是指经过全国房地产经纪人执业资格考试合格或资格互认,依法取得《中华人民共和国房地产经纪人执业资格证书》,并经申请执业,由有关主管部门注册登记后取得《中华人民共和国房地产经纪人注册证书》，在房地产经纪机构中能以房地产经纪机构的名义独立从事房地产经纪业务，或可以自行开业设立房地产经纪机构或经执业的房地产经纪机构授权，独立开展经纪业务，并承担责任的自然人。未取得房地产经纪人员职业资格证书的人员，一律不得以房地产经纪人员的名义从事房地产经纪业务。

根据可从事的房地产经纪业务范围的不同，房地产经纪人员职业资格分为房地产经纪人执业资格和房地产经纪人员协理从业资格两种。取得房地产经纪人协理从业资格，是从事房地产经纪活动的基本条件。取得房地产经纪人执业资格是进入房地产经纪活动关键岗位和发起设立房地产经纪机构的必备条件。

（二）房地产经纪人员的权利和义务

1. 房地产经纪人员的权利

房地产经纪人享有以下权利：

（1）依法发起设立房地产经纪机构；

（2）加入房地产经纪机构，承担房地产经纪机构关键岗位；

（3）指导房地产经纪人协理进行各种经纪业务；

（4）经所在机构授权订立房地产经纪合同等重要文件；

（5）要求委托人提供与交易有关的资料；

（6）有权拒绝执行委托人发出的违法指令；

（7）执行房地产经纪业务并获得合理佣金。

房地产经纪人协理享有以下权利：

（1）房地产经纪人协理有权加入房地产经纪机构；

（2）协助房地产经纪人处理经纪有关事务并获得合理的报酬。

2. 房地产经纪人员的义务

房地产经纪人、房地产经纪人协理应当履行以下义务：

（1）遵守法律、法规、行业管理规定和职业道德规范；

（2）不得同时受聘于两个或者两个以上房地产经纪机构执行业务；

（3）接受职业继续教育，不断提高业务水平；

（4）向委托人提供相关信息，充分保障委托人的权益，完成委托业务；

（5）为委托人保守商业秘密。

第二节 房地产经纪人员的执业规范

房地产经纪人行为的规范，更多依赖于行业管理。由于房地产经纪是知识密集型服务行业，房地产经纪人的中间介入行为主要靠自我约束，外部约束又是来自各方面的综合约束，单纯的行政管理难以达到对房地产经纪人执业能力规范要求。房地产经纪行业可以通过政府法律、法规，加上行业协会的引导督导与管理，会员之间通过互相合作、互相交流，接受社会公众的监督，来实现本行业执业人员的行为规范。

一、房地产经纪行业规则

（一）行业规则特点

1. 行业规则是自律性公约

行业规则是公约，不是法规和规章条例。房地产经纪行业规则是房地产经纪行业协会以法律、法规和规章为依据，根据业内人士的共同意志和行业管理的需要制订的，这是平等的民事主体之间的一种约定。行业规则从房地产经纪行业发展的总体上规范了房地产经纪行业的某些基本行为准则，是约束行业内从业人员行为的共同规则，具有比较广泛的群众性和民主性。

2. 行业规则以职业道德约束为主

房地产经纪行业规则具有一定约束力，这种约束力不同于法律约束，是以职业道德约束为主。行业规则中作出的共同遵守行业规则的承诺，即是对各经纪机构自律管理的约束。此外，行业规则约束力还表现在：违反行业规则要受到行政管理部门的依法处罚，还要受到行业协会的通报批评。

（二）房地产经纪行业规则的制订与实施

《经纪人管理办法》是为维护市场秩序，规范经纪活动，促进经纪业发展，保障经纪活动当事人的合法权益，根据有关法律、法规制定，于1995年10月26日由国家工商行政管理局令第36号发布，后经国家工商行政管理总局重新修改并于2004年8月28日起公布并施行。《经纪人管理办法》重点对经纪人在经纪活动中的行为规范和禁止行为等方面作了较全面规定，是各级地市制定经纪人行业规则的依据。

随着房地产经纪市场的迅速发展壮大，从1992年起广州、上海、北京等大城市相继制定了房地产经纪行业规则。《广州市房地产经纪管理暂行规定》由广州市国土局、房地产管理局公布并自1992年12月1日起执行。《上海市房地产经纪人管理暂行规定》于1994年8月15日经上海市人民政府批准，根据1997年12月14日上海市人民政府第53号令修正并重新发布，并自1994年9月1日起施行。同年颁布的还有《上海市经纪人管理办法》。由行业协会秘书处起草的《北京房地产中介行业自律规则》经广泛听取意见修改后，于2004年9月22日的协会常务理事会讨论通过，自2004年11月1日起在北京房地产中介行业协会100多家会员单位正式实施。《北京经纪人行业自律规范》经北京经纪人协会理事会审议通过，也于2005年1月1日起施行。这些行业规则对开展房地产经纪活动的基本要求、执业规则和房地产经纪人的权利、义务、禁止行为等内容作了较全面的规定，为加强行业的自律管理提供了重要依据。

二、房地产经纪基本执业规范

（一）基本执业要求

1. 经营场所公示

（1）国家和有关部门核发的营业执照、房地产经纪机构备案证书和机构的名称、经营范围、经营方式的标志；

（2）房地产经纪人执业证的标志；

（3）居间介绍、代理等各项业务收费标准；

（4）其他资料、告示应当符合法律、法规的规定。

2. 执业告知

根据诚实信用原则，将可能预测到的情况和风险告知委托人，由委托人决定是否与其签订经纪合同和签订何种经纪合同。应当明确告知下列情形：

(1) 执行人的姓名、资格；
(2) 执行业务的范围、方式；
(3) 需要当事人提供的资料和事实；
(4) 委托人提供资料和事实的查询、查验结果；
(5) 提供服务的内容、时限和标准；
(6) 适用的法律、法规和政策规定；
(7) 拟使用的合同文本，合同条款的协商、履行以及发生争议的解决方法；
(8) 收取佣金的标准、数额及协商范围；
(9) 拟采取的最终具结方式。

3. 执业限制

房地产经纪人不得同时在两个或两个以上的房地产经纪机构从事房地产经纪活动。房地产经纪人只能在自己注册的经纪机构执业。房地产经纪人协理限于辅助房地产经纪人执行经纪活动，不得独立以房地产经纪机构的名义开展活动，并与委托人订立居间或代理合同，收取佣金。

4. 执业回避

(1) 与委托当事人有直接利害关系，可能损害委托当事人利益的；
(2) 委托当事人要求回避的。

5. 签订合同

房地产经纪合同应包括以下主要内容：

(1) 双方当事人姓名或名称、住所；
(2) 服务项目的名称、内容、要求和标准；
(3) 合同履行期限；
(4) 佣金数额和支付方式、时间；
(5) 违约责任和纠纷解决方式；
(6) 当事人约定的其他内容。

6. 执业署名

经纪合同中应当附有执行该项目经纪业务的经纪人签署的名字、执业证书编号等内容。

7. 佣金

房地产经纪机构必须与委托当事人签订经纪合同。根据合同约定方可收取佣金，并由房地产经纪机构出据发票。佣金标准遵循以下原则：有规定的在规定标准范围内协商约定收取，无规定的按合同约定协商收取，既无规定又无约定的，按当地、当时提供同类服务的平均佣金水平收取。房地产经纪人员有权要求委托人支付因开展房地产经纪活动而发生的成本费用。房地产经纪机构和经纪人不得在执行经纪业务活动过程中谋取佣金以外的任何经济利益。

8. 解除合同

有下列情形之一的，房地产经纪机构与委托人可以变更或解除合同：

(1) 符合法律、法规规定或合同约定的；
(2) 不可抗力致使合同不能继续履行的；
(3) 协商一致的。

9. 资料申报

机构按照房地产管理部门的要求和规定的时间上报机构人员的变动、经营业务情况的统计资料。

10. 广告发布

房地产经纪机构发布房地产经纪广告，应在广告中载明机构名称、资质证书号码。广告内容必须真实，不得发布虚假广告，不得以其他房地产经纪机构名义发布广告，不得允许其他组织或个人以本机构的名义发布广告。

(二) 执业程序

房地产经纪机构和经纪人员应当按照下列程序执业：

(1) 向委托人出示《房地产经纪人执业资格证书》，校验委托方提供的有关文件资料；
(2) 从事需要签订房地产经纪合同的业务项目，应参照所在地房地产管理部门、工商行政管理部门监制的示范合同文本，与委托人签订房地产经纪委托合同；
(3) 房地产经纪委托合同签订后，按政府有关规定向市或区、县房地产交易管理部门备案；
(4) 履行合同期间，向当事人各方如实、及时报告交易进展情况；
(5) 记录经纪业务交易情况，妥善保存有关资料；
(6) 按合同规定收取服务费，开具统一发票。

第三节 房地产经纪人员执业中的禁止行为

一、禁止行为种类

房地产经纪人和经纪人员在执业中禁止下列行为：
(1) 超越其核准的经纪业务范围；
(2) 隐瞒非商业秘密的有关经纪活动的重要事项；
(3) 弄虚作假，提供不实的信息或签订虚假合同；
(4) 采取引诱、胁迫、欺诈、贿赂和恶意串通等手段，招揽业务或促成交易；
(5) 伪造、涂改、转让《房地产经纪人员资格证》或允许他人利用自己名义从事房地产经纪业务；
(6) 利用已经签订的房地产经纪合同或他人掌握的经营信息，采取不正当手段，转移业务，背弃合作，侵吞劳动成果或损害委托人利益；
(7) 房地产开发经营企业的房地产经纪机构和人员，从事本公司开发建设的房地产经纪业务；
(8) 房地产经纪人员同时在两个以上房地产经纪组织内兼职；
(9) 索取或收受委托合同规定以外的酬金或其他财物；
(10) 法律、法规禁止的其他行为。

二、常见的违规操作

在房地产经纪市场上，违法违约、经纪欺诈行为屡见不鲜。这些违规现象既败坏了行业风气，破坏了行业的整体形象，也阻碍了房地产市场健康有序的发展。下面列出九种常见的违规操作，希望房地产经纪人在执业时引以为戒，严格自律。

（1）无照经营、超越经营范围和非法异地经营。

有些房地产经纪机构不申领营业执照就开展业务，所发的名片和广告宣传，只有所留的电话可以联络到其人，如同打游击战一般。遇到问题，则无音无讯了。

还有些房地产经纪机构为了税收或注册等问题，在经济园区注册而在市区进行营业。按照工商部门的有关规定，在非注册地营业必须在营业地工商部门再进行注册登记并备案。但不少公司未按此规定办理注册登记，却又在正常营业。

根据工商部门所发放的营业执照，房地产咨询与房地产经纪有很大的区别。房地产咨询是无权进行房地产交易行为的，而房地产经纪则可根据其注册资金及申请的范围从事房地产咨询、租赁、买卖等交易。但是在现实交易中，人们往往忽略或不了解这个区别，而某些房产经纪机构为了获取利益又故意进行隐瞒。

（2）房地产执业经纪人出租、出借经纪执业证书。

商品房销售管理办法（2001年3月14日建设部第38次部常务会议审议通过，自2001年6月1日起施行）第二十九条规定，商品房销售人员应当经过专业培训，方可从事商品房销售业务。同样法律严禁伪造、涂改、转让《房地产估价师执业资格证书》、《房地产估价师注册证》、《房地产估价员岗位合格证》、《房地产经纪人资格证》。

事实上有很多房产经纪公司在申请注册成立时所提供的从业人员资格证书都有借用他人的证书来充数现象。

（3）以包销的名义，隐瞒委托人的实际出卖价格和第三方进行交易，获取佣金以外的报酬。

根据商品房销售管理办法第二十八条规定：受托房地产中介服务机构在代理销售商品房时不得收取佣金以外的其他费用。

房产经纪人应履行对委托购房和销售的客户之间的居间合同行为，而不是表面上的行纪行为。经纪人应当在销售商品房时除提供房源信息、销售价格外，还要表明收取佣金标准，即按房产成交价格的3％～5％之间收取佣金。

而现实上，很多房产经纪向购房者提出"包销"，即所销售的房产统一报价，说价格已经包括佣金，或者误导购房者"免佣金"。实际上购房者与售房者之间很难了解到真实的出售价格。其中的差价由房产经纪赚得，也就是所谓的"赚差价"，这明显违反了上述法律规定。

（4）房地产经纪组织未按规定期限办理备案手续。

根据《城市房地产中介服务管理规定》（修正），设立房地产中介服务机构，应当向当地的工商行政管理部门申请设立登记。房地产中介服务机构在领取营业执照后的一个月内，应当到登记机关所在地的县级以上人民政府房地产管理部门备案。

房地产管理部门应当每年对房地产中介服务机构的专业人员条件进行一次检查，并于每年年初公布检查合格的房地产中介服务机构名单。检查不合格的，不得从事房地产中介业务。而有不少经纪组织根本没有到有关部门进行备案。以为只要领取营业执照即可开业，根本没有把备案手续放在心上。

（5）各类房地产广告信息、内容中未标注忠告语，以及未经登记发布房地产印刷品广告。

房地产开发企业、房地产中介服务机构发布商品房销售宣传广告，应当执行《中华人民共和国广告法》、《房地产广告发布暂行规定》等有关规定，广告内容必须真实、合法、科学、准确。

很多房产经纪机构在其店堂或者在一些媒体上发布虚假的或故意夸大的广告信息，如对所谓"特价房产"，只注重说该房产或是地段繁华、或是全新装修、或是价格优惠等其他吸引消费者的地方，而没有将该房产真实情况进行核实。还有对"使用权房产交易"没有去标注其产权特点，等到消费者交付款项准备办理手续时才明白过来。而且也有不少如被抵押房产依然在上市流通，造成消费者受骗上当。

（6）滥用自己的优势地位，利用格式合同对相对人作出不合理、不公正的规定。

格式条款是指格式条款的提供方（以下简称提供方）为了重复使用而预先拟定，并在订立合同时未与对方协商的条款。商业广告、通知、声明、店堂告示、凭证、单据等的内容符合要约规定和前面规定的，视为格式条款。

很多房地产经纪机构，往往利用消费者不熟悉有关交易细节和法律、法规，任意修改并且以格式条款形式规避自己应尽的义务，限制消费者应有的权利如知情权、公平交易权等。企图以合同条款的形式玩文字游戏，一旦消费者发现问题，据此百般抵赖逃避责任。夸大了合同行为的"合意"，将不平等的条件强加于人。

（7）不兑现承诺。

经纪人或中介公司只顾收取中介费。为了提高成交率，随意承诺，如解决城市户口、确保投资回报、解决抵押贷款、规避所得税等，而当承诺兑现不了时，却又一推了之。

（8）经纪人员服务质量低下，缺乏职业道德教育。

一些不法的房地产经纪人往往利用委托人的专业差异、自我保护意识的缺乏、成交心理迫切等原因大肆行骗，或恶意违约。有的经纪人服务质量低下，或者泄露经纪活动中知悉的商业秘密、技术秘密、个人隐私，给委托人造成损失。

（9）不正当竞争问题突出。

目前有些经纪人在从业过程中违背公认的商业道德，采取不正当的方式进行竞争，损害其他经纪人合法利益的行为时有发生。因为经营资格主体不规范，乱挂靠、黑经纪的存在，导致经纪人之间在税收、成本、价格上不公平。

复习思考题

一、名词解释

经纪人 房地产经纪人

二、填空题

1. 经纪人具有（   ）、（   ）、（   ）、（   ）、具有良好的专业素质和声誉及广泛的知识背景等特点。

2. 行业规则是（　　）公约，以（　　）约束为主。

3. 房地产经纪人的执业限制是指房地产经纪人不得同时在（　　）的房地产经纪机构从事房地产经纪活动。

4. 房地产经纪机构发布房地产经纪广告，应在广告中载明（　　）、（　　）。广告内容必须真实，不得发布虚假广告。

三、简答题

1. 房地产经纪有哪些权利和义务？
2. 房地产经纪行业基本执业规范是什么？
3. 房地产经纪活动中的禁止行为有哪些？

四、论述题

联系实际，讨论当前房地产经纪活动中常见的违规操作有哪些？如果你是一名房地产经纪人员，你将如何来规范地开展房地产经纪活动？

第三章 房地产经纪机构

房地产经纪机构是开展房地产经纪业务的法律主体，也是房地产经纪业务运行的主要载体。本章介绍了房地产经纪机构的设立条件和资质审批管理制度，并详细阐述了房地产经纪机构的基本类型、经营模式和组织系统。

第一节 房地产经纪机构的设立

房地产经纪机构是指在房地产转让、租赁、抵押等经营活动中，以收取佣金为目的，为促成他人交易而进行居间、代理等行为的经济组织，其组织形式有经纪人事务所、经纪公司、个体经纪人以及其他经纪组织。

一、房地产经纪机构的设立

要从事房地产经纪业务，应当依法设立房地产经纪机构。国家有关法律、法规规定，房地产经纪机构应当依法设立，不得与行政机关和其他国家机关存在隶属关系或者其他利益关系。房地产中介服务机构应当持有相应的资质证书，办理营业执照和税务登记，并在资质证书和营业执照核定的业务范围内承接业务，其执业人员应当具有执业资格。

设立房地产经纪机构应符合下列条件：

(1) 有自己的名称、组织机构；
(2) 有固定的服务场所；
(3) 有符合规定的注册资本；
(4) 有符合规定数量的持有《中华人民共和国房地产经纪人执业资格证书》的人员。

1) 以公司形式设立房地产经纪机构的，应当有3名以上持有《中华人民共和国房地产经纪人执业资格证书》的专职人员和3名以上持有《中华人民共和国房地产经纪人协理从业资格证书》的专职人员；

2) 以合伙企业形式设立房地产经纪机构的，应有2名以上持有《中华人民共和国房地产经纪人执业资格证书》的专职人员和2名以上持有《中华人民共和国房地产经纪人协理从业资格证书》的专职人员；

3) 以个人独资企业形式设立房地产经纪机构的，应有1名以上持有《中华人民共和国房地产经纪人执业资格证书》的专职人员和1名以上持有《中华人民共和国房地产经纪人协理从业资格证书》的专职人员；

4) 房地产经纪机构设立分支机构，每个分支机构应有1名以上（含）持有《中华人民共和国房地产经纪人执业资格证书》的专职人员和1名以上持有《中华人民共和国房地产经纪人协理从业资格证书》的专职人员。

设立房地产经纪机构，应当符合拟设立的房地产经纪机构所在地政府有关管理部门的规定。

申请设立房地产经纪机构的程序：
（1）向所在地房地产管理部门申请核定房地产经纪机构成立的必备条件；
（2）向所在地工商行政管理部门申办名称核准手续；
（3）向会计师事务所办理验资证明；
（4）向所在地工商行政管理部门申办营业执照；
（5）向所在地地方税务部门办理税务登记；
（6）向所在地物价部门申办收费许可证；
（7）在领取工商营业执照之日起30日内，持营业执照、章程、机构人员情况的书面材料到登记机关所在地县级以上房地产管理部门或其委托机构备案。

设立专业从事房地产经纪业务的房地产经纪机构，应向市工商局申请办理注册登记手续，企业名称应以"房地产经纪"作为行业特征，经营项目统一核定为"房地产经纪"，取得营业执照之日起30日内应向所在地房地产管理部门申请办理资质登记，经房地产管理部门核准后发给《房地产经纪机构资质证书》。房地产经纪机构设立分支机构，应向分支机构所在地工商行政管理部门申请办理注册登记手续，取得营业执照之日起30日内到所在地房地产管理部门备案。

二、房地产经纪机构的资质审批

设立房地产经纪机构，应当依法向工商行政管理机关申请登记注册。房地产经纪机构在领取营业执照之日起30日内，应当向所在地县级以上房地产管理局申请办理资质登记，领取资质证书后方可经营。

房地产经纪机构资质等级及具体标准由各地市根据当地的具体情况制定。

申请房地产经纪机构资质证，应当符合下列条件：
（1）有房地产经纪范围的营业执照；
（2）有与其机构类型相适应的房地产经纪执业人员；
（3）有与其机构类型相适应的注册资本或资金数额；
（4）符合法律、法规规定的其他条件。

房地产经纪企业依法设立的从事房地产经纪活动的分支机构，应当有与其经纪范围和规模相适应的房地产经纪执业人员，领取营业执照和资质证后方可经营。

申请房地产经纪机构资质证书，需要提供下列材料：
（1）单位营业执照；
（2）企业组织机构证书；
（3）机构章程或协议书及主要的内部管理制度；
（4）房地产经纪人员执业证书，学证证书、职称证书及其聘用合同；法人代表资格证书；
（5）房地产经纪机构资质申请书；
（6）其他有关文件资料。

三、房地产经纪机构的资质管理

我国对房地产经纪机构营业执照和资质证书及房地产经纪执业人员实行年度检验制度。房地产经纪机构逾期未进行营业执照、资质证年检的，或被取消资质的，不得继续从事房地产经纪活动。房地产经纪执业人员逾期未参加年检或年检不合格的，不得继续从事房地产经纪业务。房地产经纪机构资格等级实行动态管理，每两年核定一次。

房地产经纪机构有下列行为之一的，依据《城市房地产中介服务管理规定》第二十四条第一款、第四款的规定，由所在地县级以上房地产管理部门责令限期改正，给予警告，并可处以1万元以上，3万元以下罚款：

(1) 未取得房产管理部门核定资质等级从事房地产经纪活动的；
(2) 超越资质等级和业务范围从事房地产经纪活动的；
(3) 未经年检或年检不合格，继续从事房地产经纪活动的。

四、房地产经纪机构的注销

房地产经纪机构的注销，标志着其主体资格的终止。注销后的房地产经纪机构不再有资格从事房地产经纪业务，注销时尚未完成的房地产经纪业务应与委托当事人协商处理，可以转由他人代为完成，也可以终止合同并赔偿损失，在符合法律规定的前提下，经当事人约定，也可以用其他方法解决。

房地产经纪机构的备案证书被撤销后，应当在规定的期限内向所在地的工商行政管理部门办理注销登记。

房地产经纪机构歇业或因其他原因终止经纪活动的，应当在向工商行政管理部门办理注销登记后的规定期限内向原办理登记备案手续的房地产管理部门办理注销手续。

第二节 房地产经纪机构的基本类型

一、不同企业性质的房地产经纪机构

（一）房地产经纪公司

房地产经纪公司是指依照《中华人民共和国公司法》和有关房地产经纪管理的部门规章，在中国境内设立的经营房地产经纪业务的有限责任公司和股份有限公司。

（二）合伙制房地产经纪机构

合伙制房地产经纪机构是指依照《中华人民共和国合伙机构法》和有关房地产经纪管理的部门规章，在中国境内设立的由各合伙人订立合伙协议，共同出资、合伙经营，共享收益、共担风险，并对合伙机构债务承担无限连带责任的从事房地产经纪活动的盈利性组织。

（三）个人独资房地产经纪机构

个人独资房地产经纪机构是指依照《中华人民共和国个人独资机构法》和有关房地产经纪管理的部门规章，在中国境内设立由一个自然人投资，财产为投资人个人所有，投资人以其个人财产对机构债务承担无限责任的、从事房地产经纪活动的经营实体。

（四）房地产经纪机构设立的分支机构

在中华人民共和国境内设立的房地产经纪机构（包括房地产经纪公司、合伙制房地产经纪机构、个人独资房地产经纪机构）、国外房地产经纪机构，经拟设立的分支机构所在地主管部门审批，都可以在中华人民共和国境内其他地区设立分支机构。分支机构能独立开展房地产经纪业务，但不具有法人资格。房地产经纪机构的分支机构独立核算，以自己的财产对外承担责任，当分支机构的全部财产不足以对外清偿到期债务时，由设立该分支机构的房地产经纪机构对其债务承担清偿责任；分支机构解散后，房地产经纪机构对其解散后尚未清偿的全部债务（包括未到期的债务）承担责任。该机构承担责任的形式按照机构的组织形式决定，股份有限公司和有限责任公司以其全部财产承担有限责任，合伙机构和个人独资机构承担无限连带责任。国外房地产经纪机构的分支机构撤消、解散及债务的清偿等程序都按照中国法律进行。国内房地产经纪机构经国内房地产经纪机构所在地主管部门及拟设立分支机构的境外当地政府主管部门批准，也可在境外设立分支机构。分支机构是否具有法人资格视分支机构所在地法律而定。分支机构撤消、解散及债务的清偿等程序按照分支机构所在地法律进行，但不应该违反中国法律。

二、不同业务类型的房地产经纪机构

从业务类型来看，房地产经纪机构可以分为复合性房地产经纪机构和单一性房地产经纪机构两大类。复合性房地产经纪机构是指除了从事居间、代理、行纪等房地产经纪类中介业务外，还从事与房地产经纪有关的其他业务的机构。单一性房地产经纪机构是指从事居间、代理等单一房地产经纪业务的机构。具体来看，大体可分为四种：

（一）以租售代理居间为重点的实业型房地产经纪机构

这类机构又可根据主要业务类型的不同分为代理机构和居间机构。目前代理机构主要以新建商品房销售代理为主要业务，居间机构则以二手房租、售的居间业务为主。当然，也有一些房地产经纪机构趋向于代理与居间并重，其中最常见的是兼营商品房销售代理和二手房租售居间。这类机构以新建商品房和二手房的销售、居间为主要业务，是目前我国数量最多的一种房地产经纪机构类型。

（二）以房地产营销策划、投资咨询为重点的顾问型房地产经纪机构

这类房地产经纪机构对房地产市场的研究和认识较为全面，层次高，有深度，主要为房地产开发商和大型房地产投资者提供营销策划、投资分析等咨询服务，并承担相关房地产的代理销售式居间，主要着重于大型的国际酒店、写字楼、商铺、工业楼宇。

（三）管理型房地产经纪机构

这类机构的经纪业务主要局限于其上级开发商推出的各类楼盘的租售代理及物业管理，适当兼营其他开发商的物业代理业务；此类机构专注于物业管理服务，在楼宇规划、建设、销售、管理的方面往往积累了比较丰富的经验。

（四）全面发展的综合性房地产经纪机构

此类机构涉足于房地产服务业的多个领域，如经纪、估价、咨询、培训等，是一种综合性的房地产服务机构。这类机构在英国和中国香港地区较多，目前中国大陆沿海各省少数大型房地产经纪机构正朝这个方向发展。

三、不同规模的房地产经纪机构

根据规模大小可将房地产经纪机构分为小型房地产经纪机构和大、中型房地产经纪机构。

在小规模的房地产经纪公司里，管理工作相对较少，房地产经纪机构所有人，除处理必要的行政管理工作外，还要做很多的销售工作。在这样的机构里，只有很少的专职或者可能只有兼职的工作人员在做一些后勤服务工作。销售员的数目相对较多，很多时候，他

们得依靠他们自己去完成几乎所有的工作。

与小规模的房地产经纪公司相比，较大规模的房地产经纪公司设立了新的业务部门，一般有财务部、成交结算部、抵押贷款部。他们为所有的销售员服务，使他们能专心致力于销售工作。成交结算部主要的工作是对经纪人签订的合同进行审核，对相关的金额进行核对、确认。抵押贷款部主要是负责为买房人提供抵押贷款方面的服务。不同规模的房地产经纪机构一般有不同的组织结构。

四、不同资质等级的房地产经纪机构

房地产经纪机构的资质等级的评定没有统一的标准。各地根据当地实际情况从注册资金、从业人员、办公面积、经营业务范围等方面制定了不同的房地产经纪机构资质等级的评定标准。如重庆市房地产经纪机构资质分为A、B、C三级，并实行逐级递升制；广州市房地产经纪机构资质分为一、二、三级。各地每年通过对房地产经纪机构进行年审来给予资质等级的评定。

第三节 房地产经纪机构的经营模式

房地产经纪机构的经营模式是指房地产经纪机构承接及开展业务的渠道及其外在表现形式。根据房地产经纪机构是否通过店铺来承接和开展房地产经纪业务，可以将房地产经纪机构的经营模式分为无店铺模式和有店铺模式。

随着计算机网络技术的发展，目前房地产经纪行业内还出现了新的经营模式，如网上联盟经营模式和自由经纪人模式。网上联盟经营模式是由一家房地产专业网站联合众多中小房地产经纪机构乃至大型房地产经纪机构而组成的，联盟内的各成员机构均可通过一个专业的房地产网站来承接、开展业务。从目前情况来看，参与这种网上联盟的房地产经纪机构大多主要从事二手房买卖和房屋租赁的居间、代理，通常还同时保留其有形的店铺。自由经纪人模式，也可以被称为独立经纪人模式，即经纪人在房地产市场上从事房地产经纪都是以个人形式出现的，这个模式在美国是比较主流的。

一、无店铺经营模式

无店铺模式的房地产经纪机构并不依靠店铺来承接业务，而是主要靠业务人员乃至机构的高层管理人员直接深入各种场所与潜在客户接触来承接业务。这类机构通常有两种，一种是以个人独资形式设立的房地产经纪机构，另一种是面向机构客户和大宗房地产业主的房地产经纪机构，如专营新建商品房销售代理的房地产经纪机构。商品房销售代理机构的业务开展似乎表现为有店铺——售楼处，但售楼处实质上并不是房地产经纪机构的店铺，不过这类机构通常有固定的办公场所。个人独资机构往往没有固定的办公场所，其所面向的客户大多是零星客户，如单宗房地产的业主、住房消费者，但其中也有少量机构面对大型机构客户如房地产开发商，从事房地产转让等的居间业务。

二、有店铺经营模式

有店铺模式的房地产经纪机构通常依靠店铺来承接业务，通常是面向零散房地产业主

及消费者,从事二手房买卖居间和房屋租赁居间、代理的房地产经纪机构。其中,又可根据店铺数量的多少分为单店铺模式、多店铺模式和连锁店模式。目前在中国房地产经纪行业中,上述三种经营模式都客观存在,而且从数量上看,单店模式和多店模式仍然是市场的主体,并将会在今后相当长一段时期内继续存在。

（一）单店经营模式

单店铺即只有一个店铺,它通常也是经纪机构唯一的办公场所,这是大多数小型房地产经纪机构所采取的形式。一般而言,在一个城市房地产经纪业发展的初级阶段,单店铺模式是市场的主体,因为单店模式对于资金等企业要素的要求较低,而且这一阶段房地产经纪服务市场尚未发展起来,市场容量有限,在市场容量有限情况下,控制风险和减少管理成本是经纪机构首要因素。采取单店铺模式的房地产经纪公司一般都具有资金实力有限、店面一般较小、人员较少、低成本运行,选址一般接近自身业务比较熟悉的区域,业务范围非常灵活,主要为所在区域内的客户服务的特点。

（二）多店经营模式

多店铺模式是指一个房地产经纪机构拥有几个店铺的模式,通常的情况是这些不同店铺分别由房地产经纪机构及其设立的分公司来经营,这些店铺也是它们各自的办公场所。这是一些小型房地产经纪机构有了初步发展以后常采取的经营模式。由于机构的发展还不够成熟,店铺数量也不多,因而这些店铺常常是各自独立经营,未能实现有效的信息联网和连锁经营。

（三）连锁店经营模式

连锁经营形式是零售业在20世纪的一项重要发展。采用连锁经营方式的房地产经纪企业是通过广泛设立门店,在店内直接开展经纪业务,并将各店的房源和客户信息依靠网络实现整体的信息共享,以提高服务效率、降低经营成本。连锁经营根据门店的拓展方式不同,可分为直营连锁、特许加盟连锁、直营和加盟混合连锁三种模式。

1. 直营连锁经营

即由同一公司所有,统一经营管理,具有统一的企业识别系统（CIS）,实行集中采购和销售,由两个或两个以上连锁分店组成的一种形式。

在房地产经纪行业中,直营连锁模式中所有的连锁门店都是由总部自己投资建立的,公司负担所有门店的成本开销,同时对于门店的经营收入和赢利也拥有完全的索取权,公司对门店重大事项有完全的经营决策权。目前,北京的千万家房产、我爱我家,上海的上房置换和广州的满堂红等都采用直营连锁模式。以北京千万家房产为例,公司总部将其所拥有的50家门店分为东、南、西、北四大管理中心,对各连锁门店的业务流程实施集约化统一管理。对各连锁店的从业人员开展统一培训,由公司的培训中心进行,培训中心由公司资深人士组成专业的讲师团,对新进员工及在职人员进行定期与不定期培训;另外公司的ERP业务系统将各连锁店业务进行联网,各连锁店收缴的客户资料第一时间录入业务系统,全员共享。对于各连锁门店店长的任命也是由公司进行。完全的经营决策权,使公司对于下属各连锁门店的管理更为直接、有效。

在直营连锁经营方式下,房地产经纪机构能获得更多信息资源,并借助网络实现信息资源共享、扩大有效服务半径,以规模化经营实现运营成本的降低。各连锁店之间虽然也可能存在利益竞争关系，但由于所有的连锁店都为一个机构所拥有，整体上的利益还是一致的，可以通过内部的协调机制来解决。同时，因为各连锁店属于同一个所有者，管理权力绝对集中，在管理上相对容易，所有者的经营理念容易贯彻。但缺点是在跨区域扩张时，直营连锁模式往往因为资金占用过多、人力资源缺乏和管理等问题出现危机。此外直营连锁方式经营风险过于集中，不利于应对周期性的市场波动。

2. 特许加盟连锁

特许加盟连锁是将连锁经营与特许经营相结合的一种经营模式，它提供特许方式来开设连锁店，而非像直营连锁经营那样由母公司直接投入各连锁店。特许经营起源于美国，是指特许者将自己所拥有的商标（包括服务商标）、商品、专利和专有技术、经营模式等以特许经营合同的形式授予被特许者使用。被特许者按合同规定，在特许者统一的业务模式下从事经营活动，并向特许者支付相应的费用。这种经营模式现已在包括餐饮业、零售商业、房地产中介等多个行业中广泛应用。如在美国，特许经营已经成为发展最快和渗透性最高的商业模式，其中零售业中有40%～50%的销售额来源于特许经营商，特许经营在房地产行业中的应用也是相当广泛的。

特许经营具有以下几方面的特点：

（1）特许经营是利用自己的专有技术与他人的资本相结合来扩张的一种商业发展模式。因此，特许经营是技术和品牌的扩张而不是资本的扩张。

（2）特许经营是以经营管理权控制所有权的一种组织方式。特许经营与直营连锁的主要区别在于产权构成不同。直营连锁是指同一资本所有，总部对各分店拥有所有权，由总部集中管理。特许经营的特许方和加盟方并非同一资本构成，加盟方具有独立的市场主体资格，其人事和财务关系是独立的，加盟方独立拥有和运营其企业资产。

（3）特许经营包括直接特许和分特许两种形式。直接特许是指特许者将特许经营权直接授予特许经营申请者，被特许者按照特许经营合同设立特许网点，开展经营活动，不得再行转让特许权。分特许是指特许者将指定区域内的独家特许经营权授予被特许者，该被特许者可将特许经营权再授予其他申请者，也可由自己在该地区开设特许网点，从事经营活动。21世纪不动产在中国推行的就是分特许方式。21世纪不动产中国总部将中国大陆地区划分为30个区域，授予合格的加盟商在某个地理区域内独家使用21世纪不动产品牌，加盟者成为21世纪不动产区域分部的同时，有权再次授权，发展房地产中介公司加盟。

（4）特许经营的目的在于让加盟方因特许方的成功经验而能够快速且有获利的情况下发展。特许方应具备有以下条件：①品牌知名度高。特许方欲开放特许的区域，应先了解自身知名度的状况，当目标客户对公司的品牌认知度达50%以上时，是特许方开放特许经营的基本门槛。②自营店成功几率高。通常在开放特许经营时，特许方至少已经营10家以上的自营店，且80%的店有相当盈余。③具有独特性与竞争性。总部连锁体系在开放特许经营前，应塑造产品和服务的独特性，并加快发展的脚步，使潜在的竞争对手进入市场后无生存的空间。④特许方具有较强的管理和控制能力。总部是否具备足够的人力及能力，是整个加盟体系是否成功的基础。

采取特许加盟连锁模式的房地产经纪企业，是特许人向加盟门店提供特许权，并给予加盟门店以人员培训、技术支持等方面的指导和帮助，在"特许加盟合同"的框架内，加盟门店拥有独立的经营管理权并自负盈亏。加盟门店由加盟人自己投资建设而非特许人投资。特许人也不享有加盟门店的所有利润，仅获取约定的加盟费和年金，有的还享受如加盟店业务收入的部分提成。一般而言，采取的特许加盟连锁模式的特许人都有着国际背景或是本土知名品牌，如21世纪中国不动产、ColdwellBanker（简称CB）信义房产、香港美联物业等。

3. 直营和加盟混合连锁模式

这种模式是中型房地产经纪服务企业常采用的一种模式。在企业自身资金能力允许的范围内，尽可能多地设立直营的连锁店；同时为了迅速扩大企业知名度和品牌影响的需要，通过加盟的方式吸收部分加盟店，从而形成企业内部不同组织形式、不同管理方式并存的一种经营模式。对于自营门店，公司拥有完全的所有权和经营决策权；而对于加盟门店，则按照"特许加盟模式"，加盟门店在加盟合同框架下"自主经营、自负盈亏"。这类企业的加盟体系一般处在尝试阶段，加盟企业数量不多，加盟体系规模很小。

三、有店铺经营模式的演进

目前，中国房地产经纪行业出现了单店模式、多店模式和连锁店模式三种模式并存的局面，这种局面也将在相当长一段时间内长期存在。但从发达国家和地区的发展经验来看，不同经营模式为顾客提供的服务价值及其对于行业发展方向的影响和促进作用不同，适应于不同的市场发展阶段。在房地产经纪业发展的初级阶段，单店模式通常是市场的主体，因为单店模式对于资金等企业要素的要求较低，而且在这个阶段房地产经纪服务市场尚未发展起来，市场容量有限，在这种情况下，控制风险和减少管理成本是经纪机构的首要因素，采取单店模式是有优势的。随后，伴随着房地产业的发展，房地产流通服务市场逐渐成熟，业务拓展成为了这个阶段经纪机构的首要因素，组建多个店铺式小规模连锁企业有利于业务争取。随着市场的进一步发展，专业化程度成为行业竞争的焦点，而大规模经纪机构具有专业化方面的优势，便成为房地产经纪行业的领导者。

从单店模式到多店模式小规模连锁再到大规模连锁方向的演进，既是房地产经纪行业发展的需要，也是企业适应市场需求变化的要求。房地产经纪机构的经营模式必须跟着市场需求及自身能力不断进行演进，才能不断增加自己的竞争力。

房地产经纪服务市场需求的变动主要表现为两个方面：

一是市场构成中，不同客户群比例的变动。例如：随着房屋交易结构比例的变化，房地产经纪服务对象也将由已购公房上市交易为主体向二手商品房的交易主体倾斜，在北京建委公布的2004年二手房交易情况中，二手商品房交易已超过了已购公房的交易量，达到58.99%的比例。另外随着投资性购房客户群体的增加，其收入结构移向高端成为趋势，购房群体结构的重大变化就要求传统的低端物业的服务中介企业慢慢转向高端市场，企业必须针对不同的市场需求，作出适应性调整。

二是同一客户群对房地产中介服务的需求及其所重视的品质维度（包括服务价格、安全性、便捷性和专业性）也会随着房地产市场形势变化而变化。在公房上市交易为主的阶段，市场交易的主体是一般收入阶层的市民，其对经纪服务的"价格收费"比较敏感，对服务的专业性要求并不高，所需服务是较简单的服务，在这样一个阶段，单店模式和小规模连锁模式有较好的生存空间，而大规模连锁则没有突出的竞争优势，反而可能因为管理成本等原因而处于竞争的劣势中。所以,在这个阶段,房地产经纪机构以单店模式和小规模连锁模式为主。但随着房地产市场发展,投资性购房群体增加,房地产经纪服务的"专业性"将越发重要,房地产经纪机构需要能够为投资性顾客提供专业的咨询建议和市场分析研究报告,这类客户其实对于"价格收费"指标不敏感;而房产价格的快速上涨,则要求房地产流通服务能有更好的"便捷性",这样使得成交更快,价格更有利。在这样的背景下,规模化连锁经纪机构具有了一定的竞争优势,首先,大规模的连锁意味着更多的市场触角,在信息共享的体制下,能够接触到更多的客户端,成交因此也会更为便捷。其次,大规模的连锁经纪机构有能力形成自己的市场研究分析机构,更好地服务于对"专业化"服务有较高要求的投资性购房的客户。

随着房地产经纪服务行业市场环境演进,专业化程度将成为行业竞争的焦点,大规模连锁模式时代即将到来。房地产经纪机构必须看清市场的发展轨迹,通过提升企业运作专业化程度,增强企业运作效率和盈利能力的过程,对经纪机构运作模式不断进行创新,而经纪机构商业运作模式创新则包含了企业市场定位选择、企业人才机制创新、企业管理结构变革和企业激励机制变革等多方面制度体制创新。本土经纪机构只能顺应市场,找到适合自己发展的经营模式,才能在市场的大潮里冲浪前进。

相关链接

美国房地产中介经营模式的发展与演变

20世纪60年代是美国房地产中介业发展的萌芽期,这一时期中介市场混乱,经纪人素质和服务水平参差不齐,公司没有针对从业人员的职业培训,更没有颇具影响力的品牌让消费者选择,尽快成交成为中介行业最重要的目标。那时中介单店数量高速扩张,但尚未形成特许经营体系,仍以"各自为政、互不往来"的形式经营。

随着整个房地产中介市场的发展,行业内竞争加剧以及买方市场的逐步形成,顾客对中介服务提出了更高的要求。在这种情况下,一些中介公司不得不开始考虑从降低经营成本、提高服务质量以及依靠可信赖的大品牌吸引顾客来增强自身的市场竞争力。20世纪70年代的美国以特许经营的形式崛起了一大批房地产中介品牌。其中就有通过特许经营模式发展至今已成为全球最大的房地产中介机构——21世纪不动产,另外还有一些小规模的中介公司,也开始尝试转向特许经营。中介交易模式开始进入系统化,拥有多家单店的中介公司开始发展起来。

20世纪80年代,传统的特许经营持续成长,与此同时,由于一些金融服务公司如西尔斯、美林证券、大都会保险公司等介入房地产中介行业,促进了现代房地产中介特许经营模式的初步规模化和体系化。中介经营模式面临着深刻的变革。而特许经营模式自身特点和双赢的独特魅力得以成为那些励精图治的中介公司的首要选择,同时特许经营模式的应用也极大地推进了房地产中介业的迅速发展。

进入20世纪90年代后,房地产中介业特许经营模式迅猛发展并逐步走向成熟。此时行业内边际利润降低、经纪人数量减少、同时中介还要面临科技手段的冲击。

第四节 房地产经纪机构的组织系统

一、房地产经纪机构的组织结构形式

房地产经纪机构的组织结构是指其内部部门设置及其相互关系的基本模式。对于小型的房地产经纪机构而言,其内部的组织结构非常简单,常常根本没有部门设置的必要,而对大中型,特别是大型房地产经纪机构,内部组织结构的合理与否对机构的运作效率有很大影响。以下主要介绍大中型机构的内部组织结构。

(一)直线—参谋制组织结构形式

直线—参谋制(Line and Staff System)又称直线—职能制(Line and Function System),是在直线制基础上发展起来,已被广泛采用的一种组织结构形式,其特点是为各层次管理者配备职能机构或人员,充当同级管理者的参谋和助手,分担一部分管理工作,但这些职能机构或人员对下级管理者无指挥权(图3-1)。

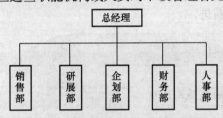

图3-1 某房地产经纪机构职能型组织构架示意图

这种结构形式的职能部门和人员一般是按管理业务的性质(如销售、企划、研展、财务、人事等)分工,分别从事专业化管理,这就可以聘用专家,发挥他们的专长,弥补管理者之不足,且减轻管理者的负担,从而克服直线制形式的缺点。同时,这些部门和人员只是同级管理者的参谋和助手,不能直接对下级发号施令,又保证了管理者的统一指挥,避免了多头领导。这种形式的缺点是:①高层管理者高度集权,难免决策迟缓,对环境变化的适应能力差;②只有高层管理者对组织目标的实现负责,各职能机构都只有专业管理的目标;③职能机构和人员相互间的沟通协调性差,各自的观点有局限性;④不利于培养高层管理者的后备人才。

(二)分部制组织结构形式

对于一些大型的房地产经纪机构由于规模很大,业务繁多,不适于采用高层管理者高度集权的直线—参谋制形式,就需要采用分部制或事业部制形式(Division System)。这一形式的特点是在高层管理者之下按商品类型(如住宅、办公楼、商铺)、地区(如东城区、西城区、南城区、北城区)或顾客群体设置若干分部或事业部,由高层管理者授予分部处理日常业务活动的权力,每个分部近似于一个小组织,可按直线—参谋制形式建立结构。高层管理者仍然要负责制定整个组织的方针、目标、计划或战略,并落实到各分部,在他下面仍可按管理业务性质分设非常精干的职能机构或人员,对各分部的业务活动实行重点监督(图3-2、图3-3)。

这种结构形式的优点是:①能够实现集权与分权的有效结合,有利于高层管理者摆脱日常事务,集中精力抓全局性、长远性的战略决策;②由于房地产市场具有很强的地域性、细分市场纷繁复杂,各分部有较大的自主经营权,有利于发挥分部管理者的积极性和主动性,增强适应环境变化的能力,这一点尤为重要;③利于加强管理,实现管理的有效性和高效率;④有利于锻炼和培养高层管理人才。但它也有缺点:①职能部门重叠,管理人员增多，费用开支大；②如果分权不当，易导致各分部闹独立性，损害组织整体目标和利益；③各分部之间的横向联系和协调较难。这种形式适用于特大型组织，在采用时也应注意扬长避短。

（三）矩阵制组织结构形式

矩阵制是在直线职能制的基础上，加上一套为完成某项任务而暂时设立的横向项目系统，是一种临时性的机构。在实行直线—参谋制形式的组织中，职能部门按管理业务性质分设，横向沟通协调较为困难。通力协作才能保证任务的完成，这就有必要按楼盘项目设置临时性的机构（如××楼盘项目组），由有关职能部门派人员参加。而对于大型房地产居间机构，由于业务量大，不同区

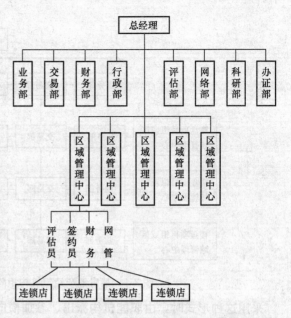

图 3-2 某房地产经纪机构分部制组织构架示意图 I

域市场特点不同，常常需要按区域分片设置常设性管理部门，并通过这些部门来整合各职能部门的人员。这样就诞生了矩阵制（Matrix System）的组织结构形式（图 3-4）。在一些大型的复合型房地产经纪机构，这种矩阵制组织结构就更为复杂，常常可看到专业性职能部门，按房地产类型或区域分设的事业部和各种临时的项目部门同时并存。

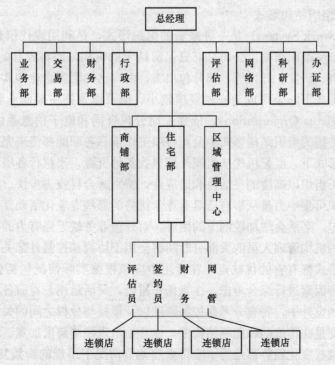

图 3-3 某房地产经纪机构分部制组织构架示意图 II

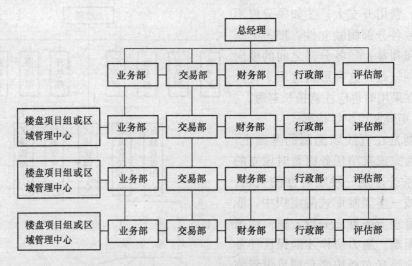

图 3-4 某房地产经纪机构矩阵制组织构架示意图

采用这种形式时，由职能机构派出、参加横向机构（事业部或项目组）的人员，既受所属职能机构领导，又接受横向机构领导。这就有利于加强横向机构内部各职能人员之间的联系，沟通信息，协作完成横向机构的任务，也有利于增加相互学习的机会，提高专业技术水平。事实上，矩阵制是介于直线—参谋制与分部制之间的一种过渡形态，它可以吸收两种形式的主要优点而克服其缺点，但由于矩阵制结构中的项目机构是临时性组织，因此容易使员工产生短期行为，也会因双重领导导致职责不清、机构间相互扯皮的现象，所以在实际运用中高层管理者要注意协调职能部门与横向机构间出现的矛盾和问题。

（四）网络制组织结构形式

网络制（Network System）是一种最新的组织形式，是利用现代信息技术而建立和发展起来的一种新型组织结构。公司总部只保留精干的机构，而将原有的一些基本职能，如市场营销、生产、研发、开发等，都分包出去，由自己的附属企业和其他独立企业去完成。在这种组织形式下，公司成为一种规模较小、但可以发挥主要商业职能的核心组织——虚拟组织（Virtua Organization），依靠长期分包合同和电子信息系统同有关各方建立紧密联系。与传统的组织结构形式中公司各项工作依靠各职能部门来完成截然相反，在网络制组织结构形式下，经纪机构从组织外部寻找各种资源，来执行各项职能。

这种形式给予组织以高度的灵活性和适应性，特别适合科技进步快、消费时尚变化快的外部环境，组织可集中力量从事自己具有竞争优势的那些专业化活动。它的缺点是，将某些基本职能外包，必然会增加控制上的困难，对外包业务缺乏强有力的控制。因此，采用这种组织形式的机构管理人员的大部分时间将会用于协调和控制外部关系上。

每一种组织形式都有它的优缺点，在运用中应该根据实际情况包括公司的战略、规模、技术、环境等因素进行综合考虑，注意扬长避短，灵活运用，克服各种组织形式的缺陷。在组织结构的设计中，要充分考虑控制跨度以及集权与分权之间的关系。从现在流行的趋势来看，即使是在传统的职能制结构中，也开始出现控制跨度加宽、结构扁平化以及分权化的趋势。这些变化趋势都是为了应付激烈竞争情况下出现的纷繁复杂的市场变化，尽可能快地作出反应，与传统的组织结构形式相比更灵活。

二、房地产经纪机构的部门设置

不同业务类型的房地产经纪机构在部门设置上会有较大差异,但不论差异有多大,各类房地产经纪机构内的部门主要有四类:业务部门、业务支持部门、客户服务部门和其他部门。

(一)业务部门

业务部门一般由隶属于公司总部的业务部门和分支机构(主要是连锁店)构成。

1. 公司总部的业务部门

在没有连锁店的经纪机构中,业务部门是直接从事经纪业务的部门;而在有连锁店的经纪机构中,其业务部门的主要工作是业务管理和负责规模、资金较大的业务项目。两者会略有不同。一般情况下,公司总部的业务部门也可以根据需要进行不同的设置。

(1)根据物业类别不同进行设置,例如根据物业类型的不同可设置住宅部、办公楼部、商铺部等。

(2)根据业务类型不同进行设置,例如根据业务类型不同可以划分为置换业务部、租赁部、销售部等部门。

(3)根据业务区域范围进行设置,例如根据业务覆盖区域不同划分为东区工业部、西区业务部、南区业务部、北区业务部等。

2. 连锁店(办事处)

在连锁店(办事处)必须有一名以上取得房地产经纪人执业资格的房地产经纪人。没有取得房地产经纪人执业资格或有效执业资格的房地产经纪机构的分支机构从事房地产经纪活动都是违规的。

(二)业务支持部门

业务支持部门主要是为经纪业务开展提供必须的支持及保障的一些部门,包括交易管理部、评估部、网络信息部、研展部、办证部等。这些部门的设置可以根据公司规模等实际情况的不同作一定的调整。

(三)客户服务部门

这里对客户服务部门的定义是综合性的。它的任务既包含了对客户服务以及受理各类客户的投诉,同时也包括对经纪人业务行为的监督。设立这样一个部门特别是在中国入世的大背景下是非常重要也是非常有意义的。作为一个服务性行业,经纪业务绝不是"一锤子买卖",售后服务是非常重要的,这直接关系到房地产经纪机构的形象。而对经纪人行为的监察则是保证经纪人在提供服务时能够严格按照公司要求提供规范服务。

(四)其他部门

其他部门主要是指一些常设部门,如行政部、人事部、财务部等。

行政部:主要负责公司的日常行政工作和事务性工作。

人事部:主要负责人事考核、人员奖惩,制订员工培训方案,制定员工福利政策等事务。

财务部:主要负责处理公司内的账务以及佣金、奖金结算等工作。

三、房地产经纪机构的岗位设置

(一) 房地产经纪机构岗位设置的基本原则

"因事设岗、因岗设人"是企业内部岗位设置的基本原则。也就是以公司业务流程为基础,在对业务流程进行细致分析的基础上定编、定员,保证每一个岗位都有明确、清晰的功能,能够充分发挥自己的作用。房地产经纪机构作为企业,也必须遵循这一岗位设置原则。因此,每一岗位在设立时应该详细、清晰和准确地描述这个岗位应该具体做哪些工作,这种描述决不应该是笼统的,应该阐明主要工作职责、主要目标、任职条件、培训需求、职业规划等。没有描述和笼统的描述是我们在岗位设置中经常容易犯的错误,而其带来的直接后果是职责不明确,导致岗位设置重叠、相互推诿和效率低下。

其次,工作丰富化(Job Enrichment)也是企业岗位设置时不容忽视的一条原则。在岗位设置中,我们容易会过分强调岗位和工作分工的专业化,造成每一个岗位的工作内容过于固定、呆板。这种设计不利于员工的成长,也不利于员工主观能动性的发挥。而工作丰富化是指工作内容的纵向扩展,使员工所做的活动具有完整性,增强员工的自由度和独立性,增强员工的责任感,及时提供工作反馈,以便员工了解自己的绩效状况,并加以改进。

(二) 房地产经纪机构的主要岗位设置

1. 销售序列

(1) 销售代表岗位(房地产代理机构)或物业顾问岗位(房地产居间机构)。

直接上级:项目销售经理(房地产代理机构)或是连锁店经理(房地产居间机构)。

主要工作:

1) 进行楼盘的销售(房地产代理机构)或走盘、复盘、店面接待客户(房地产居间机构),具体包括客人电话与来访接待、楼盘推介、了解客户信息、促成房屋买卖或租赁交易、客户追踪与跟进、签约及售后服务。

2) 配合公司作好销售个案调研或各类市场调查工作。

3) 定期整理客源与房源,定期作好售后信息反馈与自我总结。

(2) 项目销售经理岗位。

直接上级:销售副总经理。

主要工作:

1) 负责整个项目的管理工作,协调与甲方及施工单位在销售过程中的关系。

2) 负责项目楼盘的广告、宣传和报道。

3) 项目前期作好市场调查分析,制定合理的销售计划和销售策略,组织项目组人员产品培训。

4) 建立完整的项目销售档案及客户档案,完成销售情况的统计和整理,及时进行销售策略的调整。定期向总公司汇报项目的销售情况及销售中存在的问题。

5) 对所有项目销售代表的上岗考核、业务评定。

(3) 连锁店经理岗位

直接上级:销售副总经理。

主要工作:

1）根据公司的授权负责该连锁店业务的运营及管理。
2）执行公司的有关业务部署。
3）负责对连锁店人员的管理和工作评估并及时将有关情况报告公司的有关部门。
（4）销售副总经理岗位
直接上级：总经理。
主要工作：
1）负责领导各个项目销售经理或连锁店经理的销售工作，对各个项目销售实施宏观管理和控制。
2）负责销售人员及各种销售资源在各个项目或连锁店中的调配。
3）负责组织各项目的前期谈判和准备工作，以及项目营销方案的审定。
4）负责销售人员、项目经理的佣金发放与审核等工作。

2. 研发序列
（1）项目开发岗位。
直接上级：所在部门的部门经理。
主要工作：捕捉商机，即针对各种渠道得来的信息进行项目跟踪，与潜在大客户（如房地产开发商）进行初步洽谈，形成某种意向后提交给上级。
（2）市场调研岗位。
直接上级：所在部门的部门经理。
主要工作：分为专案市调、热点楼盘市调、开发市调。专案市调指根据公司项目作的市场调研工作；热点楼盘市调指围绕市场上新开项目、比较大型个案等做的市场调研工作；开发市调指通过平时市场调研获取未开盘个案、地块等信息积累来为开发做一定的基础工作。
（3）信息管理岗位。
直接上级：所在部门的部门经理。
主要工作：负责管理公司内部初期的商机信息及收集工作。
（4）专案研究岗位。
直接上级：所在部门的部门经理。
主要工作：对公司项目进行市场专案研究，并撰写研究、策划报告。

3. 管理序列
（1）部门经理岗位。
直接上级：分管副总经理。
主要工作：具体负责房地产经纪机构内各部门的工作计划制定、工作安排，监控各部门的工作进度，考核本部门的工作人员。
（2）副总经理岗位。
直接上级：总经理。
主要工作：参与机构整体工作计划的制定，协助总经理分管房地产经纪机构内某一个或几个方面工作。
（3）总经理岗位。
主要工作：负责房地产经纪机构的全面管理，包括组织制定和调整机构经营模式、内部组织结构、内部管理制度和任免各岗位的工作人员等。总经理对董事会（有限责任公司或股份责任公司）或投资人（合伙企业）负责。

4. 业务辅助序列

（1）办事员岗位。

直接上级：所在部门的部门经理。

主要工作：经办产权登记、抵押贷款代办等与业务有关的相关事务。

（2）咨询顾问岗位。

直接上级：所在部门的部门经理。

主要工作：在一些规模较大的房地产经纪机构内，为提高服务质量，还专门聘请具有专业知识和经验丰富的人员为客户提供信息、法律等方面的咨询。

5. 辅助序列

主要包括会计、出纳，较大规模的房地产经纪机构内通常还有秘书、接应台服务生、保安、司机、保洁员等岗位以辅助机构的运转。

复习思考题

一、名词解释

房地产经纪机构　房地产经纪机构的经营模式　直营连锁经营　特许加盟连锁

二、填空题

1. 房地产经纪机构在领取营业执照之日起（　　）日内，应当向所在地县级以上房地产管理部门申请办理资质登记，领取资质证书后方可经营。

2. 我国对房地产经纪机构营业执照和资质证书及房地产经纪执业人员实行（　　）制度。房地产经纪机构逾期未进行营业执照、资质证年检的，或被取消资质的，不得继续从事房地产经纪活动。

3. 按企业性质分，房地产经纪机构可以分为（　　）、（　　）、（　　）和房地产经纪机构设立的分支机构。

4. 按业务类型分，房地产经纪机构可以分为以租售代理居间为重点的（　　）房地产经纪机构、以房地产营销策划投资咨询为重点的（　　）房地产经纪机构、（　　）房地产经纪机构和全面发展的（　　）房地产经纪机构四类。

5. 特许经营模式中，特许方应具备（　　）、（　　）、（　　）、（　　）等四个条件。

6. 大中型房地产经纪机构的内部组织结构形式主要有（　　）、（　　）、（　　）三种。

三、简答题

1. 简述房地产经纪机构的设立程序和条件。

2. 房地产经纪机构的经营模式有哪些？

3. 房地产经纪机构的内部岗位设置的基本原则是什么？

四、论述题

1. 结合你所在城市房地产经纪机构的实际情况，各举一例直营连锁经营和特许加盟连锁模式实例，并对两种经营模式进行比较分析。

2. 实地参观一家房地产经纪机构，并简述房地产经纪机构中设置的主要部门和主要岗位。

第四章 房地产经纪人员基本素质与技能

一名合格的房地产经纪人员，除了要有良好的职业道德和扎实的理论基础知识外，还要具备有过硬的执业能力和健康、乐观的心理素质。此外，房地产经纪人员的一言一行都透露出其礼仪修养的高低，这些因素都会影响到房地产交易的成功与否。

第一节 房地产经纪人员的职业道德

职业道德是指人们在从事各种职业活动的过程中应该遵循的思想、行为准则和规范。由于社会分工的产生，人们的生产活动逐渐演变成各种职业活动。每一种职业出现，都是为满足特定的社会需要，并承担一定的社会责任。同时，由于同一职业的从业者从事同一种劳动、依赖于同一类资源、服务于同一类对象，因而相互间形成了一种特定的关系。为了协调每种职业与社会关系以及协调同一职业中各行为主体之间的关系，就逐渐形成了职业道德。

在当今社会，职业活动是人们最重要的活动，因为所有的社会财富都是人们在职业活动中创造的。而且，在各种社会活动中，一方、双方或多方以职业身份出现的活动，占据很大的比例。但是，职业活动是人们社会活动的一种形式，所以，职业道德只能是社会道德的组成部分，它与家庭道德、民族道德、社会公德等共同构成了整个社会的道德体系。因此，职业道德受总体道德体系的约束，服从于社会的基本道德规范。

职业道德是与一定的职业相联系的，具有专业性、稳定性、连续性的特点。在经纪行业，良好的职业道德是一笔巨大的无形资产，房地产经纪人员应具有良好的职业道德，这是经纪行业对经纪从业人员的最重要的要求。

一、房地产经纪人员的职业道德的内涵

房地产经纪人员职业道德是指房地产经纪行业的道德规范，它是房地产经纪行业从业人员就这一职业活动所共同认可并拥有的思想观念、情感和行为习惯的总和。

房地产经纪人员职业道德的思想观念包括对涉及房地产经纪活动的一些基本问题的是非、善恶的根本认识，这种认识是指在房地产经纪人员思想观念中的一种内在意识。

房地产经纪人员职业道德的情感层面涉及房地产经纪人员的职业荣誉感、成就感及其在执业活动中的心理习惯等，如对房地产经纪行业作用与地位的认识，在与客户及同行的交往过程中的心理惯势等。

房地产经纪人员职业道德在行为习惯方面包括房地产经纪人员遵守有关法律、法规和行业规则以及在执业过程中仪表、言谈、举止等方面的修养。行为习惯是最能显现职业道德状况的层面。

房地产经纪人员职业道德的内容主要涉及三个方面：职业良心、职业责任感和执业理

念。职业良心涉及对执业活动的"守法"、"诚实"、"守信"等执业原则，经纪人员收入来源，经纪服务收费依据和标准等一些重大问题的认识；职业责任感是房地产经纪人员对自身责任及应尽义务的认识；执业理念主要指对市场竞争、同行合作等问题的认识和看法。

二、房地产经纪人员职业道德的基本要求

（一）遵纪守法

遵纪守法是每个公民的基本道德修养。作为房地产经纪人员，更应牢固树立这一思想观念，并理解其对于自己职业活动的特殊意义。

首先，在进行经纪活动时，房地产经纪人必须保证经纪活动各个环节的合法性，严格遵守各项法律、法规和行政规章，认真贯彻党和政府的方针和政策。

其次，房地产经纪人员必须坚持合法经营，受理的经纪业务不超越政策允许的范围。

第三，房地产经纪人员要诚实劳动，所有的收费要以政策规定为依据，要特别坚持"佣金是经纪人经纪收入的唯一合法来源"守则，不违规操作，不谋取违反职业道德的额外收入。

最后，房地产经纪人员在努力为客户服务的同时，要始终善于运用法律武器来保护自己的合法权益。

（二）诚实信用

所谓诚实，即要求房地产经纪人在进行经纪活动的过程中，本着实事求是的精神以善意的方式开展经纪活动，不隐瞒、虚构事实，不串通一方恶意欺诈另一方，不乘人之危；信用原则要求房地产经纪人在经纪活动中一诺千金，恪守信用，严格按照合同的条款办事。诚实信用是一切从事经济活动的单位和个人应具备的基本素质，对经纪人员则更为重要。房地产经纪人员怎样才能做到诚实信用呢？

首先，要真诚。即视客户为上帝，真心以客户的利益为己任。这种利益的一致性主要体现在经纪机构的经营方式和服务费用的收取上。如果经纪机构以佣金为唯一的收入来源，并且以成交为收取佣金的前提，这就表明经纪人的利益与客户的利益大致一致，那么客户自然会相信经纪人会尽全力为自己寻找交易对象。如果经纪机构及其经营主体、经纪人在交易未果时收取所谓的"看房费"或其他费用，或以"差价"及其他经济利益为交易目的，那么就违背了真诚的原则，自然也得不到客户的信任。

其次，要坦诚。即诚实地向客户告知自己的所知。由于房地产交易涉及复杂的法律程序，再加上房地产商品的综合性、复杂性，房地产经纪工作会涉及很多专业知识。房地产市场本身也是一个非常复杂的市场，作为专业人员的房地产经纪人员与普通客户之间常常形成一个"信息不对称"的博弈局面。此时，房地产经纪人员对各种有利或不利的信息都应坦诚相告。在让客户自己判断的同时，做一个有经验且公正的"参谋"。这不仅有助于交易的成功，避免纠纷的产生，同时，又可树立诚信的个人和组织形象，为经纪工作的长远发展奠定道德基础。

第三，守信用。信用是一切从事经纪活动的单位和个人应具备的最起码的素质，是构成良好人际关系最基本的条件。不占有商品、只提供中介服务的房地产经纪人员，要想培养自己的竞争优势，只有以："信用"取胜，用诚实信用去赢得客户的心。可以说，"信用"是房地产经纪人员的生命。

房地产交易是一个持续时间较长的过程，许多环节都有一个先预约、后执行的过程，因此房地产经纪人员在从事经纪服务的过程中会不断遇到需要事先约定或承诺的情况。如约定看房时间、承诺代办过户登记手续、代管买家付现的房款等。如这类承诺不能如期履行，必然影响交易的达成，其结果是既损害了客户的利益又败坏了经纪人和经纪机构的信誉。此外，在中介服务的过程中，房地产经纪人员应重承诺、守信用。对承诺的约定要尽力而为，对不能履行的服务要据实相告，不能随意迎合、轻易许诺，要避免失信。还有，房地产经纪人员在提供房地产交易服务的过程中，要善言谈而不吹嘘、重服务而不自卑。"口若悬河"与"低三下四"的服务同样得不到客户的尊重。不卑不亢、守信为先才能保证经纪业务的顺利完成。

（三）尽职守责

房地产经纪人员应该敬业爱岗、尽职守责，以促使他人的房地产交易成功为己任，尽最大努力去实现这一目标。

在实际工作中，房地产经纪人员首先要吃苦耐劳，有工作热情，在提供房地产经纪服务的各个环节，一丝不苟、尽职守责，并不断提高自己的专业水平。

其次，替客户严守秘密也是尽职守责的体现。房地产属于大宗资产，一些房地产买卖活动常常是客户的商业机密或个人隐私；同时，房地产交易还常常涉及客户的私人秘密。在房地产经纪活动中，由于工作的需要，房地产经纪人员要接触到客户的这类机密。除非客户涉及违法，经纪人员无权将客户的机密散布出去，更不能以此谋利，而应该替客户严守秘密，充分保护客户的利益。

最后，按现行的规定，房地产经纪人员都是以自己所在的房地产经纪机构的名义来从事业务活动的，因此房地产经纪人员对自己所在的机构也要承担一定责任。这种责任表现为既要帮助公司实现盈利目标，又要维护公司信誉、品牌。从承担自身责任的要求出发，房地产经纪人员首先必须做到在聘用合同期内忠于自己的机构，不随意"跳槽"或"脚踩数只船"；同时，在言谈举止和经纪行为中都要维护公司名声，决不做有损公司信誉的事情。

（四）规范服务

在房地产经纪业务活动中，无论是业务洽谈、房产查验、签订合同，还是代收价款、代办产权、收取佣金、售后服务，房地产经纪人员都应规范操作，照规程办理。哪些工作属于自己应尽的职责，哪些工作超出了自己的工作范围，应一一告知客户。

经纪业务活动中时刻注意保持自己的中介地位，公正地对待当事人各方，不能偏袒任何一方，不能为了一方利益而损害另一方利益。即使经纪人作为商品交易中某一方的代理人，也要在维护委托人一方利益的同时，兼顾另一方利益，根据互惠互利原则，让对方也有利可得，切莫为了一方而去坑害另一方。

坚守"双赢"准则，即房地产经纪人通过经纪活动促成商品交易，使成交双方当事人都成为赢家，双方都有利可图。

坚持"两见面两公开"原则。在从事经纪活动时，要坚持委托人与被委托人即经纪人直接见面；签订委托合同时，要把委托服务费用（即佣金）公开列入委托合同中。房地产经纪人经过联络、沟通协调，使房地产交易双方直接见面；在签订合同时，要把成交价额公开列入经济合同中。经纪人在居间活动中，决不能弄虚作假、隐瞒欺诈、损害客户利益。

（五）竞争与合作

市场经济是以优胜劣汰为基本原则的，激烈的市场竞争是市场经济的必然现象。房地产经纪活动中也存在着激烈的竞争。现代企业竞争理论指出，竞争并不排斥合作。合作中包含竞争，竞争与合作是事态发展的两个方面。

房地产经纪人员必须不怕竞争、勇于竞争，但必须以坦诚的心态、公平的方式参与竞争。恶意降价、诋毁同行、散布假消息等是不正当的竞争行为，既是违法行为，也是职业道德败坏的表现，会危害和阻碍整个房地产经纪行业的正常发展。

其次，竞争与合作是企业经营与发展的基本方式，实际上也常常是房地产经纪人员和经纪机构提高市场竞争力的重要手段。通过合作，房地产经纪人员和经纪机构可以以他人之长补己之短，在做大业务总量的同时，提高自己的市场份额和收益，大家共同进步。当然，在合作中，房地产经纪人员要不断提高自己的市场竞争力，否则，优胜劣汰的法则就会发生作用，最终被合作者淘汰出局，取而代之。

第二节 房地产经纪人员的知识结构

个人知识结构是指个人知识体系的构成和组合方式，即个人所学到的各种知识在其头脑中的比例状况以及这些知识的相互联系与影响。个人知识结构的形成与其人生经历有关，也与工作环境和生活环境有关。从经纪业务需要出发，房地产经纪人员应具有较完善的知识结构，即其知识结构应是多学科知识的高度复合。扎实的理论基础知识是经纪业务的内在要求，是一个成功的房地产经纪人员不可或缺的基本素质。

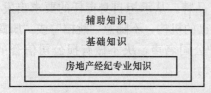

图 4-1 房地产经纪人员的知识结构

房地产经纪人员的知识结构包括专业知识、基础知识和辅助知识（图 4-1）。

一、专业知识

房地产是个专业性很强的行业，这要求房地产经纪人员必须扎实地掌握大量的房地产专业知识，如房地产开发经营管理、房地产市场营销、房地产政策法规、房地产估价以及建筑设计、城市规划等各个方面的知识。这是房地产经纪人员知识结构中的核心部分。

（一）房地产经纪专业知识

包括房地产经纪的理论知识和实务知识，主要内容有房地产代理、房地产居间、房地产拍卖等各种经纪形式，以及各种经纪形式的操作流程、特点，各种经纪形式的操作技巧等。

（二）房地产商品知识

房地产经纪人对房地产商品的性能、用途规格、档次、价格、优劣都应有相当的了解，这是开展经纪业务的出发点和立足点。

（三）房地产交易知识

即交易过程中的服务项目、环节、条件、交割程序以及行业术语等，这是经纪人开展业务的关键。经纪人业务能否扩展，能否得到客户的认可依赖，都取决于经纪人对房地产交易知识与技巧的掌握与熟练程度。

（四）房地产市场及营销相关知识

主要研究房地产市场及在此市场中以消费者需求为目标来组织房地产商品的生产与服务，从而取得最佳的经济效益。其主要内容包括房地产市场及细分、市场调查、市场预测、市场经营策略、产品策略、定价策略、销售策略、对消费者及用户情况的分析等。

（五）房地产估价相关知识

主要包括房地产估价的基本原则、基本方法、基本程序，从而使房地产经纪人能尽量客观、公正地保证买卖双方的经济利益。

（六）房地产基本政策与法律知识

房地产业是政策性极强的产业，每一笔房地产交易都要涉及诸多法律、法规，因此，房地产经纪人除了具备基本的法律知识外，还要有针对性地掌握房地产产业的相关政策和法律、法规，如土地管理法、房地产管理法、城市规划法等，以及与房地产经纪有关的政策和法律、法规。

（七）相关学科知识

相关学科知识主要包括房屋建筑学、房地产测量、房地产金融、房地产投资等。

二、基础知识

为适应我国市场经济的推进，房地产经纪人掌握有关经济学、管理学以及基本法律知识显得非常重要。

（一）经济学和管理学的基础知识

经济学和管理学的基础知识是对人类社会经济活动高度概括和总结的基础理论，是对人们经济活动内在规律和外在因素研究的成果。作为房地产经纪人只有了解了这样一些基本规律，才能在此基础上，对客观经济现象作出符合规律的判断。

1. 市场学和市场分析的专业理论知识

房地产经纪是房地产商品的市场交易活动形式。房地产经纪人主要活动于市场交换领域，因此必须懂得市场经济理论知识，包括市场供求、市场价格、市场竞争，市场调查、市场预测的理论和方法等。

2. 财务会计的理论和操作知识

财务会计不仅是市场经济运行在价值或货币上的反映，而且也是监督和管理企业经济活动的重要工具，只有懂得财务会计知识，才能真正了解企业的经济活动状况，更好地为市场主体服务。

3. 金融、证券以及财政税收等的理论和操作知识

房地产具有价值量大的特点，相当一部分房地产交易是借助银行来实现的。通常，房地产投资者和消费者都需要向银行申请贷款，银行与交易双方发生紧密联系。房地产经纪人员要善于周旋于各种金融机构和房地产开发商、经营者和购房者之间，为金融机构寻找可靠的贷款对象，为各种需求者代办各种贷款手续。因此，房地产经纪人只有懂得金融、银行、证券的理论知识和操作方法，才能更好地了解市场运行的状况，从而为客户提供良好的服务。

（二）基本法律知识

当今社会是法治的社会,在社会生活的许多领域,都有法律规范去约束、调整人们的行为。在经济生活中也是如此。从事经纪活动,明确购、销、中介三方的权利和义务,维护自己的合法利益,经纪人必须掌握一定的法律知识,否则将寸步难行,劳而无功,遭受损失。所以房地产经纪人要认真学习和掌握基本法律知识,如民法、合同法、商标法、广告法、税法、反不正当竞争法、保护消费者权益法、劳动法、经纪人管理办法等。

三、辅助知识

房地产经纪人员还需要谙熟有关社会学、心理学和公共关系学、计算机知识等方面的知识,这些知识在实际经纪活动中同样实用。

(一) 社会学知识

目前,一些消费者购房已不仅仅满足于居住,他们有更高的消费需求。一般来说,购买新住宅实质上是购买未来的生活方式。所以,消费者不仅会对楼盘的设计、建筑质量等加以关注,而且会对社区周围的环境、相关的配套设施等相关因素加以考量,如公共交通、中小学校、农贸市场、大型商场、娱乐场所和设施等问题,都会成为购房者的关注焦点。再如,不同知识层次的购房者对综合考虑有很大的差异。文化较高的人群可能会更青睐于智能化的网络社区。由此可见,房地产经纪人员必须掌握一定的社会学知识,例如,了解所在地区的人口总量、人口性别结构、年龄结构、人口受教育程度、人口变化、家庭结构、城乡人口比例、民族风俗、宗教、伦理道德、消费趋向等因素,以便更好地把握社会动态的变化,进而把握房地产市场的走势及房地产供需关系的变化规律。

(二) 心理学知识

房地产经纪业务是与人打交道的工作。在与客户交往的过程中,灵活运用心理学知识,揣测客户心理并把握最佳时机,能够帮助经纪人提高经纪业务效率。心理学有许多分支,经纪人应着重掌握一些应用心理学知识,如广告心理学、推销心理学、消费心理学、公共关系心理学等知识。

(三) 公共关系学知识

公共关系学是研究组织与公众之间传播沟通的行为、规律和方法的一门综合性学科。任何房地产经纪组织都希望通过传播沟通活动去建立、组织与社会公众之间双向的信息交流,促进相互了解、认同、理解,并取得信任,即建立良好的公共关系。房地产经纪人员要经常周旋于各大金融机构、房地产开发商、经销商和消费者之间,对其交易进行积极斡旋,协调各种意见。这就需要房地产经纪人员具有良好的公共关系意识和较强的公关能力。应用公共关系学知识帮助经纪机构树立良好的企业形象,对未来的经纪业务的开展十分有利,能达到事半功倍的效果。

(四) 计算机理论和操作知识

当代是信息时代,每天需要处理大量的信息。房地产经济首先应当获得信息,并对信息进行加工,使它服务于自己的经纪活动。从某种意义上说,房地产经纪活动就是和信息打交道的活动。所以,不会搜集信息、加工信息、运用信息、传播信息,就不可能做好房地产经纪工作。房地产行业信息量十分庞大,传统方法是无法有效处理和加工这些信息的。计算机是处理信息的最好工具。因此,房地产经纪人员应积极学习计算机基础理论和基本操作,熟悉网络技术,积极使用房地产经纪软件,以提高工作效率,使自己的经纪业务更加成功。

（五）语言运用相关知识

房地产经纪人在从事房地产经纪活动中，主要是借助语言传播信息，与客户打交道的。因此经纪人还应具备较高的语言能力和技巧。只有善于和巧于表达自己的思想和意图，才能更多地招揽客户，提高为客户服务的水平。

房地产经纪人还应至少掌握一门外语，尤其是英语。随着国际化进程的推进，我国的经济正在稳步发展。越来越多的外国人士来华投资、工作甚至定居，房地产经纪人员在经纪活动中经常碰到外国人士。这就需要他们能用外语进行交流，以捕捉更多的商业机会，促进市场的进一步拓展。世界经济一体化还意味着国际间同行业的友好交往增多，不懂外语将成为相互交流的重大障碍，造成向国外同行学习的机会减少。

第三节 房地产经纪人员的执业技能

一、房地产经纪人员职业技术能力

要想成为一名合格的房地产经纪人员，除了要有良好的职业道德、广博的知识结构外，还要具备有很好的执业能力。房地产经纪人员的执业能力，是从房地产经纪人的职业特点出发，从一般素质角度所讲的基本能力。《房地产经纪人员职业资格制度暂行规定》对房地产经纪人和房地产经纪人协理的职业技术能力作了如下规定：

房地产经纪人应当具备下列职业技术能力：

（1）具有一定的房地产经济理论和相关经济理论水平，并具有丰富的房地产专业知识。

（2）能够熟练掌握和运用与房地产经纪业务相关的法律、法规和行业管理的各项规定。

（3）熟悉房地产市场的流通环节，具有熟练的实务操作的技术和技能。

（4）具有丰富的房地产经纪实践经验和一定资历，熟悉市场行情变化，有较强的创新和开拓能力，能创立和提高企业的品牌。

（5）有一定的外语水平。

房地产经纪人协理的职业技术能力如下：

（1）了解房地产的法律、法规及有关行业管理的规定。

（2）具有一定的房地产专业知识。

（3）掌握一定的房地产流通的程序和实务操作技术及技能。

二、房地产经纪人员执业技能的内容

一个称职的房地产经纪人员的执业技能主要包括收集和处理信息的技能、市场分析与预测的技能、公共关系意识和形象塑造的技能、人际沟通的技能、善于把握成交时机的技能、组织协调技能六个方面。

（一）收集和处理信息的技能

房地产经纪是提供信息和服务的商业活动。信息是房地产经纪人员开展房地产经纪活

动的重要资源，只有具备良好的收集和处理信息的能力，房地产经纪人员才能及时掌握大量真实、准确、全面的房地产市场信息。

信息通常是通过实物渠道、人际渠道和大众媒介被收集和传播的。实物渠道是指实物本身就是信息的载体。例如，某经纪人在一地看到某一新产品或某一楼盘，然后收集有关的信息，准备将其推向市场或就地推销，这就完成了实物信息的收集与传播。这一渠道的真实性和可视性，使其成为最古老但最有效的渠道。人际渠道是指——些人与另一些人的信息沟通，沟通的双方互为收集与交流信息。人际渠道属于直接渠道，它通过人与人之间的谈话、书信、电话、手势、表情、肢体语言等传播。在相互的收集与传播过程中，房地产经纪人员可以很快了解对方的反应，并可对相关的信息进行适当的调整和删补，以取得充分交流和一致的认识。大众媒介就是通过大众媒体，如报纸、杂志、广播、电视、互联网等进行信息收集和传播。大众媒介是传播速度最快、传播范围最广的传播手段。因此，大众媒介上信息最多，是人们搜集信息的重要途径。

收集和处理信息的技能包括对得到的信息进行鉴别、分类、整理、储存和快速检索的能力。这一技能还包括根据特定业务需要准确把握信息收集的重点、内容、渠道，并灵活应用各种收集方法和渠道，快速有效地收集到相关信息。如客户需要购买一定面积的写字间，经纪人员就应很快收集到写字间的房源、市场供求、市场价格等信息。在归纳整理信息时，要有重点、有针对性，并要注意归类、存档及其更新等。

经纪人员在使用信息时，要特别注意区分信息的可传性与不可传性，即能够公开说明的和需要保密的或在一定范围内传递的信息。在收集和使用信息时要注意以下"五忌"。一忌有假，即对收集到的信息，要进行筛选分析，去伪存真。对向外发布的信息一定要真实，既不夸大也不缩小。二忌过时，即信息的时效性，经纪人员不能发布过时信息来蒙骗他人。三忌片面，即有些信息的局限性和偶然性，片面的信息往往会给使用者带来不必要的损失或误导使用者。四忌讹传，即对无法确认或证实的信息，不能轻信。五忌迟缓，即对看准的信息应立即采用。

(二) 市场分析与预测的技能

市场分析与预测技能是指经纪人员根据所掌握的信息，采用一定的方法对其进行分析，进而对市场供给、需求、价格的现状及变化趋势进行判断与推测。信息分析的方法包括数学分析方法和因果关系分析等。如根据已有的数据信息计算某些数据指标（平均单价、收益倍数），根据历史数据采用移动平均法、指数平滑法、回归分析法等进行预测。对市场的判断包括定性的判断，如某种房源的供求状况，是供大于求、供小于求还是供求基本平衡，今后数月是趋涨还是趋跌；也包括定量的判断，如某地区某类房地产的市场成交价格在最近三个月内涨了百分之几，某笔交易因交易情况特殊而使其成交价格比正常市场价格高多少百分点等。小至每一笔业务的进展，大至经纪人员、经纪机构业务重心的调整，都离不开准确的市场分析与判断。因此，市场分析技能也是房地产经纪人员必须掌握的职业技能。

(三) 公共关系意识和形象塑造的技能

公关意识是一种综合性的职业素质，公关意识的中心就是帮助组织建立与社会公众之间良好的关系，取得社会各界的认识、理解、支持，其中，树立形象意识首当其冲。一个好的经纪人员，也应是一名好的公关专家。一个经纪人员或经纪公司在社会公众心目中的形象好坏，对其公司目标或中介目标的实现有着重要影响，有时甚至起着决定性的作用。

如果说，形象对一位普通人来说是一笔无形资产的话，那么，对经纪人员来说，良好的公司形象就是立足之本。经纪人员不占有商品，仅在商品交易中充当中介，所以，要能够赢得客户的资本需要具有良好的声誉和娴熟的业务技能。

公共关系是一种创造美好形象的艺术，它强调成功的人际关系、和谐的群体气氛、最佳的社会舆论，以此来赢得公众和客户的了解、好感和信任，从而使他人乐于与其合作。为其公司或自身的生存和发展，经纪人员要把自己的每一次业务活动都当作既是一次沟通买卖双方的中介活动，又是一次公关和树立自我形象的过程。

公关和形象塑造有两大基本要素：其一是被公众和客户了解与知晓的程度，即知名度；其二是被公众和客户赞誉和认可的程度，即美誉度。公关的成功和良好形象的树立，使这二者能够完美结合。只有知名度而无美誉度，就会出现"臭名远扬"的结果；只有美誉度而无知名度，则不能在广大的社会公众中树立起良好的形象。

要想树立良好的形象，对经纪人员而言，最重要的一点是以客户的利益为己任，一切以客户的利益出发，而不是以自身的利益出发，坚持"佣金是收入的唯一来源"，不成交不收费；同时，用自己的敬业精神、熟练的职业技能、高度的责任心去赢得顾客的心。良好的口碑是做出来的，决不是吹出来的。

（四）人际沟通的技能

经纪职业的服务性决定了房地产经纪人员要善于与人沟通，因此，掌握人际沟通的技能对经纪人员尤为重要。房地产经纪人员每日、每时都与各种类型的客户打交道，如提供信息的人、卖方买方、商业银行、房地产开发商、房地产交易中心、物业管理公司等。房地产经纪人员要不断地把自己的想法传递给对方，以争取对方思想上的认同和行动上的支持。房地产经纪人员应具备的人际沟通技能包括了解对方心理活动和基本想法的技能、运用向对方表达自我意思方式（语言、表情、肢体语言）的技能、把握向对方传递关键思想的时机的技能等。

（五）善于把握成交时机的技能

房地产经纪人员劳动价值得以实现的基本前提是达成交易。任何经纪合同都是次合同，而房地产交易合同才是主合同。只有主合同有效，次合同才有效，因此，促成交易合同达成是房地产经纪业务流程中关键的一环。然而，由于房地产商品的复杂性、差别性以及价值量大等特点，房地产商品的买卖双方（尤其是买方）都会在最终决定成交的时候产生犹豫。房地产经纪人员虽然不能不顾客户的实际情况只求成交，更不能诱使客户成交，但也不能贻误合适的成交时机。因为客户的某些犹豫是不必要的，例如，因不具备专业知识而不能作出正确的判断，甚至由于其自身心理或性格上的不足引起的多疑、优柔寡断等情况。因此，房地产经纪人员应能准确判断客户产生犹豫的真正原因和成交的条件是否成熟，如果成交条件已经成熟，应灵活采用有关方法来消除客户疑虑，从而使交易达成。这就是把握成交时机的技能。

把握好成交时机，不仅能提高房地产经纪人员的工作效率和经济收益，同时也能增进顾客的利益。因为成交时机的准确把握，意味着客户借助经纪人员的外力克服了自身的某些弱点，从而实现了自己的需求，降低了交易成本。房地产商品具有差别性的特点，一次成交时机的贻误，可能导致买方再也无法买到自己已看中的那套房子，或者需要再次花费较长的时间与精力去寻找称心如意的房子。

（六）组织协调技能

房地产经纪人员在从事房地产中介交易服务过程中，要对委托双方合作伙伴的选择、双方关系的沟通、交易的融资以及合同签署等进行组织协调；同时，双方一旦发生纠纷，也需要房地产经纪人员从中调解。因此，经纪人员必须要有较强的组织协调能力，掌握消除误解、化解矛盾的方法。只有所有障碍都排除了，经纪活动才能进行下去。因此房地产经纪人员的组织协调能力在经纪业务中非常重要。

三、房地产经纪执业技能的培养

执业技能是房地产经纪人员熟练掌握有关房地产经纪操作方法，并将自己摸索出的一些技巧融入其中，从而形成的一种内化于房地产经纪人员自身的能力。一旦形成这种能力，房地产经纪人员会在执业过程中的各种具体情况下，如同条件反射般地恰当运用有关操作方法，顺利完成操作步骤。房地产经纪人员执业技能的培养，不能仅仅依靠职业培训、执业考试，还应反复实践，日积月累，才能逐渐培养起来。为此，房地产经纪人员要做到以下几点：

1. 认真学习有关操作方法

随着房地产经纪行业的不断发展，人们总结了很多有效的实务操作方法，房地产经纪人员必须认真学习这些方法，才能逐步形成自己的职业技能。值得注意的是，有一些操作方法常常表面看上去非常简单，房地产经纪人员千万不要因此而草草对待，应该始终以小学生的心态去对待每一个具体的方法。

2. 反复练习，不断实践

技能是一种能力，仅仅知道一种方法是怎样操作的，还并不是自己的能力，只有当自己熟练掌握了这种方法，才真正形成了这种能力。这就如知道如何游泳与自己会游泳是不一样的。那么如何才能熟练掌握一种方法呢？必须反复练习，不断实践！因此，房地产经纪人应注意在实务操作中，反复运用已学到的具体方法，进行练习。

3. 形成良好的日常工作习惯

无论是对操作方法的学习，还是练习，很多都要借助良好的工作习惯来形成。如碰到报告会、同行交流等学习机会，就细心倾听报告人、发言人的发言，听到好的方法就认真记录，回去后仔细研读；再如养成每天花一段时间进行案头工作的习惯，包括做笔记和剪报，进行日常的信息收集和整理。良好的工作习惯不仅可创造更多的学习渠道，也创造了大量的练习机会，有助于使各类外在的方法内化为经纪人自身的能力。

4. 勤于思考，善于总结

房地产经纪人员的职业技能是一种带有个性化色彩的东西。房地产经纪人在学习和运用各种操作方法的同时，必须不断地体会其中的奥妙，才能将这些他人总结出来的方法融入自身。而且，方法和技能本身也处于动态的发展之中，房地产经纪人只有在实践中不断揣摩，才能不断改进有关方法，形成自己的技巧，从而提高自身的职业技能。因此，房地产经纪人应在日常的业务操作中，注意对自己具体操作方法的运用进行自我评估和总结，如运用情况是否恰当？熟练程度如何？实际效果怎样？然后思考针对问题进行改进的方法。

第四节 房地产经纪人员的心理素质

房地产经纪活动是较为复杂的，经纪人员会经常遭遇挫折、拒绝和失败。这就要求房地产经纪人员必须有较好的心理素质，有较强的心理承受能力，百折不挠，不轻言失败，只有这样才能取得事业的成功。

房地产经纪人员可以从以下几个方面去培养健康的心理素质。

一、自知、自信

所谓自知，是指对自己的了解。房地产经纪人员对自己的职业应有充分而正确的认识，即对这一职业的责任、性质、社会作用、意义、经济收益等各个方面有全面和客观的认识。所谓自信，对于房地产经纪人员来讲，是指在自知基础上形成的一种职业荣誉感、成就感和执业活动中的自信力。自知是自信的基础，自信是事业成功的前提。要做好房地产经纪工作，首先要有自知、自信的心理素质。

房地产经纪活动对整个房地产市场有重要的影响。房地产经纪人员的职业责任就是促进市场交易，加快交易进程。因此，房地产经纪人员的工作，不仅对房地产市场，乃至对整体经济的发展，都具有很大的积极作用。而且，房地产市场上交易数量最多的是住房，住房的市场交易活动实际上也是一种资源优化配置活动。通过市场交易，更多的人得到了适合自己的住房。因此，房地产经纪工作，又是一项造福于民的工作。房地产经纪人员应对自己的职业有充分的荣誉感。

房地产经纪工作是与人打交道的工作，房地产经纪人员会在工作中遇到各种各样的人。有时，人们在遇到地位比自己高的人时，会产生拘束、压抑的感觉。此外，与一些性格较特殊的人打交道也是令人头痛的。但是，房地产经纪人员则必须学会与各种不同的人，特别是地位比自己高的人，进行沟通。这就需要房地产经纪人员具有充分的自信心。如果能充分了解自己工作的社会意义，知道自己可以为客户带来效益，那么，经纪人员就会对自己的社会地位产生自信心，从而不至于在客户面前自惭形秽。只要诚心诚意地为客户服务，经纪人员完全可以通过自己专业化的服务来赢得客户的尊重。当然，这也要求房地产经纪人员要不断地提高自己的专业水平。

房地产经纪人员要避免以下两种情况：一是盲目乐观，这类人缺乏必要的准备，在向客户推介房源时必然一问三不知；二是胆怯、懦弱，这类人缺乏积极的态度，对自己没信心，在为客户服务时必然理不直、气不壮。这两类人是无法做好房地产经纪工作的。自信是房地产经纪人员必备的气质和态度，也是提高业绩的一条妙计，因为自信也有分寸，不足便显得怯懦，过分又显得骄傲，所以，房地产经纪人员要善加把握。

二、热情、开朗、乐观

在人与人的交往中，性格热情、开朗的人使人容易接近，因而更受人欢迎。房地产经纪人如果本身不具备这种性格，就应主动培养自己热情、开朗的气质。

首先，要在心态上调整自己。在促使交易的过程中，被拒绝而导致失败的情形是经常有的，经纪人员一定要明白自己工作成功的概率，几次业务的失败不等于这项工作的失败，要对自己所从事的职业保持乐观、豁达的心态。其次，乐观积极的态度可以振奋房地产经纪人员的士气，调节其低落的情绪，使之继续保持旺盛的干劲，从而尽早走出逆境。乐观表现为对经纪业务活动信心十足，敢于面对困难和挫折的勇气和决心。乐观还可使房地产经纪人员时刻保持冷静，准确分析形势，抓住稍纵即逝的机遇，摆脱心理上的阴霾。

房地产经纪人员心态的另一个重要方面，是与同事、同行之间的关系。房地产经纪人员如果能树立与同事、同行积极合作、公平竞争的心态，就不会因竞争而产生消极、嫉妒、敌视之类的卑下心理，乐观、开朗的气质也就容易形成。

三、善于控制自己的情绪

与客户打交道时，房地产经纪人员要善于控制自己的情绪。如果把自己的情绪带到与客户的会谈中，势必破坏商谈的气氛，不利于工作的进展。

要控制自己的情绪，首先是主观上的自我心理调整，尽量锻炼自己控制事态的自控能力。其次，在客观上要多接触美好的事物，如宜人的风景、优美的艺术品。用这些美好的东西来陶冶自己的情操。同时，应注意在自己的表情、仪容、语言中增加积极、美好的元素，如微笑、清新怡人的香水、"我相信我能做成这笔交易"、"我一定能想出办法解决这个问题"等积极的自我心理暗示，让这些积极因素去调动自己的工作积极性。

四、坚韧、奋进

在房地产经纪工作中，经纪人员要接触到各种各样的客户和业务类型，由于自身能力限制，总会有遇到挫折的时候。另外，随着房地产中介业的发展，同行之间的竞争越来越激烈。如果经纪人员没有坚韧不拔的意志力，是很难胜任这个挑战性很强的工作。

房地产经纪人员不仅要以乐观的心态来面对挫折，还需要以坚韧不拔的精神去面对挫折。挫折是由多种原因造成的，找出原因，再认真研究对策并予以实施，就有可能化解挫折。如有些交易不成功，可能是房源与购房者的需求不能完全匹配，那就可以从进一步了解购房者需求和搜寻更多的房源入手；有些交易的不成功，可能是买卖双方对价格的认识不一致造成的，那就可以分析各方对价格的认识是否存在偏差，进而通过沟通使其认识到这种偏差，并说服其接受合理的价格。

房地产经纪人员要培养坚韧、奋进的意志力，必须要遵从三个法则。

1. 建立正确的观念

只有建立正确的观念，才能修正外在的行为，使心理有所准备，最终正视挫折，建立起坚忍的意志力。其中主要有三个观念：

首先，遭遇挫折是自然的事情。房地产是个体差异性极强的商品，又是价值昂贵的商品，影响它的因素又很多。一宗交易合同的达成，经历种种反复和曲折是很自然的。因此，房地产经纪人员应视挫折为正常，而将一帆风顺的交易视作偶然。

其次，嫌货才是买货人。会专门挑毛病、过度的吹毛求疵的客户，如果不是想借由反驳以求全身而退，就是出现交易行为前的关切询问，这样的客户是十分有潜力并值得开发的客户。根据以往的经验显示，越是吹毛求疵得厉害的人，交易意愿也越高，否则他只会敷衍两句，根本不必多费口舌与你周旋。

最后，客户拒绝是训练业务的机会。如果经纪人员不能接受失败与挫折的打击，成长的空间一定有限。如果经纪人员将客户的拒绝当成平日对自己的磨炼，又何必担心这些外来的挫折会打击自己，反而应该是愈挫愈勇，借由客户的拒绝磨炼自己的业务技巧。

2. 尽量减少挫折的出现

挫折难免会影响情绪，所以要尽力减少挫折出现的可能性。通过增强经纪技能、改变销售方式和及时调整自己的心态等手段可以提高房地产经纪的成功率，减少挫折，强化坚强的意志力。

3. 学会抚平挫折带来的伤害

挫折是一把非常锋利的刀，它会残害经纪人员的心情，打击经纪人员的信念，瓦解经纪人员的想法，迟钝经纪人员的反应，所以在遇到挫折后，可以用适当的方式宣泄由挫折所带来的消极情绪，如大声喊叫用高亢的声音来呐喊可以快速地抚平不平的心态、利用食物的力量来转移挫折情绪、远离尘嚣到一处宁静的地方静坐沉思化解挫折感等。学会适当的宣泄不但有助于心理调整，而且也有助于身体健康，对于房地产经纪人员来说是必要的。

第五节 房地产经纪人员的礼仪修养

房地产经纪人员必须十分注重自己的礼仪与形象。第一印象往往是向客户推销自己、赢得信任的敲门砖。因为要经常接触各方面的客户，房地产经纪人员要自觉使自己的外表整齐、清洁、悦目。

作为一种文化现象，礼仪是人性美和行为美的综合，是道德、习惯、风俗的综合体现。如果能把礼仪贯穿于房地产经纪活动中去，使之转化为心理和情感的交融，成为能够满足客户心理需要的经纪活动，那么就可以大大地提高交易成功的概率。

一、整洁的仪容

仪容就是指个人的容貌，即通常人们所说的相貌和长相。因经纪人员直接与客户打交道，代表公司形象，所以仪容显得十分重要，因此要求每一位经纪人员都要自觉地使自己的外表保持整齐、清洁和悦目。

1. 个人仪容的要求

在对客户的接待与服务工作中，对个人仪容的要求一般是：仪容要自然美、修饰美、内在美三者统一。

（1）自然美是指仪容的先天条件好，天生丽质。

（2）修饰美是指根据个人条件，对仪容进行必要的修饰，扬其长，避其短，设计、塑造出的个人美好形象。

（3）内在美是指通过努力学习，不断提高个人文化素养、道德水准，培养出来的高雅气质与美好心灵。

2. 个人仪容的原则

（1）女性经纪人员仪容应注意的三个方面：

1）妆容配合气质。女性经纪人员应该注意，化妆风格应该和自己的气质相近，这样才能更好地表现出自己的"神"和内在的"雅"来。

2）典雅不失清新。女性经纪人员的妆容应表现出典雅又不失清新的职业女性格调，体现出成熟、干练而又亲切的职业形象，让客户感到你值得信赖。

3）时尚兼具个性。女性售楼人员要有敏锐的时尚触角，并从中捕捉适合自己个性的元素，妆容应该展现出既时尚又和谐自然的美感，这才是"雅"的体现。

（2）男性经纪人员仪容应注意的三个方面：

1）干净、整洁、大方。由于男性皮脂的分泌较多，汗腺也较发达，容易产生异味，应该更加注意讲究卫生，勤洗脸、洗发、洗澡、剪指甲、换衣服，随时保持身体干净、卫生，衣饰整洁、大方，这样才能让客户愿意接近你；另外，吸烟的男士要注意保持口腔卫生，避免烟味太浓。

2）整体格调健康舒适。这里是指胡须、头发等对外观有影响的因素。男性经纪人员最好不留长发，发尾不超过耳根，发式以线条简洁、流畅、自然为好。

3）养成自我保健意识。男士平常也应使用基本的护肤品，特别是在容易引起皮肤干燥的秋冬季节。

3. 个人仪容修饰具体方法

（1）头发。头发不仅显示美，还显示一个人的素养，它是个人自我推销中的一个重要角色。

头发首先要清洁，其次要规整，还要根据脸形、体型、年龄、职业等来综合考虑发型。

1）根据脸形选择发型。长脸发际要低，短脸发际要高。圆脸选择顶部蓬松，而两鬓紧贴的发型为好。瓜子脸宜留卷发，发尖松软隆起。方脸最好选择前发曲线状横流向的发型。三角脸注意前额留空，以显出宽阔。鹅蛋脸，选择什么发型都好看，这时就要注意与自己的气质搭配了。

2）根据年龄选择发型。发式总是与一定年龄相配的，不同年龄的人应选择不同的发式，一般经纪人员年龄都不大，最好梳线条流畅、舒展丰隆、简洁微曲、式样新款的发式。

3）根据职业选择发型。作为一个经纪人员，发式一般宜选择短而散直，最多微长稍卷曲，以求整洁、大方。不过，整体的感觉都应以展现朝气蓬勃的青春活力为好。

（2）脸形。经纪人员对脸部进行修饰时，应该按照自己脸形的特点进行合适的修饰，尽量扬长避短，整体上有一种协调、舒服的感觉。每一个人的脸形都不尽相同，但大致也可以分为以下五种类型：

圆脸形：圆脸形的人在平时的面部修饰时，最好采用统一的色彩，突出眼睛、鼻子、嘴和髻等局部魅力，头发也应尽量不留刘海，易采用分式发型给人留下端庄、稳重的感觉。

方脸形：方脸形对男性而言，是一种十分理想的脸形；对女性来说，在平时的面部修饰时，为表现其温柔、文雅的形象，最好留短发，宜把蓬松卷曲的刘海往两边梳。

长方脸形：长方脸形的男性可以采用稍长的发型，而女性最好留有刘海的发型。

瓜子脸形：瓜子脸形是女性的好脸形。因而，在平时的面部修饰时，适用恬静、清新的颜色；头发可以侧分，可以留齐下巴的发型以突出其秀丽之感。

椭圆脸形：椭圆脸形又称鹅蛋形脸，它适合多种发型和装扮，尤其适合稳定的职业形象装束。因而，在平时的面部修饰时，最好采用职业形象装束，营造出专业的形象。

（3）眉毛。眉毛在一个人的面部虽然不是处于特别重要的地位，但它也绝非可以"不管不顾"。对眉毛修饰时，要注意对那些不够美观的眉毛，诸如残眉、断眉、竖眉、"八字眉"，或是过淡过稀的眉毛，必要时应采取措施，进行修饰。另外还需注意眉毛的清洁，在洗脸、化妆以及其他可能的情况下，经纪人员都要特别留意一下自己的眉毛是否清洁。特别要防止在自己的眉部出现诸如灰迹、死皮或是掉下来的眉毛等异物。

（4）眼部。人们观察评价一个人时，往往会首先去注意他的眼睛。经纪人员在与客户交流时，客户很有可能会注视经纪人员的眼睛，所以对眼部的修饰更不能掉以轻心。对眼部的修饰也需注意以下内容：

眼部的保洁。对经纪人员来讲，在这一方面最重要的是要及时除去自己眼角上不断出现的分泌物，哪怕它只是在眼角上或睫毛上残留一点点，都会给他人以又懒又脏的感觉。

眼病的防治。人的眼睛十分容易患病，所以要特别注意眼病的预防和治疗。如患有传染性的眼病，就应及时治疗、休息，绝不可与客户直接进行接触。

（5）鼻子。鼻子能构成人的仪表魅力。人的所谓轮廓美，鼻子有一半的功劳。鼻子的修饰应注意几点：不要让鼻毛伸出鼻孔；不要有鼻涕溢出；要经常清洁鼻孔。

（6）唇齿。房地产经纪人员最主要的工作是开口与别人说话，口部修饰得如何直接影响到与客户的沟通与交流，所以口部修饰至关重要。经纪人员在对口部修饰时要注意：

1）勤刷牙。不要在牙缝留下积垢，更不要有口臭。

2）不要抽烟。吸烟会使牙齿发黄、发黑，影响美感。

3）禁食。这里所说的禁食，主要是指工作岗位上，为了防止自己的口中因为饮食方面的原因而产生异味，故此应当暂时避免食用一些气味过于刺鼻的饮食，主要包括葱、蒜、韭菜、腐乳、烈酒等。

二、大方的仪表

所谓仪表，即一个人的外貌、外表。从广义上讲，仪表是人的外在特征和内在素质的有机统一，即由人的容貌、姿态、服饰打扮、言谈举止、卫生习惯等先天性的习惯性因素构成的外在特征。

作为房地产经纪人员，要时刻注意自己的仪表。经纪人员的仪表要遵循三个原则，即"TOP"原则。

所谓"T"原则，即时间（Time）原则，指穿戴服饰应考虑时代性、四季性、早晚性。服饰应顺应时代发展的主流和节奏，春、夏、秋、冬四季气候不同，每天的早、中、晚气温有变化，服饰也应随之变化。

所谓"O"原则，即场合（Occasion）原则，主要是指衣饰打扮应顾及活动场所的气氛。

所谓"P"原则，即地点（Place）原则，指服饰穿戴要适合所处的空间环境，尽量做到在种类、质地、款式、花色等方面与所处地点相协调。

1. 服装

女性经纪人员着装范围较广，没有固定模式，只要干净整洁，整体搭配合理即可，最好穿职业装。

（1）西装外套必不可少，与西装配套的衬衣可配些花边，以增加女性的特质，否则，过硬的线条会给人带来不舒服的感觉，也可以通过丝巾来柔化西装的硬度。

（2）女性穿着裙子的长度以膝盖上下变化为宜。高个子女性裙子可以加长一些，矮个子的裙子可以适当短一些，但上下长度偏差不超过20cm。

（3）穿着套装时，一般全身不超过三种颜色，最好以一种颜色为主色，另一种颜色为辅色起辅助效果，再选一种颜色为点缀色。

男性经纪人员在工作时最好穿西装。西装必须合身，领应贴近衬衫领口而且低于衬衫领口1～2cm。上衣的长度宜于垂下手臂时与虎口相平。肥瘦以穿一件厚羊毛衫后松紧适宜为好。裤子应与上衣相配合，在购买西装时应选择套装。另外，西装的穿着还要注意与其他配件的搭配。西裤的长度应正好触及鞋面。

男性经纪人员穿着西装有三忌：一忌不合身，二忌塞满物品，三忌袜子搭配不当。

2. 领带

领带在男人装饰中占着极重要的地位，穿西服缺少领带，给人以不完美的感觉。领带起着画龙点睛的作用，它反映着一个人的审美情趣与文化修养。

领带的长度是以其下端不超过皮带扣的位置为标准。领带的颜色，应选择中性颜色，不宜过暗或过亮。领带的质地以真丝为最佳，其图案与色彩可以各取所好。但是打条纹领带或格子领带时，不应穿条纹装。选择领带必须考虑适合脸形、肤色、西服的色彩及使用场合等，而且还要考虑不同的季节，不同款式的西服怎样搭配。

3. 鞋袜

鞋的款式和质地的好坏也直接影响到售楼人员的整体形象。颜色、款式要与其他服饰和场合相配。无论穿什么鞋，要注意保持鞋子的光亮及干净。

男士的袜子宁长勿短，以坐下后不露出小腿为宜。袜子颜色要和西装协调，深色袜子比较稳妥，因为浅色袜子只能配浅色西装，不宜配深色西装。女士如果穿裙装，就必须穿连裤袜，颜色应为接近肤色，切忌穿黑色带孔的袜子。

4. 首饰

对大多数女性来说，都有佩戴首饰的习惯，但佩戴首饰时要掌握分寸，不宜戴得过多、过于华丽，因为那样容易引起他人的反感和嫉妒。

若要同时佩戴多种首饰，最好不要超过三种，几种首饰要尽量使用同一种颜色、同一质地、同一材料，而且忌带珠宝首饰。

5. 身份牌

所谓身份牌，也称姓名牌、姓名卡等。指房地产经纪人员在工作岗位之上佩戴在身，用以说明本人具体身份，经由单位统一制作的、有着一定规格的、专用的标志牌。

在工作岗位上佩戴身份牌，有利于经纪人员表明自己的身份，进行自我监督，同时也方便服务对象更好地寻求帮助或是对其进行监督。经纪人员佩戴身份牌时，须注意以下四点：

（1）规格。一般来说，经纪人员所佩戴的身份牌规格都是由其所在单位统一负责订制、下发，用金属、塑料、硬纸制作。身份牌的色彩不宜浓、不宜多，外形应为长方形，具体尺寸多为10cm×6cm，即长10cm，宽6cm，尺寸不应过大或过小。

（2）内容。指身份牌上应包含的具体内容，一般应包括部门、职务、姓名三项。必要时，还可贴上本人照片，上述内容均应打印而不宜手写。字体要注意清晰易认，而且大小必须适度。

（3）佩戴方式。佩戴身份牌的常规方法有三：一是将其别在左侧胸前；二是将其挂在自己胸前；三是先挂在脖子上，然后再夹在左侧上衣兜上，这是一种"双保险"的做法。随意别在帽子、领子、裤子或是将其套在手腕上，都不允许。

（4）保护。指佩戴身份牌时应认真爱护，凡破损、污染、折断、掉角、掉字或涂改的身份牌最好要及时更换。

三、优美的仪态

姿势是无声的语言，也叫肢体语言，能反映一个人的精神风貌。

（1）基本姿势。

优美而文雅的站姿，是经纪人员必备的仪态。站立时，应将重心放在两个前脚掌上，双肩收拢且平直，挺胸收腹，眼光平视前方，面带微笑。站立或走路时，手臂应自然下垂或在体前交叉，右手放在左手上以保持向客户提供服务的最佳状态。不要把手插进口袋、抱在胸前或叉在腰间。

女子站立时，双脚呈"V"字形，双膝靠紧，两个脚后跟靠紧。男子站立时，双脚与肩同宽。

经纪人员在站立时还应避免出现以下八种情况：身躯歪斜、弯腰驼背、趴伏依靠、双腿叉开、脚位不当（"人"字式、蹬踏式等脚位）、手位不当（将手放在衣服的口袋内、将双手抱在胸前、将两手抱在脑后、将双肘支于某处、将两手托住下巴、手持私人物品）、半坐半立、浑身乱动。

（2）值得注意的习惯性动作。下面这些习惯性的小动作，在日常工作中要多加注意，从而养成良好的习惯。

1）咳嗽或吐痰时，请用干净的纸巾或手帕掩住口部。
2）打哈欠或喷嚏时，应走开或转过头来掩住口部。
3）整理头发、衣服时，请到洗手间或客人看不到的地方。
4）当众挖鼻孔、搔痒或剔指甲会有损自己的形象。
5）交谈时手不插在口袋里；坐着时不要玩无关的物件。
6）不要当众耳语或指指点点。
7）不要在公众区域奔跑、追逐。
8）抖动腿部、倚靠在桌子或柜台上都属不良习惯。
9）与别人谈话时，双目应当正视对方的眼睛。
10）不要在公众区域搭肩或挽手。
11）工作时，不要大声讲话、谈笑。
12）在公共场合，不能与客户谈及与工作无关的事情。
13）与人交谈时，不应不时看表或随意打断对方的讲话，同时要注意倾听。

四、言谈举止

房地产经纪人员要以不同途径、不同方式接触大量客户，其言谈举止在很大程度上影响着房地产经纪机构的形象，也关系着能否在客户心中建立起相互信赖关系。

（一）接待礼仪

1. 称呼礼仪

称呼礼仪是指日常工作中和客户打交道时所用的称谓。由于客户可能来自不同地区，处于不同的社会阶层；由于各地区语言不同，风俗习惯各异，因而在人与人之间的称呼习惯上有很大的差别，如果称呼错了，职务不对，姓名不对，不但会使客人不悦，引起反感，甚至还可能闹出笑话和产生误会。

（1）一般习惯称呼。一般对男子称"先生"，对已婚女子称"夫人"，未婚女子统称"小姐"，对不了解婚姻情况的女子可称"小姐"，对戴结婚戒指和年纪稍大的可称"夫人"，也可称"太太"。

（2）按职位称呼。知道学位、军衔、职位时，可以在其姓氏后加上学位、职位等，如"×博士"、"×上校"、"×总"等。

2. 握手礼仪

握手表示尊敬、友好，是最常见的接待礼仪之一。正确握手姿势是，行握手礼时应上身稍稍前倾，两足立正，伸出右手，距离受礼者约一步，四指并拢，拇指张开，向受礼者握手，礼毕后松开。握手时必须是上下摆动，而不能左右摇动。

需要注意的是，一般情况下握手要用右手，应由经纪人员先伸手；握手时不要用力过猛，也不能松松垮垮。握手时间长短因人而异，初次见面握手时间不宜过长，在多人同时握时，不要交叉握手，应待别人握完再伸手，不要戴手套与人握手，握手时应双目注视对方，切不可斜视或低着头。

男女相见时，应该由女士先向男士伸手，然后男士再伸手。与女士握手，一般以轻且时间短一点为宜。男士一般握女士的手指部分。

3. 介绍礼仪

自我介绍时，要亲切有礼，态度谦虚诚恳，不要自我吹嘘、夸大其词。

介绍双方认识时，介绍者先向双方打一个招呼，"请允许我介绍你们认识一下"或"让我来介绍一下"。介绍时，要注意顺序，一般应先把身份低的介绍给身份高的，把年轻的介绍给年长的，将晚辈介绍给长辈，将一般同志介绍给领导或有名望的人，将男士介绍给女士，将未婚女士介绍给已婚女士。

集体介绍时，介绍者可从贵宾开始，也可按他们的座位顺序开始介绍。

4. 引导礼仪

在实际工作中，经常需要由经纪人员引导客户参观小区或楼层，这时候就需要经纪人员特别注意引导礼仪。引导礼仪主要包括行路礼仪和观看礼仪。

（1）行路礼仪。经纪人员代表公司的形象，因此行路时要注意文明礼貌。进出门要先检查自己的衣着是否齐整。走路要注意仪态，遇到熟人要主动打招呼。过马路要走人行横道，过街、过天桥或地下通道都要按规定的路线行走。碰到有陌生人问路时，指路时语言要礼貌，应热情地为其回答。行路时还要注意环境卫生，不要随地吐痰，也不要乱扔杂物。

（2）观看礼仪。带客户观看小区或楼层是每一位经纪人员的必修课，因此要注意这方面的礼仪要求。自身的举止、言语要文明礼貌，尊重客户的评价。对小区或楼层只作专业的介绍，对小区或楼层的环境只作淡淡的渲染，不能任意夸大其词、肆意吹嘘。引导客户观看小区或楼层时还要注意安全。

(二) 语言礼仪

房地产经纪人员要以不同途径、不同方式接触大量客户，其言谈在很大程度上影响着房地产产品交易的成败，因此要特别注意交谈时的语言礼仪。经纪人员在与客户交谈时要注意自己的语言礼仪，这主要包括以下几个方面：

1. 洪亮的声音

声音洪亮，一方面是为了让客户能够听清自己要表达的意思；另一方面让人觉得充满激情、自信，易于接近。

2. 悦耳的问候

交谈的第一道程序便是问候和寒暄，悦耳的声音会增加你的成功率。尽管那些问候和寒暄用语的本身并不表示特定的含义，在经纪工作过程中也不是重点，但它却是交往中不可缺少的。毕竟，声音是交流中的重要内容。所以，在问候和寒暄的时候态度要真诚，表情要自然，语言和气亲切，使客户有宾至如归的感觉。

3. 自然的语调

讲话的语调也对工作有很大的影响。成功的经纪人之所以能打动别人的心，除了谈话内容精辟、言辞美妙之外，他的语调、节奏、音量都是运用得恰如其分。为此，经纪人员必须注意：不要用鼻子说话，尽量减少鼻音，说话时喉部放开、放松，尽量减少尖音，控制说话的速度，消除口头禅，注意抑扬顿挫。

4. 和谐的气氛

房地产经纪人员在与客户的交谈过程中，要注意营造一种愉快、和谐的谈话氛围，使交谈双方都感到这次谈话是令人愉快的，而不致使某方落入尴尬、窘迫之境。这可以通过以下几点实现：

(1) 用疑问或商讨的语气来满足对方的自尊心，创造愉悦、和谐的谈话气氛。

(2) 交谈的话题和方式，尽量合乎交谈双方的特点，诸如性格、心理、年龄、身份、知识面、习惯等。并注意在已经拥有的话题中挖掘、发现新的感兴趣的话题，使交谈双方始终在一种愉快的气氛中进行。

(3) 说话前应周密考虑话题所涉及的内容和背景，对方的特点以及时间、场景等因素。

(4) 表达清晰，语言简练，说话声音平稳轻柔，速度适中。

(5) 避免交谈过程中出言不逊，恶语中伤、斥责、讥讽对方；适当的赞美犹如春风拂面，但要注意措辞得当；交谈中如果对方显示出"无礼"，也要保持宽容、克制。

(6) 控制自己的情绪和举止。为配合谈话效果可有适度的手势，但要得体。

(三) 通信礼仪

在房地产经纪人员与客户接触的过程中，每天都会用到电话、手机，甚至电子邮件等通信工具进行联系。在使用这些通信工具的时候，要注意遵循一定的礼仪规范。

1. 电话礼仪

与日常会话和书信联络相比，接打电话具有即时性、经常性、简洁性、双向性、礼仪性等较为突出的特点。其中所谓"礼仪性"就是指接、打电话要遵循相应的礼仪礼节，必须以礼待人，克己而敬人。

(1) 打电话的礼仪。在打电话时，从总体上来讲，自己的语言与声调应当简洁、明了、文明、礼貌。在通话时，声音应当清晰而柔和，吐字应当准确，句子应当简短，语速应当适中，语气应当亲切、和谐、自然。为此，嘴部与话筒之间应保持3cm左右的距离。这样容易使对方接听电话时，能听得最清晰。

打电话时，售楼人员开口所讲的第一句话，都事关自己给对方的第一印象，所以应当慎之又慎。还需注意的是，打电话时应首先报出自己的单位和姓名。如：您好！我是×××。我找×××。

如果电话是由总机接转，或对方的秘书代接的，在对方礼节性问候之后，应当使用"您好"、"劳驾"、"请"之类的礼貌用语与对方应对，不要对对方粗声大气，出口无忌，或是随随便便将对方呼来唤去。

在通话时，若电话中途中断，按礼节应由打电话者再拨一次。拨通以后，需稍作解释，以免对方生疑，以为是打电话者不高兴挂断的。

当通话结束时，别忘了向对方道一声"再见"，或是"早安"、"晚安"。按照惯例，电话应由拨电话者挂断。挂断电话时，应双手轻放。

(2) 接听电话的礼仪。在接听电话时，亦有许多具体要求。首先电话铃声一响，就应立即跑过去接电话，并且越快越好。在国外，接电话有"铃响不过三遍"一说。

在接电话的过程中，要注意自己的态度与表情，因为经纪人员接电话时的态度与表情对方完全可以在通话过程中感受到。在办公室里接电话，尤其是外来的客人在场时，最好是走近电话，双手捧起话筒，以站立的姿势，面含微笑地与对方友好通话。不要坐着不动，一把把电话拽过来，抱在怀里，夹在脖子上通话。不要拉着电话线，走来走去地通话；也不要坐在桌角、趴在沙发上或是把双腿高抬到桌面上，与对方通话。

接电话时拿起话筒后也要首先报出自己的姓名。如："您好！×××。请讲。"需要注意的是，不允许接电话时以"喂，喂"或者"你找谁呀"作为"见面礼"。特别是不允许一张嘴就毫不客气地查问对方，一个劲儿地问人家"你找谁"，"你是谁"，或者"有什么事儿呀"。

在通话途中，不要对着话筒打哈欠，或是吃东西，也不要同时与其他人闲聊。不要让对方由此来感到在通话人的心中无足轻重。

结束通话时，应认真地道别。而且要恭候对方先放下电话，不宜"越位"抢先。

2. 手机礼仪

房地产经纪人员在日常交往中使用手机时，大体上有如下五个方面的礼仪规范必须遵守。

(1) 放置到位。按照惯例，外出随身携带手机的最佳位置有两处：一是公文包里，二是上衣口袋之内。穿套装、套裙之时，切勿将其挂在衣内的腰带上。

(2) 遵守公德。在公共场所活动时，经纪人员尽量不要使用手机。当其处于待机状态时，应使之静音或转为振动。需要与他人通话时，应寻找无人之处，切勿当众通话。

(3) 保证畅通。使用手机的目的是为了保证自己与外界的联络畅通无阻，经纪人员必须为此采取一切行之有效的措施，保证客户能随时找到自己。

接到他人打在手机上的电话之后，一般应当及时与对方联络。没有特殊的原因，与对方进行联络的时间不应当超过5分钟。拨打他人的手机之后,亦应保持耐心,一般应当等候对方10分钟左右。在此期间,不宜再同其他人进行联络,以防电话频频占线。

万一因故暂时不方便使用手机时,可在寻呼台、语音信箱上留言,说明具体原因,告之来电者自己的其他联系方式。有时,还可采用转移呼叫的方式与外界保持联系。

(4) 重视私密。一般而言,手机的号码,不宜随便告之于人。不应当随便打探他人的手机号码,更不应当不负责任地将别人的手机号码转告他人。通常不宜随意将本人的手机借与他人使用,同样也不宜随意借用别人的手机。

3. 传真礼仪

房地产经纪人员在给客户发送传真时,不可缺少必要的问候语与致谢语。发送文件、书信、资料时,更是要谨记这一条。发完传真应当确认客户是否已经收到。

在收到客户的传真后,应当在第一时间内即刻采用适当的方式告知对方,以免对方惦念不已。

4. 电子邮件礼仪

电子邮件,又称电子函件或电子信函。房地产经纪人员使用电子邮件时应注意以下几点:

(1) 电子邮件应当认真撰写。向他人发送的电子邮件,一定要精心构思,认真撰写。在撰写电子邮件时,下列三点必须注意:其一,主题要明确。其二,语言要疏畅。其三,内容要简洁。

(2) 电子邮件应当慎选功能。现在市场上所提供的先进的电子邮件软件,可有多种字体备用,甚至还有各种信纸可供使用者选择。这固然可以强化电子邮件的个人特色,但是此类功能房地产经纪人员必须慎用。因为对电子邮件修饰过多,难免会使其容量增大,收发时间增长,既浪费时间又浪费金钱,而且往往会给人以华而不实之感。还有,电子邮件的收件人所拥有的软件不一定能够支持上述功能。

(四) 名片礼仪

名片是现代社会时兴的一种交际工具,通过它可以将自己推销给客户;同时还可以通过名片获悉客户的许多资料。它一般载有发名片者的包括单位、名字和职务等内容。

1. 放置名片的方法

房地产经纪人员每天要接触大量的客户,应该多准备一些名片。若外出时,可将自己名片放置在名片夹中。若无名片夹,也可放在口袋里,但应注意保护,不要揣在内衣袋里,以免被揉得皱皱巴巴的,很不体面。更不要把名片放在裤子后面的口袋里,这样做固然方便,但容易给人一种不尊重对方的感觉。正确的做法是将名片放在上衣的口袋里。

2. 递名片的方法

(1) 递送名片时,要面带微笑。

(2) 递送名片时,要用双手,或右手递左手接,表示出兴趣,以示尊重。

(3) 递送名片时,要走到客户可以接到的距离。

(4) 递送名片时,应使自己的名字向着客户,以便客户能清楚地念出自己的名字。

3. 接取名片注意事项

(1) 接取客户名片时,要用双手接过,以示礼貌尊重。

(2) 接取客户名片时,动作要干净利落,不要慢吞吞、拖拖拉拉的,这样容易给客户不太爽快的印象，从而对你产生排斥感，不利于工作的推进。

（3）接过客户的名片后，必须先浏览一遍，以示重视。假如没有把握念对客户的名字时，应礼貌地向客户请教正确的念法，否则念错时将更尴尬。这也表示自己有诚意记住客户的名字。

4. 保存名片

名片是联系客户的纽带，因而接过客户的名片后，必须很慎重地放好。

在收到客户的名片后，要建立客户档案，以方便业务的顺利进展。

复习思考题

一、名词解释

房地产经纪人员职业道德

二、填空题

1. 房地产经纪人员职业道德的基本要求是（ ）、（ ）、（ ）、（ ）、（ ）。
2. 房地产经纪人员的知识结构包括（ ）、（ ）和（ ）。
3. 一名称职的房地产经纪人员的执业技能主要包括收集和处理信息的技能、（ ）、（ ）、（ ）、（ ）和组织协调技能六个方面。

三、简答题

1. 房地产经纪人员应具有哪些职业技能？怎样培养和提高房地产经纪人员的职业技能？
2. 房地产经纪人员的语言礼仪主要包括哪几个方面？
3. 一名优秀的房地产经纪人员应具备怎样的健康心理？

四、论述题

1. 如何认识房地产经纪人员的职业道德？它包括哪些主要内容？
2. 房地产经纪人员在接待客户时要注意哪些接待礼仪？

第五章 房地产交易相关知识

房地产经纪活动的最终目的是要促成房地产交易。房地产交易是一种专业性很强的行为，具有特定的法律意义，其主要内容包括房地产转让、房屋租赁和房地产抵押。房地产经纪人员只有熟悉房地产交易基本流程、合同以及相关的法律、法规和税费收取，才能顺利地促成房地产交易，完成房地产经纪业务。本章重点阐述了常见房地产转让形式的基本流程、转让合同以及相关税费计算，并介绍了房屋租赁和房地产抵押的基本流程和合同。

第一节 房地产交易的基本流程

一、房地产转让基本流程

（一）房地产转让的概念

房地产转让是指房地产权利人通过买卖、赠与或其他合法方式将其房地产转让给他人的行为。概念中的其他合法方式主要包括下列行为：

（1）以房地产作价入股、与他人成立企业法人，房地产权属发生变更的；

（2）一方提供土地使用权，另一方或者多方提供资金，合资、合作开发经营房地产，使房地产权属发生变更的；

（3）因企业被收购、兼并或合并，房地产权属随之转移的；

（4）以房地产抵债的；

（5）法律、法规规定的其他情形。

房地产转让的实质是房地产权属发生转移。房地产转让时，房屋所有权和该房屋所占用范围内的土地使用权同时转让。房地产转让的方式不一样，其操作的具体流程也各不相同。

（二）房地产买卖的基本流程

房地产买卖是房地产转让最基本的形式。目前市场上的房地产买卖主要有商品房预售、商品房销售、二手房买卖、商品房预售合同转让、房屋在建工程转让、职工所购公房上市等类型。

1. 商品房预售流程

商品房预售是指房地产开发企业将正在建设中的房屋预先出售给承购人，由承购人预付定金或房价款的行为。商品房预售具有较大的风险性和投机性，涉及到广大购房者的切身利益，因此《城市房地产管理法》规定，商品房预售实行预售许可制度，即房地产开发企业进行商品房预售，应向房地产管理部门申请预售许可，取得《商品房预售许可证》，未取得《商品房预售许可证》的，不得进行商品房预售。

商品房预售的一般流程为：

第一步，预购人通过中介，媒体等渠道寻找中意楼盘；

第二步，预购人查询该楼盘的基本情况；

第三步，预购人与开发商签订商品房预售合同；

第四步，办理预售合同文本登记备案；商品房预售人应当在预售合同签订之日起30日内持商品房预售合同到县级以上人民政府房产管理部门和土地管理部门办理登记备案手续。

第五步，商品房竣工后，开发商办理初始登记，交付房屋；

第六步，与开发商签订房屋交接书；

第七步，办理交易过户、登记领取房产证书手续。

2. 商品房销售基本流程

这里所说的商品房销售也称为商品房现售，是指房地产开发商将其依法开发并已建成的商品房通过买卖转移给他人的行为。

商品房销售的一般流程：

第一步，购房人通过中介、媒体等渠道寻找中意楼盘；

第二步，购房人查询该楼盘的基本情况；

第三步，购房人与商品房开发商订立商品房买卖合同；

第四步，交易过户登记。

3. 二手房买卖基本流程

二手房买卖是指房屋产权人将其依法拥有产权的房屋（但不包括通过商品房开发而取得产权的房屋）通过买卖转让给他人的行为。

二手房买卖的一般流程：

第一步：购房人或卖房人通过中介、媒体等渠道寻找交易对象；

第二步：交易双方签订房屋买卖合同；

第三步：交易过户登记。

4. 商品房预售合同转让基本流程

商品房预售合同的转让是指商品房预购人将购买的未竣工的预售商品房再行转让他人的行为。这种转让只变更预售合同的主体，预售合同的内容不发生变化，由商品房预购人将原预售合同的债权或权利义务转让给第三人，使第三人与预售人之间建立新的民事法律关系。预售合同转让属于房地产的二手交易，即通常所称的三级市场。

商品房预售合同转让应注意以下几点：

（1）预购人必须持有经过登记备案的预售合同和转让合同才能成为转让人，未登记备案的预售合同不得转让。

（2）预售合同转让的标的物必须是尚未竣工的，正在建设中的预售商品房。如果转让的标的物已经竣工验收，预购方已经实际取得预售商品房产权后，将商品房再转让给他人，不是预售合同转让，应按商品房买卖关系处理。

（3）预售合同必须合法有效，才允许预售合同转让，否则预售合同转让无效。

（4）预售合同转让必须签订转让合同，不必重新签订新预售合同。

商品房预售合同转让的一般流程为：

第一步：预购人将经交易中心登记备案的预售合同通过中介等渠道寻找受让人。此时，经纪人员一般不直接与开发企业发生关系，不能完全了解整个楼盘的基本情况，因此，确定预购人对该房屋的期权是预售合同转让的首要环节。经纪人员不仅要验看预售合同是否经过登记备案，还要了解该房地产的房价款是否全部付清。有必要时，还应到交易中心、开发企业进一步查询、核证。

第二步：签订预售合同转让书。预售合同转让实际上是一个权益的转让，它没有现实的房屋交付。预售合同转让时，原预售合同中载明的权利义务随之转移。经纪人员在代理该转让活动时，要明确房价款是否付清，如已全额付清的，预购人应书面通知开发企业；如未付清的，则应先征得开发企业的同意，才能签订预售合同转让书。

第三步：预售合同转让登记备案。商品房预售合同转让是一种比较特殊的转让形式，它是一种期权转让行为，因此，采取的是登记备案的形式。经纪人员在代理预售合同转让登记备案时，应收集原来有关的预售合同，连同转让书一同到交易中心登记备案。经登记备案的预售合同及转让书作为唯一的期权转让证明，在开发企业交付房屋时凭此证交付使用房屋，并办理有关交易过户登记领证手续。

5. 房屋在建工程转让基本流程

房屋在建工程转让是指房屋在建工程权利人在房屋建设期间，将在建房屋及土地使用权全部或部分转移给他人（包括共有权利人）的行为。

房屋在建工程转让的一般流程为：

第一步：房屋在建工程权利人向房地产管理部门提出在建工程转让申请；

第二步：房地产管理部门对申请进行审核、批复；

第三步：转让双方签订在建工程转让合同。由于对在建工程的转让当事人目前未有明确的规定和限制，因此，经纪人员在代理此项业务时首先须明确受让人是否具有商品房开发资质，如受让人无开发资质的，应先补办开发资质。其次，房屋在建工程转让时已经销售、预售商品房但未交付使用的，经纪人员应及时书面通知购房人。在了解在建商品房转让有关事宜后，购房人自收到书面通知之日起 30 日内有权解除原商品房销售（预售）合同。同时，在建工程转让合同中还应明确受让人继续履行原预售合同中载明的权利与义务。

第四步：到交易中心申请办理交易过户、登记、领证等手续。在建工程转让不采取登记备案的形式，而是办理交易过户转让手续并予以发证（土地部分）。因此，申请办理过户手续时，双方当事人应提供房地产权证（土地部分），建设工程规划许可证等文件。转让经批准发证后，建设工程即转让，由受让人继续建设直至竣工。

6. 职工所购公房上市的流程

职工所购公房上市是搞活房地产二、三级市场，深化住房制度改革的重要举措，经纪人员在代理该业务时应深刻领会有关政策精神，特别是对暂不允许上市出售范围及有关税费等的优惠政策要有充分的了解与掌握。

职工所购公房上市的一般流程如下。

第一步：买卖双方当事人订立合同。当事人应参照《房地产买卖合同》示范合同文本订立合同。

第二步：向房地产交易中心提出过户申请。当事人在合同上交之后，应向房屋所在地的房地产交易中心提出过户申请，并提交下列材料：①房地产权证书；②买卖合同；③身份证和户籍证明；④《房地产转让过户、登记申请书》；⑤购房时同住人同意出售的证明；⑥其他有关资料。

第三步：房地产交易中心受理、审核，当事人缴纳税费，办理领证手续。

（三）房地产交换基本流程

房地产交换主要是指房地产产权的互换。在目前特定阶段，房地产交换还包括公有住房承租权的交换，同时，房屋交换不仅仅是简单的物物交换，更多情况下是一种差价交换，目前在房地产行业内，对房地产交换有一种约定俗成的称法叫"房屋置换"。尽管不同交换形式的流程不尽相同，但总体来讲，都要经过以下几个基本流程：

第一步：换房人通过中介、媒体等渠道寻找房源；

第二步：交换双方签订公（私）有住房差价换房合同；

第三步：到房地产登记机构进行换房合同登记备案和审核；

第四步：交换双方支付差价款和相关税费；

第五步：产权交易过户或办理公房租赁变更手续，领取房地产权证或公房租赁证。

（四）房地产赠与基本流程

房地产赠与是指房地产所有权人（包括土地使用权人）将其合法拥有的房地产无偿赠送给他人，不要求受赠人支付任何费用或为此承担任何义务的行为。与房地产买卖相比，房地产赠与属单务行为，受让人不需承担任何义务。

房地产赠与可分为生前赠与和遗赠两种。

1. 生前赠与基本流程

第一步：赠与人与受赠人签署赠与书、受赠书，赠与书与受赠书经公证机关公证后有效；

第二步：赠与双方持经公证的赠与书与受赠书、房地产权证等资料到房地产登记机构办理赠与登记领证手续。

2. 遗赠基本流程

第一步：房地产权利人生前订立遗嘱，承诺将其自有的房地产在其死后全部或部分赠送给受赠人，此遗赠书也须经公证机关公证后才有效；

第二步：房地产权利人死亡，遗嘱生效，受赠人表示接受赠与；

第三步：受赠人持有关合法文件到房地产登记机关申请办理过户登记领证手续。

（五）以房地产作价投资入股的基本流程

第一步：合资双方订立合资合同、章程等文件，并报国家有关部门批准。投资入股是市场经济发展的产物，目前采取这种方式成立企业的非常多，在操作这一流程时，最重要的是审验合资企业的合资行为是否规范、是否按规定报有关部门批准，特别是涉及国有资产的，应向国有资产管理部门报批并经评估审核确认。

第二步：合资双方将合同、章程、批准证书、评审确认书等及合同中涉及到以房地产作价投资的清单向房地产登记机关申请办理交易过户登记领证手续。在缴纳规定的契税、交易手续费等税费后领取房地产权证。

（六）兼并、合并的基本流程

因企业兼并、合并而使房地产权属随之转移的，属于房地产转让，而不是单纯的权利人名称变更。兼并、合并的一般流程为：

第一步：企业按国家有关规定报有关部门批准，实施兼并、合并。同投资入股一样，这种房地产转让形式并不签订房地产转让合同。因此，在有关兼并、合并的法律文件上必须明确企业兼并、合并产生转移的房地产权利状况、坐落及价格等。

第二步：企业将有效的关于兼并、合并的法律文件以及随之转移的房地产权利证书等有关资料到房地产登记机关申请办理转让过户登记领证手续。在缴纳规定的契税、交易手续费等税费后领取房地产权证。

（七）以房地产抵债基本流程

第一步：确定债权、债务；

第二步：确定房地产及其价值；

第三步：订立房地产抵债合同；

第四步：债权、债务双方将抵债合同、原房地产权证等相关资料向房地产登记机关申请办理交易过户登记领证手续。缴纳规定的契税、交易手续费等税费后领取房地产权证。

二、房屋租赁的基本流程

房屋租赁实际上是房屋流通的一种特殊形式，它是通过房屋出租逐步实现房屋价值，从而使出租人得到收益回报的一种房地产交易形式。房屋租赁和房地产买卖是房地产交易行为中最常见的两种形式。房屋租赁主要有房屋出租和房屋转租两种方式。

（一）房屋出租的流程

这里所说的房屋出租是一般意义上的房屋租赁，是指房屋所有权人作为出租人将其房屋出租给承租人使用，由承租人向出租人支付租金的行为。这是房屋租赁最常见的一种形式。房屋出租的一般流程如下：

第一步：出租方或承租方通过中介等渠道寻找合适的承租人或出租房源；

第二步：签订房屋租赁合同；

第三步：将房屋租赁书面合同、出租房屋所有权证书、当事人的合法身份证件、市县人民政府规定的其他文件等材料到租赁房屋所在地的房地产登记机关申请办理房屋租赁合同登记备案；

第四步：缴纳相关税费。

（二）房屋转租基本流程：

房屋转租是指房屋承租人在租赁期间将承租的房屋部分或全部再出租的行为。《租赁管理办法》规定："承租人经出租人同意，可以依法将承租房屋转租。出租人可以从转租中获得收益。"

房屋转租的一般流程：

第一步：原承租人取得原出租人的书面同意，将其原出租的房屋部分或全部再出租；

第二步：原承租人与承租人签订房屋转租合同；

第三步：将转租合同到房地产登记机关办理房屋转租合同登记备案；

第四步：缴纳有关税费。

三、房地产抵押的基本流程

房地产抵押是指债务人或第三人以不转移占有的方式向债权人提供土地使用权、房屋和房屋期权作为债权担保的法律行为。在债务人不履行债务时，债权人有权依法处分该抵押物并就处分所得的价款优先得到偿还。

根据抵押物状况，房地产抵押主要可分为土地使用权抵押、在建工程抵押、预购商品房期权抵押、现房抵押等，其中，预购商品房期权抵押和现房抵押也被统称为银行按揭贷款，具体是指借款人在向房地产开发商购买商品房时，自己先交付房价款的一部分，即首期付款，不足部分以该房产的所有权（或期权）作为抵押向银行申请贷款，以向开发商付清全部房价款。这是房地产经纪业务中最常见的一种抵押形式，本书仅介绍银行按揭贷款的基本流程。

银行按揭贷款的基本流程如下：

第一步，商品房购买者与商品房开发经营企业签订商品房买卖合同，部分付清房价款后，持商品房买卖合同到交易中心登记备案。

第二步，购房者提出贷款申请。购房者与开发商签订商品房买卖合同，并经登记备案后，可向银行提交按揭贷款申请，并将有关证明材料交由银行审查。一般相关证明材料包括：①借款者的身份证、户口簿及愿参加还款的同户和直系亲属的身份证；②借款人及愿参加还款的同户和直系亲属的收入证明；③符合法律规定的商品房预售合同或买卖合同；④贷款银行要求提供的其他证明材料。

第三步，银行审查批准。银行会重点对贷款申请人的身份证明及其还款能力进行审查，以确保按揭贷款的安全性。银行审查合格后，将与贷款申请人及其担保人签订抵押合同和借款合同。

第四步，抵押权人与抵押人签订抵押合同和借款合同。签订抵押合同时，应查验抵押人所提供的商品房买卖合同是否经房地产登记机构登记备案，该预购房屋是否已转让，是否已设定抵押或已被司法机关查封等。

第五步，办理抵押保险、公证和交付银行贷款手续费。由于抵押贷款具有较大的风险性，因此银行会要求借款人以自己的信用向保险公司购买住房抵押贷款保证保险，保险费由借款人支付，保险受益人为贷款银行。银行也可以以借款人的信用向保险公司购买住房抵押贷款信用保险，保险费由贷款银行支付。

公证的时候需要贷款的三方，即贷款申请人、房地产开发商、银行都到场，公证的有关费用由贷款申请人负担。

银行对每笔按揭贷款收取相应手续费，各银行收取费用的数额不同。

第六步，缴纳有关税费，办理房产抵押登记。抵押双方持抵押合同及经房地产登记机构登记备案的商品房买卖合同，到房产交易中心或相应管理机构办理抵押登记。抵押权人保管其他权利证明，房地产权利人领取已经注记的商品房买卖合同。

第七步，贷款的发放。在履行完以上手续后，银行会在规定的期限内，将贷款资金划入房地产开发商在该银行开立的指定账户。

第八步，贷款的偿还。借款人在一定期限内向银行偿还贷款，直到贷款清偿完毕。

分期还款的方式有：等额本息还款方式、等额本金还款方式、等比累进还款方式、等额累进还款方式等多种。借款人可根据需要选择一种还款方式。

第九步，债务履行完毕或贷款已经清偿，抵押双方持注销抵押申请书、已经注记的商品房买卖合同及其他权利证明，到房地产登记机构办理注销抵押登记。

如果借款人是按规定缴交住房公积金的职工并符合住房公积金的贷款条件，那么借款人可以申请住房公积金贷款。与商业性住房贷款相比，住房公积金贷款可以获得较低的贷款利率；但办理手续更复杂、期限更长。一般说来，住房公积金贷款的流程有：

第一步，借款人向其缴存公积金存款的银行提出申请，领取《职工住房抵押借款申请书》，填妥后与相关证明文件一并递交给银行。

第二步，贷款银行对借款人的借款申请及其他各项证明材料进行审查，审查合格后由贷款银行出具贷款承诺书。

第三步，借款人凭借银行的贷款承诺书与售房单位签订购房合同或协议。

第四步，银行与借款人签订公积金住房贷款合同和抵押合同。

第五步，办理贷款合同公证，抵押合同公证和登记。

第二节 房地产交易合同的类型与内容

一、房地产转让合同

1. 房地产转让合同概念

房地产转让合同，指房地产权利人作为出让人与受让人之间签订的转让房地产产权的合同，是用于明确转让当事人各方权利、义务关系的协议。

房地产转让合同包括两部分，一是土地使用权出让合同，二是单纯以房地产权利转移为内容的房地产转让合同。根据"认地不认人"的原则，转让房地产时，土地使用权出让合同载明的权利、义务必须随之转移。土地使用权无论转让多少次、转移到谁的手中，国家与土地使用者的关系不受影响，新的土地使用者仍受出让合同的约束。以出让方式取得土地使用权的，转让房地产后，其土地使用权的使用年限为原土地使用权出让合同约定的使用年限减去原土地使用者已经使用年限后的剩余年限。受让人要改变原土地使用权出让合同约定的土地用途的，必须征得有关部门的同意，签订土地使用权出让合同变更协议或者重新签订土地使用权出让合同，并可调整土地使用权出让金。

2. 房地产转让合同的内容

根据《城市房地产转让管理规定》，房地产转让合同应当载明下列主要内容：

（1）双方当事人的姓名或者名称、住所；
（2）房地产权属证书名称和编号；
（3）房地产坐落位置、面积、四至界限；
（4）土地宗地号、土地使用权取得的方式及年限；
（5）房地产的用途或使用性质；
（6）成交价格及支付方式；
（7）房地产交付使用的时间；
（8）违约责任；
（9）双方约定的其他事项。

以出让方式取得土地使用权的，房地产转让时，土地使用权出让合同载明的权利、义务随之转移。

3. 房地产转让合同示范文本

房地产转让的主要形式是房地产买卖。按照规定，房地产买卖活动中，房地产开发企业应与购房者签订商品房买卖合同。1995年建设部和国家工商行政管理局联合颁发了《商品房购销合同示范文本》。根据《合同法》和近几年来商品房买卖中存在的问题，2000年建设部、国家工商行政管理局对《商品房购销合同示范文本》进行了修订，并更名为《商品房买卖合同示范文本》，自2000年10月底在全国推广、实施。推行《示范文本》，有利于保护当事人的合法权益，避免因合同缺款少项和当事人意思表示不真实、不确切，而出现显失公平和违法条款；有利于减少商品房买卖合同纠纷，促进合同纠纷的解决；有利于调动消费者的购房热情，促进住房消费，拉动经济增长。

附：商品房买卖合同示范文本

商品房买卖合同

商品房买卖合同说明：

（1）本合同文本为示范文本，也可作为签约使用文本。签约之前，买受人应当仔细阅读本合同内容，对合同条款及专业用词理解不一致的，可向当地房地产开发主管部门咨询。

（2）本合同所称商品房是指由房地产开发企业开发建设并出售的房屋。

（3）为体现合同双方的自愿原则，本合同文本中相关条款后都有空白行，供双方自行约定或补充约定。双方当事人可以对文本条款的内容进行修改、增补或删减。合同签订生效后，未被修改的文本印刷文字视为双方同意内容。

（4）本合同文本中涉及到的选择、填写内容以手写项为优先。

（5）对合同文本【 】中选择内容、空格部位填写及其他需要删除或添加的内容，双方应当协商确定。【 】中选择内容，以划√方式选定；对于实际情况未发生或买卖双方不作约定时，应在空格部位打×，以示删除。

（6）在签订合同前，出卖人应当向买受人出示应当由出卖人提供的有关证书、证明文件。

（7）本合同条款由中华人民共和国建设部和国家工商行政管理局负责解释。

商品房买卖合同

（合同编号： ）

合同双方当事人：
出卖人：＿＿＿＿＿＿＿＿＿＿＿＿＿＿＿＿＿＿＿＿＿＿＿＿＿＿＿＿＿＿＿＿
注册地址：＿＿＿＿＿＿＿＿＿＿＿＿＿＿＿＿＿＿＿＿＿＿＿＿＿＿＿＿＿＿＿
营业执照注册号：＿＿＿＿＿＿＿＿＿＿＿＿＿＿＿＿＿＿＿＿＿＿＿＿＿＿＿
企业资质证书号：＿＿＿＿＿＿＿＿＿＿＿＿＿＿＿＿＿＿＿＿＿＿＿＿＿＿＿
法定代表人：＿＿＿＿＿＿＿＿＿＿＿＿＿＿联系电话：＿＿＿＿＿＿＿＿＿＿
邮政编码：＿＿＿＿＿＿＿＿＿＿＿＿＿＿＿＿＿＿＿＿＿＿＿＿＿＿＿＿＿＿
委托代理人：＿＿＿＿＿＿＿＿＿＿＿＿＿＿地址：＿＿＿＿＿＿＿＿＿＿＿＿
邮政编码：＿＿＿＿＿＿＿＿＿＿＿＿＿＿＿＿联系电话：＿＿＿＿＿＿＿＿＿

委托代理机构：_____
注册地址：_____
营业执照注册号：_____
法定代表人：_____联系电话：_____
邮政编码：_____
买受人：_____
【本人】【法定代表人】姓名：_____国籍_____
【身份证】【护照】【营业执照注册号】【　】_____
地址：_____
邮政编码：_____联系电话：_____
【委托代理人】【　】姓名：_____国籍：_____
地址：_____
邮政编码：_____电话：_____

根据《中华人民共和国合同法》、《中华人民共和国城市房地产管理法》及其他有关法律、法规之规定，买受人和出卖人在平等、自愿、协商一致的基础上就买卖商品房达成如下协议：

第一条 项目建设依据。

出卖人以_____方式取得位于_____、编号为_____的地块的土地使用权。【土地使用权出让合同号】【土地使用权划拨批准文件号】【划拨土地使用权转让批准文件号】为_____。

该地块土地面积为_____，规划用途为_____，土地使用年限自_____年_____月_____日至_____年_____月_____日。

出卖人经批准，在上述地块上建设商品房，【现定名】【暂定名】_____。建设工程规划许可证号为_____，施工许可证号为_____。

第二条 商品房销售依据。

买受人购买的商品房为【现房】【预售商品房】。预售商品房批准机关为_____，商品房预售许可证号为_____。

第三条 买受人所购商品房的基本情况。

买受人购买的商品房（以下简称该商品房，其房屋平面图见本合同附件一，房号以附件一上表示为准）为本合同第一条规定的项目中的：

第_____【幢】【座】_____【单元】【层】_____号房。该商品房的用途为_____，属_____结构，层高为_____，建筑层数地上_____层，地下_____层。

该商品房阳台是【封闭式】【非封闭式】。

该商品房【合同约定】【产权登记】建筑面积共_____平方米，其中，套内建筑面积_____平方米，公共部位与公用房屋分摊建筑面积_____平方米（有关公共部位与公用房屋分摊建筑面积构成说明见附件二）。

_____。
_____。

第四条 计价方式与价款。

出卖人与买受人约定按下述第_____种方式计算该商品房价款：

1. 按建筑面积计算，该商品房单价为（_____币）每平方米_____元，总金额（_____币）_____千_____百_____拾_____万_____千_____百_____拾_____元整。

2. 按套内建筑面积计算，该商品房单价为（_____币）每平方米_____元，总金额（_____币）_____千_____百_____拾_____万_____千_____百_____拾_____元整。

3. 按套（单元）计算，该商品房总价款为（_____币）_____千_____百_____拾_____万_____千_____百_____拾_____元整。

4. _____。

第五条 面积确认及面积差异处理。

根据当事人选择的计价方式，本条规定以【建筑面积】【套内建筑面积】（本条款中均简称面积）为依据进行面积确认及面积差异处理。

当事人选择按套计价的，不适用本条约定。

合同约定面积与产权登记面积有差异的，以产权登记面积为准。

商品房交付后，产权登记面积与合同约定面积发生差异，双方同意按第_____种方式进行处理：

1. 双方自行约定：

(1) _____；

(2) _____；

(3) _____；

(4) _____。

2. 双方同意按以下原则处理：

(1) 面积误差比绝对值在3％以内（含3％）的，据实结算房价款；

(2) 面积误差比绝对值超出3％时，买受人有权退房。

买受人退房的，出卖人在买受人提出退房之日起30天内将买受人已付款退还给买受人，并按_____利率付给利息。

买受人不退房的，产权登记面积大于合同约定面积时，面积误差比在3％以内（含3％）部分的房价款由买受人补足；超出3％部分的房价款由出卖人承担，产权归买受人。产权登记面积小于合同约定面积时，面积误差比绝对值在3％以内（含3％）部分的房价款由出卖人返还买受人；绝对值超出3％部分的房价款由出卖人双倍返还买受人。

面积误差比＝$\frac{产权登记面积－合同约定面积}{合同约定面积}×100\%$；

因设计变更造成面积差异，双方不解除合同的，应当签署补充协议。

第六条 付款方式及期限。

买受人按下列第_____种方式按期付款：

1. 一次性付款_____。

2. 分期付款_____。

3. 其他方式_____。

第七条 买受人逾期付款的违约责任。

买受人如未按本合同规定的时间付款，按下列第_____种方式处理：

1. 按逾期时间，分别处理（不作累加）：

（1）逾期在_____日之内，自本合同规定的应付款期限之第二天起至实际全额支付应付款之日止，买受人按日向出卖人支付逾期应付款万分之_____的违约金，合同继续履行；

（2）逾期超过_____日后，出卖人有权解除合同。出卖人解除合同的，买受人按累计应付款的_____%向出卖人支付违约金。买受人愿意继续履行合同的，经出卖人同意，合同继续履行，自本合同规定的应付款期限之第二天起至实际全额支付应付款之日止，买受人按日向出卖人支付逾期应付款万分之_____（该比率应不小于第（1）项中的比率）的违约金。

本条中的逾期应付款指依照本合同第六条规定的到期应付款与该期实际已付款的差额；采取分期付款的，按相应的分期应付款与该期的实际已付款的差额确定。

2. _____。

第八条 交付期限。

出卖人应当在_____年_____月_____日前，依照国家和地方人民政府的有关规定，将具备下列第_____种条件，并符合本合同约定的商品房交付买受人使用：

1. 该商品房经验收合格。
2. 该商品房经综合验收合格。
3. 该商品房经分期综合验收合格。
4. 该商品房取得商品住宅交付使用批准文件。
5. _____。

但如遇下列特殊原因，除双方协商同意解除合同或变更合同外，出卖人可据实予以延期：

1. 遭遇不可抗力，且出卖人在发生之日起_____日内告知买受人的；
2. _____；
3. _____。

第九条 出卖人逾期交房的违约责任。

除本合同第八条规定的特殊情况外，出卖人如未按本合同规定的期限将该商品房交付买受人使用，按下列第_____种方式处理：

1. 按逾期时间，分别处理（不作累加）：

（1）逾期不超过_____日，自本合同第八条规定的最后交付期限的第二天起至实际交付之日止，出卖人按日向买受人支付已交付房价款万分之_____的违约金，合同继续履行；

（2）逾期超过_____日后，买受人有权解除合同。买受人解除合同的，出卖人应当自买受人解除合同通知到达之日起_____天内退还全部已付款，并按买受人累计已付款的_____%向买受人支付违约金。买受人要求继续履行合同的，合同继续履行，自本合同第八条规定的最后交付期限的第二天起至实际交付之日止，出卖人按日向买受人支付已交付房价款万分之_____（该比率应不小于第（1）项中的比率）的违约金。

2. _____。

第十条 规划、设计变更的约定。

经规划部门批准的规划变更、设计单位同意的设计变更导致下列影响到买受人所购商品房质量或使用功能的，出卖人应当在有关部门批准同意之日起10日内，书面通知买受人：

(1) 该商品房结构形式、户型、空间尺寸、朝向；
(2) _____；
(3) _____；
(4) _____；
(5) _____；
(6) _____；
(7) _____。

买受人有权在通知到达之日起15日内作出是否退房的书面答复。买受人在通知到达之日起15日内未作书面答复的，视同接受变更。出卖人未在规定时限内通知买受人的，买受人有权退房。

买受人退房的，出卖人须在买受人提出退房要求之日起_____天内将买受人已付款退还给买受人，并按_____利率付给利息。买受人不退房的，应当与出卖人另行签订补充协议。_____。

第十一条 交接。

商品房达到交付使用条件后，出卖人应当书面通知买受人办理交付手续。双方进行验收交接时，出卖人应当出示本合同第八条规定的证明文件，并签署房屋交接单。所购商品房为住宅的，出卖人还需提供"住宅质量保证书"和"住宅使用说明书"。出卖人不出示证明文件或出示证明文件不齐全，买受人有权拒绝交接，由此产生的延期交房责任由出卖人承担。

由于买受人原因，未能按期交付的，双方同意按以下方式处理：_____。

第十二条 出卖人保证销售的商品房没有产权纠纷和债权债务纠纷。因出卖人原因，造成该商品房不能办理产权登记或发生债权债务纠纷的，由出卖人承担全部责任。_____。

第十三条 出卖人关于装饰、设备标准承诺的违约责任。

出卖人交付使用的商品房的装饰、设备标准应符合双方约定（附件三）的标准。达不到约定标准的，买受人有权要求出卖人按照下述第_____种方式处理：

1. 出卖人赔偿双倍的装饰、设备差价。
2. _____。
3. _____。

第十四条 出卖人关于基础设施、公共配套建筑正常运行的承诺。

出卖人承诺与该商品房正常使用直接关联的下列基础设施、公共配套建筑按以下日期达到使用条件：

1. _____；
2. _____；
3. _____；

4. _____；
5. _____。
如果在规定日期内未达到使用条件，双方同意按以下方式处理：
1. _____；
2. _____；
3. _____。

第十五条　关于产权登记的约定。

出卖人应当在商品房交付使用后_____日内，将办理权属登记，需由出卖人提供的资料报产权登记机关备案。如因出卖人的责任，买受人不能在规定期限内取得房地产权属证书的，双方同意按下列第_____项处理：

1. 买受人退房，出卖人在买受人提出退房要求之日起_____日内将买受人已付房价款退还给买受人，并按已付房价款的_____％赔偿买受人损失。
2. 买受人不退房，出卖人按已付房价款的_____％向买受人支付违约金。
3. _____。

第十六条　保修责任。

买受人购买的商品房为商品住宅的，"住宅质量保证书"作为本合同的附件。出卖人自商品住宅交付使用之日起，按照"住宅质量保证书"承诺的内容承担相应的保修责任。

买受人购买的商品房为非商品住宅的，双方应当以合同附件的形式详细约定保修范围、保修期限和保修责任等内容。

在商品房保修范围和保修期限内发生质量问题，出卖人应当履行保修义务。因不可抗力或者非出卖人原因造成的损坏，出卖人不承担责任，但可协助维修，维修费用由购买人承担。

_____。

第十七条　双方可以就下列事项约定：
1. 该商品房所在楼宇的屋面使用权_____；
2. 该商品房所在楼宇的外墙面使用权_____；
3. 该商品房所在楼宇的命名权_____；
4. 该商品房所在小区的命名权_____；
5. _____；
6. _____。

第十八条　买受人的房屋仅作_____使用，买受人使用期间不得擅自改变该商品房的建筑主体结构、承重结构和用途。除本合同及其附件另有规定者外，买受人在使用期间有权与其他权利人共同享用与该商品房有关联的公共部位和设施，并按占地和公共部位与公用房屋分摊面积承担义务。

出卖人不得擅自改变与该商品房有关联的公共部位和设施的使用性质。

_____。

第十九条　本合同在履行过程中发生的争议，由双方当事人协商解决；协商不成的，按下述第_____种方式解决：

1. 提交_____仲裁委员会仲裁。

2. 依法向人民法院起诉。

第二十条 本合同未尽事项，可由双方约定后签订补充协议（附件四）。

第二十一条 合同附件与本合同具有同等法律效力。本合同及其附件内，空格部分填写的文字与印刷文字具有同等效力。

第二十二条 本合同连同附件共_____页，一式_____份，具有同等法律效力，合同持有情况如下：

出卖人_____份，买受人_____份，_____份，_____份。

第二十三条 本合同自双方签订之日起生效。

第二十四条 商品房预售的，自本合同生效之日起 30 天内，由出卖人向_____申请登记备案。

出卖人（签章）：	买受人（签章）：
【法定代表人】：	【法定代表人】：
【委托代理人】：	【委托代理人】：
（签章）	【　　　】：
	（签章）
_____年_____月_____日	_____年_____月_____日
签于	签于

附件一：房屋平面图

附件二：公共部位与公用房屋分摊建筑面积构成说明

附件三：装饰、设备标准

1. 外墙：
2. 内墙：
3. 顶棚：
4. 地面：
5. 门窗：
6. 厨房：
7. 卫生间：
8. 阳台：
9. 电梯：
10. 其他：

附件四：合同补充协议

二、房屋租赁合同

1. 房屋租赁合同的概念

房屋租赁合同是出租人将房屋交付承租人使用或收益，承租人支付租金的合同。对租赁合同的理解应注意以下几方面。

（1）房地产租赁合同是民事主体之间移转房产使用权的合同

租赁合同以移转房产的使用权为基本属性。对承租人而言，取得房屋的使用或收益即可达到自身的目的，对出租人而言，在保留所有权的前提下只需移转房屋的使用权就可以达到实现房屋的价值的目标。

租赁使用，一般应理解为不改变房屋的形体和性质而加以利用。承租人租赁使用出租人的房屋，目的可以是使用，也可以是通过使用来获取收益。因此，租赁使用权的内容包括使用和收益，当事人之间有禁止承租人收益的特约除外。

租赁合同只能发生移转房屋使用权的效力，无论在何种情况下，承租人对租赁房屋均无所有权或者处分权。在承租人破产时，租赁房屋不能列入破产财产，而应由出租人取回；在租赁合同有效期间，承租人不得擅自将房屋进行转租；在租赁合同终止时，承租人应当将房屋返还给出租人。

（2）租赁合同是诺成、双务、有偿合同

诺成合同是在当事人意思表示一致后，仍须有实际交付标的物的行为才能成立的合同。租赁合同中必须明确房屋使用权交付的相关事宜。而且在租赁合同中，双方当事人互相享有权利并承担义务；承租人要从合同中得到利益（即房屋的使用权），要向出租人支付相应代价（即租金），所以说租赁合同是双务、有偿合同。

2. 房屋租赁合同的内容

房屋租赁，当事人双方应当签订书面租赁合同。租赁合同应当具备以下条款：

（1）当事人姓名（名称）及住所；
（2）房屋的坐落、面积、装修及设施状况；
（3）租赁用途；
（4）租赁期限；
（5）租金及交付方式；
（6）房屋修缮责任；
（7）转租的约定；
（8）变更和解除合同的条件；
（9）违约责任；
（10）当事人约定的其他条款。

3. 房屋租赁合同示范文本

《房屋租赁合同》示范文本为中国消费者协会委托北京汇佳律师事务所拟定，为建议使用。合同中相关条款，在符合国家法律规定的前提下，考虑消费者与经营者双方的合法权益，结合实际需要可能作出修改。在选择"争议解决"方式中提请仲裁方式时，应填写所选择仲裁机构的法定名称。凡承诺使用《房屋租赁合同》示范文本的经营者，有义务应消费者的要求使用。

附：房屋租赁合同示范文本

房 屋 租 赁 合 同

编号：
本合同当事人
出租方（以下简称甲方）：
承租方（以下简称乙方）：
根据《中华人民共和国合同法》及相关法律法规的规定，甲、乙双方在平等、自愿的基础上，就甲方将房屋出租给乙方使用，乙方承租甲方房屋事宜，为明确双方权利义务，经协商一致，订立本合同。

第一条 甲方保证所出租的房屋符合国家对租赁房屋的有关规定。

第二条 房屋的坐落、面积、装修、设施情况。

1. 甲方出租给乙方的房屋位于_____（省、市）_____（区、县）；门牌号为_____。

2. 出租房屋面积共_____平方米（建筑面积/使用面积/套内面积）。

3. 该房屋现有装修及设施、设备情况详见合同附件。该附件作为甲方按照本合同约定交付乙方使用和乙方在本合同租赁期满交还该房屋时的验收依据。

第三条 甲方应提供房产证（或具有出租权的有效证明）、身份证明（营业执照）等文件，乙方应提供身份证明文件。双方验证后可复印对方文件备存。所有复印件仅供本次租赁使用。

第四条 租赁期限、用途。

1. 该房屋租赁期共_____个月。自_____年_____月_____日起至_____年_____月_____日止。

2. 乙方向甲方承诺，租赁该房屋仅作为_____使用。

3. 租赁期满，甲方有权收回出租房屋，乙方应如期交还。

乙方如要求续租，则必须在租赁期满_____个月之前书面通知甲方，经甲方同意后，重新签订租赁合同。

第五条 租金及支付方式。

1. 该房屋每月租金为_____元（大写_____万_____仟_____佰_____拾_____元整）。

租金总额为_____元（大写_____万_____仟_____佰_____拾_____元整）。

2. 房屋租金支付方式如下：

甲方收款后应提供给乙方有效的收款凭证。

第六条 租赁期间相关费用及税金。

1. 甲方应承担的费用：

（1）租赁期间，房屋和土地的产权税由甲方依法交纳。如果发生政府有关部门征收本合同中未列出项目但与该房屋有关的费用，应由甲方负担。

（2）_____。

2. 乙方交纳以下费用：

（1）乙方应按时交纳自行负担的费用。

（2）甲方不得擅自增加本合同未明确由乙方交纳的费用。

第七条 房屋修缮与使用。

1. 在租赁期内，甲方应保证出租房屋的使用安全。该房屋及所属设施的维修责任除双方在本合同及补充条款中约定外，均由甲方负责（乙方使用不当除外）。

甲方提出进行维修须提前_____日书面通知乙方，乙方应积极协助配合。

乙方向甲方提出维修请求后，甲方应及时提供维修服务。

对乙方的装修、装饰部分甲方不负有修缮的义务。

2. 乙方应合理使用其所承租的房屋及其附属设施。如因使用不当造成房屋及设施损坏的，乙方应立即负责修复或经济赔偿。

乙方如改变房屋的内部结构、装修或设置对房屋结构有影响的设备，设计规模、范围、工艺、用料等方案均须事先征得甲方的书面同意后方可施工。租赁期满后或因乙方责任导致退租的，除双方另有约定外，甲方有权选择以下权利中的一种：

（1）依附于房屋的装修归甲方所有。

（2）要求乙方恢复原状。

（3）向乙方收取恢复工程实际发生的费用。

第八条 房屋的转让与转租。

1. 租赁期间，甲方有权依照法定程序转让该出租的房屋，转让后，本合同对新的房屋所有人和乙方继续有效。

2. 未经甲方同意，乙方不得转租、转借承租房屋。

3. 甲方出售房屋，须在_____个月前书面通知乙方，在同等条件下，乙方有优先购买权。

第九条 合同的变更、解除与终止。

1. 双方可以协商变更或终止本合同。

2. 甲方有以下行为之一的，乙方有权解除合同：

（1）不能提供房屋或所提供房屋不符合约定条件，严重影响居住。

（2）甲方未尽房屋修缮义务，严重影响居住的。

3. 房屋租赁期间，乙方有下列行为之一的，甲方有权解除合同，收回出租房屋：

（1）未经甲方书面同意，转租、转借承租房屋。

（2）未经甲方书面同意，拆改、变动房屋结构。

（3）损坏承租房屋，在甲方提出的合理期限内仍未修复的。

（4）未经甲方书面同意，改变本合同约定的房屋租赁用途。

（5）利用承租房屋存放危险物品或进行违法活动。

（6）逾期未交纳按约定应当由乙方交纳的各项费用，已经给甲方造成严重损害的。

（7）拖欠房租累计_____个月以上。

4. 租赁期满前，乙方要继续租赁的，应当在租赁期满_____个月前书面通知甲方。如甲方在租期届满后仍要对外出租的，在同等条件下，乙方享有优先承租权。

5. 租赁期满合同自然终止。

6. 因不可抗力因素导致合同无法履行的，合同终止。

第十条 房屋交付及收回的验收。

1. 甲方应保证租赁房屋本身及附属设施、设备处于能够正常使用状态。

2. 验收时双方共同参与，如对装修、器物等硬件设施、设备有异议应当场提出。当场难以检测判断的，应于_____日内向对方主张。

3. 乙方应于房屋租赁期满后，将承租房屋及附属设施、设备交还甲方。

4. 乙方交还甲方房屋应当保持房屋及设施、设备的完好状态，不得留存物品或影响房屋的正常使用。对未经同意留存的物品，甲方有权处置。

第十一条 甲方违约责任处理规定。

1. 甲方因不能提供本合同约定的房屋而解除合同的，应支付乙方本合同租金总额_____％的违约金。甲方除应按约定支付违约金外，还应对超出违约金以外的损失进行赔偿。

2. 如乙方要求甲方继续履行合同的，甲方每逾期交房一日，则每日应向乙方支付日租金　倍的滞纳金。甲方还应承担因逾期交付给乙方造成的损失。

3. 由于甲方怠于履行维修义务或情况紧急，乙方组织维修的，甲方应支付乙方费用或折抵租金，但乙方应提供有效凭证。

4. 甲方违反本合同约定，提前收回房屋的，应按照合同总租金的_____％向乙方支付违约金，若支付的违约金不足弥补乙方损失的，甲方还应该承担赔偿责任。

5. 甲方因房屋权属瑕疵或非法出租房屋而导致本合同无效时，甲方应赔偿乙方损失。

第十二条　乙方违约责任。

1. 租赁期间，乙方有下列行为之一的，甲方有权终止合同，收回该房屋，乙方应按照合同总租金的_____％向甲方支付违约金。若支付的违约金不足弥补甲方损失的，乙方还应负责赔偿直至达到弥补全部损失为止。

（1）未经甲方书面同意，将房屋转租、转借给他人使用的；

（2）未经甲方书面同意，拆改变动房屋结构或损坏房屋的；

（3）改变本合同规定的租赁用途或利用该房屋进行违法活动的；

（4）拖欠房租累计_____个月以上的。

2. 在租赁期内，乙方逾期交纳本合同约定应由乙方负担的费用的，每逾期一天，则应按上述费用总额的_____％支付甲方滞纳金。

3. 在租赁期内，乙方未经甲方同意，中途擅自退租的，乙方应该按合同总租金_____％的额度向甲方支付违约金。若支付的违约金不足弥补甲方损失的，乙方还应承担赔偿责任。

4. 乙方如逾期支付租金，每逾期一日，则乙方须按日租金的_____倍支付滞纳金。

5. 租赁期满，乙方应如期交还该房屋。乙方逾期归还，则每逾期一日应向甲方支付原日租金_____倍的滞纳金。乙方还应承担因逾期归还给甲方造成的损失。

第十三条　免责条件。

1. 因不可抗力原因致使本合同不能继续履行或造成的损失，甲、乙双方互不承担责任。

2. 因国家政策需要拆除或改造已租赁的房屋，使甲、乙双方造成损失的，互不承担责任。

3. 因上述原因而终止合同的，租金按照实际使用时间计算，不足整月的按天数计算，多退少补。

4. 不可抗力系指"不能预见、不能避免并不能克服的客观情况"。

第十四条　本合同未尽事宜，经甲、乙双方协商一致，可订立补充条款。补充条款及附件均为本合同组成部分，与本合同具有同等法律效力。

第十五条　争议解决。

本合同项下发生的争议，由双方当事人协商或申请调解；协商或调解解决不成的，按下列第_____种方式解决（以下两种方式只能选择一种）：

1. 提请_____仲裁委员会仲裁。
2. 依法向有管辖权的人民法院提起诉讼。

第十六条 其他约定事项。

1. _____。
2. _____。

第十七条 本合同自双方签（章）后生效。

第十八条 本合同及附件一式_____份，由甲、乙双方各执_____份。具有同等法律效力。

甲方：　　　　　　　　　　　　　　　乙方：
身份证号（或营业执照号）：　　　　　身份证号：
电话：　　　　　　　　　　　　　　　电话：
传真：　　　　　　　　　　　　　　　传真：
地址：　　　　　　　　　　　　　　　地址：
邮政编码：　　　　　　　　　　　　　邮政编码：
房产证号：
房地产经纪机构资质证书号码：
签约代表：
签约日期：　　年　月　日　　　　　　签约日期：　　年　月　日
签约地点：　　　　　　　　　　　　　签约地点：

附件：设施、设备清单

本《设施清单》为_____（甲方）同_____（乙方）所签订的编号为_____房屋租赁合同的附件。

甲方向乙方提供以下设施、设备：

一、燃气管道［　］煤气罐［　］
二、暖气管道［　］
三、热水管道［　］
四、燃气热水器［　］型号：_____
　　电热水器［　］型号：_____
五、空调［　］型号及数量：_____
六、家具［　］型号及数量：_____
七、电器［　］型号及数量：_____
八、水表现数：_____电表现数：_____燃气表现数：_____
九、装修状况：_____
十、其他设施、设备：_____

三、房地产抵押合同

1. 房地产抵押合同的概念

房地产抵押，是指抵押人以其合法的房地产以不转移占有的方式向抵押权人提供债务履行担保的行为。债务人不履行债务时，债权人有权依法以抵押的房地产拍卖所得的价款优先受偿。房地产抵押，抵押当事人应当签订书面的抵押合同。抵押合同可以在主债权合同中订立抵押条款的方式签订，也可以单独签订。房地产抵押合同有以下特征：

（1）房地产抵押合同是从合同。房地产抵押合同是债务合同（贷款合同）即主合同的从合同，其权利是以债务合同（贷款合同）的成立为条件的，是为履行主合同而设立的担保，从属于主合同。因此，抵押合同随主合同的成立生效而成立生效，随主合同的消灭而消灭。

（2）房地产抵押合同所设立的抵押与其担保的债权同时存在。由于房地产抵押合同是从合同，因此主合同的债务未履行完毕，作为担保的房地产抵押继续有效，直到主合同的债务履行完毕。

（3）房地产抵押合同所设立的抵押权可以转让，但其转让应连同主合同债权一同转让。

（4）房地产抵押合同生效后，抵押权人对抵押物不享有占有、使用、受益权。

（5）房地产抵押合同生效后，对抵押物具有限制性。房地产抵押合同一旦生效，抵押人便不得随意处分抵押物，如要转让、出租已设定抵押的房地产，必须以书面形式通知抵押权人，并将抵押情况告知房地产受让人，否则转让、出租行为无效。

（6）抵押权人处分抵押物须按法律规定的程序进行。一般房地产抵押合同对于如何处分抵押物都有约定，无约定的也有法定的处分方式。按照法律规定，一旦合同约定的或法律规定的抵押权人有权处分抵押物的情形出现，抵押权人也应在处分抵押物前书面通知抵押人；抵押物为共同所有或者已出租的房地产，还应当同时书面通知共有人或承租人。

2. 房地产抵押合同的内容

房地产抵押合同应当载明下列主要内容：

（1）抵押人、抵押权人的名称或者个人姓名、住所；
（2）主债权的种类、数额；
（3）抵押房地产的处所、名称、状况、建筑面积、用地面积以及四至等；
（4）抵押房地产的价值；
（5）抵押房地产的占用管理人、占用管理方式、占用管理责任以及意外损毁；
（6）抵押期限；
（7）抵押权灭失的条件；
（8）违约责任；
（9）争议解决方式；
（10）抵押合同订立的时间与地点；
（11）双方约定的其他事项。

以预购商品房贷款抵押的，须提交生效的预购房屋合同。以在建工程抵押的，抵押合同还应当载明以下内容：

（1）《国有土地使用权证》、《建设用地规划许可证》和《建设工程规划许可证》编号；
（2）已交纳的土地使用权出让金或需交纳的相当于土地使用权出让金的款额；
（3）已投入在建工程的工程款；
（4）施工进度及工程竣工日期；
（5）已完成的工作量和工程量。

抵押权人要求抵押房地产保险的,以有要求在房地产抵押后限制抵押人出租、转让抵押房地产或者改变抵押房地产用途的,抵押当事人应当在抵押合同中载明。

附:房产抵押借款合同示范文本

房产抵押借款合同

抵押权人:_____
地址:_____ 邮码:_____ 电话:_____
法定代表人:_____ 职务:_____
抵押人:_____
地址:_____ 邮码:_____ 电话:_____
法定代表人:_____ 职务:_____
抵押物业地址:_____ 邮码:_____ 电话:_____
抵押权益之房产买卖合同:购房_____字第_____号

第一条 总则

抵押权人与抵押人于_____年_____月_____日会同担保人签定本房产抵押贷款合约(下称"合约")。抵押人(即借款人)同意以其与担保人于_____年_____月_____日签订的房产买卖合同(即抵押权益之房产买卖合同)的全部权益抵押于抵押权人,并同意该房产买卖合同项下的房产物业(即抵押物业),在售房单位发出入住通知书(收楼纸)后,立即办理房产抵押手续,以该物业抵押于抵押权人,赋予抵押权人以第一优先抵押权,并愿意履行本合约全部条款。抵押权人(即贷款人)同意接受抵押人以上述房产买卖合同的全部权益及房产买卖合同项下房产物业,作为本合约项下贷款的抵押物,并接受担保人承担本合约项下贷款的担保责任,抵押权人向抵押人提供一定期抵押贷款,作为抵押人购置抵押物业的部分楼款。经三方协商,特定立本合约,应予遵照履行。

第二条 释义

在此贷款合约内,除合约内另行定义外,下列名词的定义如下:

"营业日":指抵押权人公开营业的日子。

"欠款":抵押人欠抵押权人的一切款项,包括本金,利息及其他有关费用。

"房产买卖合同之全部权益":指抵押人(即购房业主)与担保人签订的"房产买卖合同"内所应拥有的全部权益。

"房产物业建筑期":售房单位发出入住通知书日期之前,视为房产物业建筑期。

第三条 贷款金额

一、贷款金额:人民币_____元;

所有已归还(包括提前归还)的款项,不得再行提取。

二、抵押人在此不可撤销地授权抵押权人将上述贷款金额全数以抵押人购楼款名义,存入售房单位账户。

第四条 贷款期限

贷款期限为_____年,由抵押权人贷出款项日起计。期满时抵押人应将贷款本息全部清还,但在期限内,如抵押人发生违约行为,抵押权人可据实际情况,随时通知抵押人归还或停止支付或减少贷款金额,抵押人当即履行。

第五条　利息

一、贷款利率按_____银行贷款最优惠利率加_____厘（年息）计算。

二、上述之优惠利率将随市场情况浮动，利率一经公布调整后，立即生效，抵押权人仍保留随时调整贷款利率的权利。

三、本合约项下之贷款利率，按贷款日利率或根据抵押权人书面通知按市场情况而调整的利率。

四、合约有效期内，按日贷款余额累计利息，每年以365天计日。

五、贷款利率如有调整时，由抵押权人以书面通知抵押人调整后的利率。

第六条　还款

一、本合约项下贷款本金及其相应利息，抵押人应分_____期，自款项贷出日计，按月清还借款本息，每期应缴付金额（包括因利率调整带来的应缴金额改变），由抵押权人以书面通知抵押人，如还款日不是营业日，则该分期付款额须于还款日起延次一个营业日缴交。

二、抵押权人有权调整及更改每期应付金额或还款期数。

三、抵押人必须在_____银行开立存款账户，对与本抵押贷款有关的本息和一切费用，要照付该账户，若因此而引致该账户发生透支或透支增加，概由抵押人承担偿还责任。

四、所有应付予抵押权人的款项，应送_____银行。

五、抵押人不能从中抵扣、反索任何款项。如果在中国现时或将来有关法律规范下，不得不抵扣或反索任何款项（包括税款），则抵押人需向抵押权人补偿额外款项，致使抵押权人所得，相当于在无需反索的情况所应得不折不扣的款项。

第七条　逾期利息及罚息

一、每月分期付款应缴的金额，应按照规定期数及日期摊还；尚有逾期欠交期款等情况，抵押人必须立即补付期款及逾期利息，逾期利息的利率由抵押权人决定，按月息2%～5%幅度计收。

二、抵押人如逾期还款，除缴付逾期利息外，抵押权人有权在原利率基础上，向抵押人加收20%～50%的罚息。

三、抵押人须按照上述指定利率，照付逾期未付款项的利息，直至款项结清为止，无论在裁判确定债务之前或之后，此项利息均按日累积计算。

第八条　提前还款

一、在征得抵押权人同意的条件下，抵押人可按下列规定，办理提前还款手续：

1. 抵押人可在每月的分期还款日，提前部分或全部偿还实贷款额，每次提前偿还金额不少于_____万元整的倍数；所提前偿还的款额，将按例序渐次减低原贷款额。

2. 抵押人必须在预定提前还款日一个月前给抵押权人一个书面通知，该通知一经发出，即不可撤销。

3. 抵押人自愿提早缴付本合约规定的部分或全部款项，抵押人应予抵押权人相等于该部分或全部款项一个月利息的补偿金。

二、抵押人和担保人同意，在发生下列所述任何情况时，抵押权人有权要求抵押人立即提前清还部分或全部实际贷款额，或立即追计担保人：

1. 抵押人及/或担保人违反本合约任何条款。
2. 抵押人及/或担保人本身对外的借款、担保、赔偿、承诺或其他借债责任，因：
   A. 违约被勒令提前偿还；
   B. 到期而不能如期偿还。
3. 抵押人及/或担保人本身发生病变（包括精神不健全）、死亡、合并、收购、重组、或因法院或政府机关或任何决意通过要解散、清盘、破产、关闭或指定接管人或信托人等去处理所有或大部分其所属之财产。
4. 抵押人及/或担保人被扣押令或禁止令等威胁，要对具不动产、物业或财产等有不利影响，而该等威胁又不能在发生后 30 天内完满解除。
5. 抵押人及/或担保人不能偿还一般债权人的欠债，在清盘、倒闭时不能清偿债项或将要停止营业。
6. 如抵押人及/或担保人因在中国法律规范下，变得不合法或不可能继续履行本合约所应负责任。
7. 如抵押人及/或担保人因业务上经营前景或其所拥有财产出现不利变化，而严重影响其履行本合约所负责任的能力。
8. 抵押人及/或担保人财产全部或任何重要关键部分被没收征用，被强制性收购（不论是否有价收购），或遭到损毁破坏。
9. 抵押人没有事先得到抵押权人书面同意而擅自更改其股权结构。
10. 抵押人舍弃该抵押房产。

如发觉上述任何事项或可能导致上述事项的事故已经发生，抵押人及/或担保人应立即书面通知抵押权人，除非上述事项在抵押权人得知时已获得完满解决，否则抵押权人可在该等事项发生后任何时间，以任何形式处理抵押物或根据本合同内第十三条担保人及担保人责任条款第一条第二点的担保期限内追讨担保人。抵押权人于运用上述权力及权利时，而令担保人及/或抵押人受到不能控制的损失，抵押权人概不负责。

第九条 手续费及其他费用

一、抵押人应按贷款金额缴付手续费 5‰，在贷款日一次付清，并必须绝对真实地提供本合约涉及的一切资料；若在签约后，发现抵押人所提供的资料与事实不符，抵押权人有权立即收回该笔贷款及利息，并对依约所收手续费，不予退还。

二、抵押贷款文件费，抵押人在贷款日一次清付_____币_____元整。

三、公证费用及抵押登记费用：有关本合约所涉及的公证及抵押登记等费用，全部由抵押人负责支付。

四、抵押人如不依约清付本合约内规定的一切款项，引致抵押权人催收，或因为任何原因，使抵押权人决定通过任何途径或方式追索，一切因此引起的费用（如处理押品的各种手续费、管理费、各种保险费等）概由抵押人负责偿还，并由各项费用确实支付之日起到收到之日止，同样按日累积计算逾期利息。

第十条 贷款先决条件

一、抵押人填具房产抵押贷款申请表；该申请表须经担保人确认。

二、抵押人提供购置抵押物的购房合约。

三、以抵押人名义，向抵押权人指定或认可的保险公司投保不少于重新购置抵押物金额的全险；保险单须过户_____银行，并交由该行保管。

四、本合约由抵押人、抵押权人、担保人各方代表签署并加盖公章。

五、本合约须由_____公证机关公证。

第十一条　房产抵押

一、本合约项下的房产抵押是指：

1. 房产物业建筑期内抵押人的权益抵押：

（1）是指抵押人（即购房业主）与_____（即售房单位）签订并经_____市公证处公证的"房产买卖合同"中，由抵押人将依据该购房合约其所应拥有的权益，以优先第一地位抵押于抵押权人；如因抵押人或担保人未能履行还款责任或担保义务，抵押权人即可取得抵押人在该"房产买卖合同"内的全部权益，以清偿所有欠款；

（2）该抵押权益之房产买卖合同须交由抵押权人保管。

2. 抵押房产物业：

（1）是指抵押人（即购房业主）与_____（即售房单位）签订的"房产买卖合同"中，抵押人购买的已建成（即可交付使用）的抵押房产物业（资料详见附表）；

（2）抵押人须将上述第2项第（1）点之抵押房产列在本合约的附表二内，以优先第一地位抵押予抵押权人作为所欠债务的押品；

（3）抵押人（即购房业主）现授权抵押权人在接获担保人（售房单位）发出的入住通知书后，即代其向_____市房产管理机关申领房产权证书，并办理抵押登记手续。

二、抵押房产物业的保险：

1. 抵押人须在规定时间内，到抵押权人指定的保险公司并按抵押权人指定的险种投保，保险标的物为上述抵押房产，投保金额不少于重新购置抵押房产金额的全险，在贷款本息还清之前，抵押人不得以任何理由中断保险，如抵押人中断保险，抵押权人有权代为投保，一切费用由抵押人负责支付；由此而引起的一切损失，抵押人须无条件全部偿还抵押权人，抵押权人有权向抵押人索偿。

2. 抵押人须在规定时间内，将保险单过户于抵押权人。保险单不得附有任何有损于抵押权人权益和权力的限制条件，或任何不负责赔偿的金额。

3. 保险单正本由抵押权人执管，并由抵押人向抵押权人支付保管费。

4. 抵押人不可撤销地授权抵押权人为其代表人，接受保险赔偿金，并不可撤销地授权抵押权人为该赔偿金的支配人；此项授权非经抵押权人书面同意不可撤销。

5. 若上述保险赔偿金额数，不足以赔付抵押人所欠抵押权人的欠款时，抵押权人有权向抵押人及/或担保人追偿，直至抵押人清还所欠款项。

6. 倘该房产在本合约有效期内受到损坏，而保险公司认为修理损坏部分符合经济原则者，则保单项下赔偿金将用于修理损坏部分。

三、抵押房产物业登记

1. 物业建筑期的购房权益抵押：向房产管理机关办理抵押备案。抵押人"房产买卖合同"及由售房单位出具的"已缴清楼价款证明书"等交由抵押权人收执和保管。

2 物业建成入住即办理房产物业抵押登记，抵押物业的《房产权证书》交由抵押权人收执和保管，登记费用由抵押人支付。

四、抵押解除

1. 一旦抵押人依时清还抵押权人一切款项，并履行合约全部条款及其他所有义务后，抵押权人须在抵押人要求及承担有关费用的情况下，解除在抵押合约中对有关抵押房产的抵押权益，并退回抵押物业的《房产权证书》及《房产买卖合同》。

2. 抵押人在履行上述第1点条款下，由抵押权人具函_____市房产管理机关，并将房产权证书交于抵押人，向_____市房产管理机关办理抵押物的抵押登记注销手续。

五、抵押物的处分

1. 抵押人如不支付本合约规定的任何款项或不遵守本合约各项明文规定的条款或发生任何违约事项时，抵押权人可以立刻进入及享用该楼宇的全部或收取租金和收益；或以抵押权人认为合适的售价或租金及年期，售出或租出该房产的全部或部分及收取租金和收益。抵押权人可雇用接管人或代理人处理上述事宜，而其工资或报酬则由抵押人负责。该接管人或代理人将被当作抵押人的代理人，而抵押人须完全负责此接管人或代理人的作为及失职之责。

2. 获委任的接管人需享有以下权利：

（1）要求住客缴交租金或住用费及发出有效的租单及收据，并有权以诉讼、控告、扣押或其他方式追讨欠租或住用费；此等要求，收据或追讨事宜，将以抵押人或抵押权人名义而发出，而付款人将不需要问及接管人是否有权力行事；

（2）接管人可依据抵押权人的书面通知而将其所收到的款项，投保于该房产的全部或部分及其内部附着物及室内装修。

3. 抵押权人依照第十一条第五项条款不需要征询抵押人或其他人士同意，有权将该房产全部或部分，按法律有关规定处分，抵押权人有权签署有关该房产买卖的文件及契约，及取销该项买卖，而一切因此而引起的损失，抵押人不需负责。

4. 抵押权人可于下列情形运用其处分该房产的权力：

（1）抵押权人给予抵押人通知，要求还款（不论届期与否）而抵押人一个月内未能遵守该项通知全数偿还给抵押权人；

（2）抵押人逾期30天仍未清缴全部应付款项；

（3）抵押人违反此合约之任何条款；

（4）抵押人系个人而遭遇破产，或经法院下令监管财产；或抵押人为公司组织而被解散或清盘；

（5）抵押人的任何财产遭受或可能遭受扣押或没收；

（6）抵押人舍弃该房产。

5. 当抵押权人依照上述权力而出售该房产予买主时，买主不需查询有关上述之事宜，亦不需理会抵押人是否欠抵押权人债项或该买卖是否不当。即使该买卖有任何不妥或不规则之处，对买主而言，该买卖仍然当作有效及抵押人有权将该房产售给买主。

6. 抵押权人有权发出收条或租单予买主或租客，而买主及住客不需理会抵押权人收到该笔款项或租金的运用，倘由于该款项或租金的不妥善运用招致损失，概与买主及租客无关。

7. 抵押权人或按第五（2）条款委派接管人或代理人，须将由出租或出售该房产所得的款项，按下列次序处理。

（1）用以偿付因出租或出售该房产而支出的一切费用（包括缴付接管人或代理人的费

用及报酬);

(2) 用以扣缴所欠的一切税款及抵押人根据此合约一切应付的费用及杂费(包括保险费及修补该房产的费用);

(3) 用以扣还抵押人所欠贷款及应付利息,扣除上述款项后,如有余款,抵押权人须将余款交付抵押人或其他有权收取的人。出售该房产所得价款,如不够偿还抵押人所欠一切款项及利息,抵押权人有权另行追索抵押人及/或担保人。

8. 抵押权人运用其权利时,而令抵押人受到不能控制的损失,抵押权人概不负责。

9. 抵押权人可以书面发出还款要求或其他要求,或有关抵押房产所需的通知书,该书面通知可以邮递方式寄往抵押人最后所报的住宅或办公地址或投留在该房产内,而该要求或通知书将被认为于发信或投留之后7天生效。

第十二条 抵押人声明及保证

抵押人声明及保证如下:

一、抵押人保证按本合约规定,按时、按金额依期还本付息。

二、抵押人同意在抵押权人处开立存款账户,并不可撤销地授权抵押权人对与本抵押贷款有关的本息和一切费用可照付账户。

三、向抵押权人提供一切资料均真实可靠,无任何伪造和隐瞒事实之处;上述抵押房产,在本合约签订前,未抵押予任何银行、公司和个人。

四、抵押房产的损毁,不论任何原因,亦不论任何人的过失,均须负责赔偿抵押权人的损失。

五、未经抵押权人同意,抵押人不得将上述抵押房产全部或部分出售、出租、转让、按揭、再抵押、抵偿债务,舍弃或以任何方式处理;如上述抵押房产的全部或部分发生毁损,不论何原因所致、亦不论何人的过失,均由抵押人负全部责任,并向抵押权人赔偿由此引起的一切损失。

六、抵押人使用该房产除自住外,托管或租与别人居住时,必须预先通知抵押权人,并征得抵押权人书面同意,方可进行;如将该房产出租,抵押人必须与承租人订立租约,租约内必须订明:抵押人背约时,由抵押权人发函日起计壹个月内,租客即须迁出。

七、准许抵押权人及其授权人,在任何合理时间内进入该房产,以便查验。

八、在更改地址时立即通知抵押权人。

九、立即清付该房产的各项修理费用,并保障该房产免受扣押或涉及其他法律诉讼。

十、抵押期间,缴交地税,有关部门对该房产所征收的任何税项、管理费、水费、电费及其他一切杂费;以及遵守居民公约内的条文,并须赔偿抵押权人因抵押人不履行上述事宜的损失。

十一、在抵押权人认为必要时,向抵押权人指定的保险公司投保买房产保险或抵押人的人寿保险,该投保单均以抵押权人为受益人。

十二、当有任何诉讼、仲裁或法院传讯,正在对抵押人有不利影响时,保证及时以书面通知抵押权人。

十三、如担保人代抵押人偿还全部欠款,抵押人同意抵押权人将抵押物业权益转给担保人,并保证对该转让无异议。

十四、若担保人按本合约有关规定,代抵押人清还所有欠款,抵押权人应将抵押人名下的抵押物业的权益转让予担保人。

十五、担保人在取得该抵押物业权益后，抵押人同意担保人可以以任何方式处分该抵押物业（包括以抵押人名义出售该物业），以赔偿担保人因代抵押人清偿欠款而引起的损失及一切有关（包括处理抵押物业）费用；若有不足，担保人可向抵押人索偿，抵押人承诺所有不足数额负责赔偿于担保人。

十六、抵押人确认担保人取得抵押物业权益及处分抵押物业的合法地位，由于处理抵押物业而导致抵押人的一切损失，抵押人放弃对担保人追索的权利。

十七、按照抵押权人的合理请求，采取一切措施及签订一切有关文件，以确保抵押权人合法权益。

第十三条　担保人及担保人责任

一、担保人_____，地址_____，（营业执照）_____。

是本合约项下抵押权益的房产买卖合同的卖方（即售房单位），也是本合约项下贷款抵押人的介绍人及担保人，承担无条件及不可撤销担保责任如下：

1. 担保额度：以本合约项下贷款本息及与本合约引起有关诉讼费用为限。

2. 担保期限：以本合约生效日起至抵押人还清或担保人代还清本合约项下贷款本息及一切费用之日止。

二、担保人责任：

1. 担保人自愿承担本合约项下贷款的担保责任。

2. 如抵押人未能按抵押权人的规定或通知履行还款责任，或抵押人发生任何违约事项，抵押权人即以双挂号投邮方式，书面通知担保人履行担保责任，并于发函日起计30天内履行担保义务，代抵押人清偿所欠抵押权人的一切欠款。

3. 担保人保证按抵押权益房产买卖合同所列售房单位责任，准时、按质完成抵押物业的建造工程，抵押权人对此不负任何（包括可能对抵押人或其他任何人）责任。

4. 担保人同意抵押人将其房产买卖合同的权益抵押予抵押权人，承认抵押权人在抵押人清偿本合约项下贷款全部借款本息之前，拥有该房产买卖合同中抵押人全部权益，并保证该权益不受任何人（包括担保人）侵犯。

5. 担保人保证与抵押权人紧密合作，使本合约各项条款得以顺利履行；特别是在发出入住通知书（收楼纸）后，将尽力协助办理物业抵押有关手续，以保障抵押权人的利益。

6. 担保人因履行担保义务后，而取得本合约项下的抵押权益房产买卖合同或抵押物业，担保人有权以任何公平或合理的方式予以处分，以抵偿抵押人清偿欠款本息所引起的损失，如因处理该抵押物引致任何纷争或损失，概与抵押权人无关。

7. 担保人在此的担保责任是独立附加不受抵押权人从抵押人处获得楼房或其他抵押，担保权益所代替，只要抵押人违约，抵押权人无需先向抵押人追计或处置抵押物业，即可强制执行担保人在本合约项下的担保责任直至依法律程序向法院申请强制执行。

第十四条　抵押权人责任

抵押权人基于抵押人确切履行本合约全部条款及担保人愿意承担本合约项下贷款担保责任的条件下：

一、按合约有关规定，准时提供一定期抵押贷款予抵押人，该贷款将以抵押人购楼款名义转入售房单位账户。

二、抵押人向抵押权人还清本合约规定的贷款总额连利息及其他应付款项之后（包括转归该房产权予抵押人的费用）若同时已全部遵守及履行本合约各项条款者，抵押权人将该抵押权益的房主买卖合同或房产权证书转归抵押人，同时解除担保人担保责任。

三、若抵押人未能履行还款义务，而由担保人代清还所积欠一切欠款后，抵押权人即将抵押人抵押予抵押权人的抵押物业权益转让给担保人，担保人对该抵押物业的处理，与抵押权人无关。

四、本合约由各方签署，经_____市公证处公证，由抵押人签署提款通知书交于抵押权人收执并经抵押权人已收齐全部贷款文件后两天内，抵押权人须将贷款金额全数以抵押人购楼款名义存入售房单位指定账户，否则抵押权人须偿付利息予担保人，利息计算按第五条第一项办理，由于抵押人或担保人出现各种导致抵押权人未能贷出款项的情况发生，抵押权人概不负责，且有关各项费用恕不退还。

第十五条　其他

一、对本合约内任何条款，各方均不得以口头形式或其他形式修改、放弃、撤销或终止。

二、在本合约履行期间，抵押权人对抵押人任何违约或延误行为施以的任何宽容，宽限或延缓履行本合约享有的权益和权力，均不能损害，影响或限制抵押权人依本合约和有关法律规定的债权人应享有一切权益和权力。

三、抵押人如不履行本合约所载任何条款时，抵押权人可不预告通知，将抵押人存在抵押权人处的其他财物自由变卖，以抵偿债务；如抵押人尚有其他款项存在抵押权人处，抵押权人亦可拨充欠数。

四、本合约规定的权利可以同时行使，也可以分别行使，亦可以累积；上述权利、利益和赔偿办法并不排除法律规定的其他赔偿办法。

五、抵押人、担保人与抵押权人，与本合约有关的通知、要求等，应以书面形式进行，电传、电报一经发出，信件在投邮 7 天后，及任何以人手送递的函件一经送出，即被视为已送达对方。

六、抵押权人无需征求抵押人和担保人同意，可将抵押权人在本合约项下的权益转让他人；但抵押人和担保人未征得抵押权人的书面同意，不得将其在本合约项下的任何还款及其他责任或义务转让于第三者；抵押人或担保人的继承人或接办人，仍须向抵押权人或抵押权人的承让人继续负起本合约项下的还款及其他责任。

七、本合约所提及的抵押权人，亦包括抵押权人的继承人、承让人；抵押人亦包括经抵押权人同意的抵押人继承人、接办人。

八、本合约不论因何种原因而在法律上成为无效合约，或部分条款无效，抵押人和担保人仍应履行一切还款责任。若发生上述情况，抵押权人有权终止本合约，并立即向担保人和抵押人追偿欠款本息及其他有关款项。

九、抵押权人向抵押人和担保人付还欠款时，只需提供抵押权人签发之欠款数目单（有明显错误者例外），即作为抵押人和担保人所欠的确数证据，抵押人和担保人不得异议。

第十六条　适用法律及纠纷的解决

一、本合约按中华人民共和国法律订立，受中华人民共和国法律保护。

二、在争议发生时，按下述第（　）项解决：①向_____仲裁委申请仲裁；②向

_____人民法院起诉。

三、如抵押人来自海外或台湾等地区，或为该地区居民，抵押权人有权在抵押人的来处或居住地执行本合约内由抵押人给抵押权人权力，及向抵押人进行追索，包括仲裁、诉讼和执行仲裁或诉讼之裁决，如抵押权人决定在上述地区执行上述权力，进行追索、仲裁、诉讼等行动，抵押人和担保人必须承认本合约同时受该地区的法律保障，不得提出异议，如本合约内任何规定，在该地区法律上，被认为无效或被视为非法，并不影响其他规定的效力。

第十七条　附则

一、本合约须由三方代表签字，并经_____市公证机关公证。

二、本合约经_____市公证机关公证后，以抵押权人贷出款项的日期，作为合约生效日。

三、本合约内所述附表（一）、附表（二）及抵押人（即购房业主）与担保人（即售房单位）所签订的房产买卖合同（附件三），为本合约不可分割的部分。

四、本合约用中文书写，壹式肆分，均具有同等效力；抵押人、抵押权人、担保人各执壹份、公证处存档壹份。

第十八条　签章

本合约各方已详读及同意遵守本合约全部条款。

签章：_____

抵押人：_____

签署：_____

抵押权人：_____

代表人签署：_____

担保人：_____

代表人签署：_____

_____年_____月_____日

登记机关：

抵押登记编号（_____）楼花字第_____号

抵押登记日期，_____年_____月_____日

第三节　房地产交易的相关政策与法规

房地产交易的形式主要有房地产转让、房屋租赁和房地产抵押三种，前面已对三种交易形式的概念和合同条款作了论述，在此不再赘述。

一、房地产转让的相关政策、法律规定

（一）房地产转让的条件

1. 以出让方式取得土地使用权的房地产转让的条件

以出让方式取得土地使用权的，转让房地产时，应当符合下列条件：

（1）按照出让合同约定已经支付全部土地使用权出让金，并取得土地使用权证书。

（2）按照出让合同约定进行投资开发，属于房屋建设工程的，应完成开发投资总额的

25%以上；属于成片开发土地的，依照规划对土地进行开发建设，完成供水排水、供电、供热、道路交通、通信等市政基础设施、公用设施的建设，达到场地平整，满足工业用地或者其他建设用地条件。

(3) 转让房地产时房屋已经建成的，还应当持有房屋所有权证书。

2. 以划拨方式取得土地使用权的房地产转让的条件

(1) 以划拨方式取得土地使用权的房地产转让时，按照国务院的规定，需报有批准权的人民政府审批。

(2) 除符合规定的可以不办理土地使用权出让手续的情形外，应当由受让方办理土地使用权出让手续，并依照国家有关规定缴纳土地使用权出让金。

(3) 以划拨方式取得土地使用权的，转让房地产时，属于下列情形之一的，经有批准权的人民政府批准，可以不办理土地使用权出让手续，但应当将转让房地产所获收益中的土地收益上缴国家或者作其他处理。土地收益的缴纳和处理办法按照国务院规定办理。

1) 经城市规划行政主管部门批准，转让的土地用于下列项目的：国家机关用地和军事用地，城市基础设施用地和公益事业用地，国家重点扶持的能源、交通、水利等项目用地，法律、行政法规规定的其他用地。

2) 私有住宅转让后仍用于居住的。

3) 按照国务院住房制度改革有关规定出售公有住宅的。

4) 同一宗土地上部分房屋转让而土地使用权不可分割转让的。

5) 转让的房地产暂时难以确定土地使用权出让用途、年限和其他条件的。

6) 根据城市规划土地使用权不宜出让的。

7) 县级以上人民政府规定暂时无法或不需要采取土地使用权出让方式的其他情形。

3. 房地产转让的禁止性条件

根据《城市房地产管理法》，禁止房地产转让的情形包括：

(1) 以出让方式取得土地使用权不符合法律规定条件的。

(2) 司法机关和行政机关依法裁定，决定查封或者以其他形式限制房地产权利的；

(3) 依法收回土地使用权的；共有房地产，未经其他共有人书面同意的；

(4) 权属有争议的；未依法登记领取权属证书的；

(5) 法律、行政法规规定禁止转让的其他情形。

(二) 国家实行房地产成交价格申报制度。

房地产权利人转让房地产，应当如实申报成交价格，不得瞒报或者作不实的申报。房地产转让应当以申报的房地产成交价格作为缴纳税费的依据。成交价格明显低于正常市场价格的，以评估价格作为缴纳税费的依据。

二、商品房销售的相关政策、法律规定

(一) 商品房预售

1. 商品房预售的条件

根据《城市房地产管理法》和《城市商品房预售管理办法》的规定，商品房预售应当符合下列条件：

(1) 已交付全部土地使用权出让金，取得土地使用权证书。

(2) 持有建设工程规划许可证和施工许可证。

(3) 按提供预售的商品房计算，投入开发建设的资金达到工程建设总投资的25%以上并已经确定施工进度和竣工交付日期。

(4) 向县级以上人民政府房产管理部门办理预售登记，取得商品房预售许可证明。

2. 商品房预售许可证制度

《商品房销售管理办法》规定，商品房预售实行预售许可制度。即开发经营企业进行商品房预售，应当向城市、县房地产管理部门办理预售登记，取得《商品房预售许可证》；未取得《商品房预售许可证》的，不得进行商品房预售。

3. 商品房预售合同登记备案

商品房预售，开发企业应当与承购人签订商品房预售合同。预售人应当在签约之日起30日内持商品房预售合同向县级以上人民政府房地产管理部门和土地管理部门办理登记备案手续。

根据《国务院办公厅转发建设部等部门关于做好稳定住房价格工作意见通知》第七条规定："国务院决定，禁止商品房预购人将购买的未竣工的预售商品房再转让。"

（二）商品房现售

为规范商品房销售，根据《开发经营条例》规定，2001年4月4日建设部颁布了《商品房销售管理办法》（建设部令第88号）。

商品房现售，必须符合以下条件：

(1) 出售商品房的房地产开发企业应当具有企业法人营业执照和房地产开发企业资质证书；

(2) 取得土地使用权证书或使用土地的批准文件；

(3) 持有建设工程规划许可证和施工许可证；

(4) 已通过竣工验收；

(5) 拆迁安置已经落实；

(6) 供水、供电、供热、燃气、通信等配套设施设备交付使用条件，其他配套基础设施和公共设备具备交付使用条件或已确定施工进度和交付日期；

(7) 物业管理方案已经落实。

（三）商品房销售中禁止的行为

(1) 房地产开发企业不得在未解除商品房买卖合同前，将作为合同标的物的商品房再行销售给他人。

(2) 房地产开发企业不得采取返本销售或变相返本销售的方式销售商品房。

(3) 不符合商品房销售条件的，房地产开发企业不得销售商品房，不得向买受人收取任何预定款性质费用。

(4) 商品住宅必须按套销售，不得分割拆零销售。

三、房屋租赁的相关政策、法律规定

（一）房屋租赁的政策

《城市房地产管理法》规定："住宅用房的租赁，应当执行国家和房屋所在地城市人民政府规定的租赁政策。""租用房屋从事生产、经营活动的，由租赁双方协商议定租金和其他租赁条款。"

房屋租赁的有关政策主要包括：

(1) 公有房屋租赁，出租人必须持有《房屋所有权证》和城市人民政府规定的其他证明文件。私有房屋出租人必须持有《房屋所有权证》，承租人必须持有身份证明。

(2) 承租人在租赁期内死亡，租赁房屋的共同居住人要求继承原租赁关系的，出租人应当继续履行原租赁合同。

(3) 共有房屋出租时，在同等条件下，其他共有人有优先承租权。

(4) 租赁期限内，房屋所有权人转让房屋所有权，原租赁协议继续履行。

(二) 房屋租赁的条件

公民、法人或其他组织对享有所有权的房屋和国家授权管理和经营的房屋可以依法出租。但有下列情形之一的房屋不得出租：

(1) 未依法取得《房屋所有权证》的；

(2) 司法机关和行政机关依法裁定、决定查封或者以其他形式限制房地产权利的；

(3) 共有房屋未取得共有人同意的；

(4) 权属有争议的；

(5) 属于违章建筑的；

(6) 不符合安全标准的；

(7) 抵押，未经抵押权人同意的；

(8) 不符合公安、环保、卫生等主管部门有关规定的。

(三) 房屋租赁合同登记备案

签订、变更、终止租赁合同的，房屋租赁当事人应当在租赁合同签订后30日内，持有关部门证明文件到市、县人民政府房产管理部门办理登记备案手续。申请房屋租赁登记备案应当提交的证明文件包括：

(1) 书面租赁合同；

(2)《房屋所有权证书》；

(3) 当事人的合法身份证件；

(4) 市、县人民政府规定的其他文件。

出租共有房屋，还须提交其他共有权人同意出租的证明或提交委托人授权出租的书面证明。

(四) 房屋转租的相关规定

房屋转租，是指房屋承租人将承租的房屋再出租的行为。《租赁管理办法》规定："承租人经出租人同意，可以依法将承租房屋转租。出租人可以从转租中获得收益。"

(1) 承租人在租赁期限内，如转租所承租的房屋，在符合其他法律、法规规定的前提下，还必须征得房屋出租人的同意，在房屋出租人同意的条件下，房屋承租人可以将承租房屋的部分或全部转租给他人。

(2) 房屋转租，应当订立转租合同。转租合同除符合房屋租赁合同的有关部门规定外，还必须具备出租人同意转租证明。转租合同也必须按照有关部门规定办理登记备案手续。转租合同的终止日期不得超过原租赁合同的终止日期，但出租人与转租双方协商一致的除外。

转租合同生效后，转租人享有并承担新的合同规定的出租人的权利与义务，并且应当履行原租赁合同规定的承租人的义务,但出租人与转租双方协商一致的除外。

转租期间,原租赁合同变更、解除或者终止,转租合同也随之变更、解除或者终止。

四、房地产抵押管理

(一)房地产抵押的一般规定

(1)房地产抵押,抵押人可以将几宗房地产一并抵押,也可以将一宗房地产分割抵押。以两宗以上房地产设定同一抵押权的,视为同一抵押物。在抵押关系存续期间。其承担的共同担保义务不可分割,如抵押当事人另有约定的,从其约定。以一宗房地产分割抵押的,首次抵押后该财产的价值大于所担保债权的余额部分可以再次抵押,但不得超出其余额部分。房地产已抵押的,再次抵押前,抵押人应将抵押事实告知抵押权人。

(2)以依法取得的国有土地上的房屋抵押的,该房屋占用范围内的国有土地使用权同时抵押。以出让方式取得的国有土地使用权抵押的,应当将该国有土地上的房屋同时抵押;以在建工程已完工部分抵押的,其土地使用权随之抵押。《担保法》还规定,"乡(镇)、村企业的土地使用权不得单独抵押。以乡(镇)、村企业的厂房等建筑物抵押的,其占用范围内的土地使用权同时抵押。"

(3)以享受国家优惠政策购买的房地产抵押的,其抵押额以房地产权利人可以处分和收益的份额为限。

(4)国有企业、事业单位法人以国家授予其经营管理的房地产抵押的,应当符合国有资产管理的有关规定。

(5)以集体所有制企业的房地产抵押的,必须经集体所有制企业职工(代表)大会通过,并报其上级主管机关备案。

(6)以中外合资企业、合作经营企业和外商独资企业的房地产抵押的,必须经董事会通过,但企业章程另有约定的除外。

(7)以股份有限公司、有限责任公司的房地产抵押的,必须经董事会或者股东大会通过,但企业章程另有约定的除外。

(8)有经营期限的企业以其所有的房地产抵押的,所担保债务的履行期限不应当超过该企业的经营期限。

(9)以具有土地使用年限的房地产抵押的,所担保债务的履行期限不得超过土地使用权出让合同规定的使用年限减去已经使用年限后的剩余年限。

(10)以共有的房地产抵押的,抵押人应当事先征得其他共有人的书面同意。

(11)预购商品房贷款抵押的,商品房开发项目必须符合房地产转让条件并取得商品房预售许可证。

(12)以已出租的房地产抵押的,抵押人应当将租赁情况告知债权人,并将抵押情况告知承租人。原租赁合同继续有效。

(13)企、事业单位法人分立或合并后,原抵押合同继续有效。其权利与义务由拥有抵押物的企业享有和承担。

抵押人死亡、依法被宣告死亡或者被宣告失踪时,其房地产合法继承人或者代管人应当继续履行原抵押合同。

(14)订立抵押合同时,不得在合同中约定在债务履行期届满抵押权人尚未受清偿时,抵押物的所有权转移为抵押权人所有的内容。

（15）抵押当事人约定对抵押房地产保险的，由抵押人为抵押的房地产投保，保险费由抵押人负担。抵押房地产投保的，抵押人应当将保险单移送抵押权人保管。在抵押期间，抵押权人为保险赔偿的第一受益人。

（16）学校、幼儿园、医院等以公益为目的的事业单位、社会团体，可以其教育设施、医疗卫生设施和其他社会公益设施以外的房地产为自身债务设定抵押。

（17）抵押物登记记载的内容与抵押合同约定的内容不一致的，以登记记载的内容为准。

（18）抵押人将已出租的房屋抵押的，抵押权实现后，租赁合同在有效期内对抵押物的受让人继续有效。

（19）抵押人将已抵押的房屋出租的，抵押权实现后，租赁合同对受让人不具有约束力。抵押人将已抵押的房屋出租时，如果抵押人未书面告知承租人该房屋已抵押的，抵押人对出租抵押物造成承租人的损失承担赔偿责任；如果抵押人已书面告知承租人该房屋已抵押的，抵押权造成承租人的损失，由承租人自己承担。

（二）房地产抵押登记制度

《城市房地产管理法》规定房地产抵押应当签订书面抵押合同并办理抵押登记，《担保法》规定房地产抵押合同自登记之日起生效。房地产抵押未经登记的，抵押权人不能对抗第三人，对抵押物不具有优先受偿权。房地产转让或者变更先申请房产变更登记后申请土地使用权变更登记是《城市房地产管理法》规定的法定程序。

《城市房地产抵押管理办法》规定房地产当事人应在抵押合同签订后的30日内，持下列文件到房地产所在地的房地产管理部门办理房地产抵押登记：

（1）抵押当事人的身份证明或法人资格证明；

（2）抵押登记申请书；

（3）抵押合同；

（4）《国有土地使用证》、《房屋所有权证》或《房地产权证》，共有的房屋还应提交《房屋共有权证》和其他共有人同意抵押的证明；

第四节　房地产交易相关税费

我国现行房地产税有房产税、城镇土地使用税、耕地占用税、土地增值税、契税。其他与房地产紧密相关的税种有固定资产投资方向调节税、营业税、城市维护建设费、教育附加税、企业所得税、外国投资企业和外国企业所得税、印花税。房地产交易过程中的收费主要是房地产行政事业性收费，是由房地产行政管理机关及其所属事业单位按规定所收取的费用。对于房地产经纪人员来说，主要是要及时了解房地产交易过程中涉及的主要税种和费用的收取和计算。

一、房地产交易相关税种

（一）房产税

房产税是以房产为课税对象，向产权所有人按房屋的计税余值或出租收入按期征收的一种税。房屋的附属设施或配套设施作为房屋的一部分一并征税。

房产税的课税对象是房产。房产税的征税范围为城市、县城、建制镇和工矿区，不包括农村。

房产税按年征收、分期缴纳。对于非出租的房产，以房产原值一次减除10%～30%后的余值为计税依据，税率为1.2%。具体减除幅度由省、自治区、直辖市人民政府确定。对于出租的房产，以房产租金收入为计税依据，税率为12%。

免征房产税的房产有：

(1) 国家机关、人民团体、军队自用（非生产、经营用）的房产。

(2) 由国家财政部门拨付事业经费的单位自用房产。

(3) 宗教寺庙、公园名胜古迹自用的房产。

(4) 个人所有非营业用房产。

(5) 经财政部批准免税的其他房产。

(二) 城镇土地使用税

城镇土地使用税是对城市、县城、建制镇、工矿区范围内拥有（国有或集体所有土地上的）土地使用权的单位和个人，按照实际占用的土地面积和土地等级定额按期征收的税赋。城镇土地使用税的征税对象是城市、县城、建制镇、工矿区范围内的土地，包括国有土地和集体土地。计税依据为纳税人实际占用的土地面积。采用分类、分级的幅度定额税率。

免征城镇土地使用税的土地有国家机关、人民团体、军队自用的土地，由国家财政部门拨付事业经费的单位自用的土地，宗教寺庙、公园、名胜古迹自用的土地，市政街道、广场、绿化地带等公共用地，直接用于农、林、牧、渔业的生产用地，经批准开山填海整治的土地和改造的废弃土地（从使用的月份起免税5～10年），由财政部另行规定免税的能源、交通、水利设施用地和其他用地。

(三) 耕地占用税

耕地占用税是对占用耕地从事非农业建设的单位或个人一次性征收的一种赋税。耕地占用税的征税对象为占用耕地从事非农业建设的行为。

耕地占用税以纳税人实际占用的耕地面积计税，实行定额税率。

减收耕地占用税的范围包括：农村居民占用耕地新建住宅；农村五保户、革命烈士家属、边远贫困地区生活困难群众在规定用地范围内的新建住宅；民政部门所办福利工厂占用的耕地；国家在老、少、边、穷地区采取以工代赈办法修筑的公路；属于农业户口的定居台胞的新建住宅；不属于直接为农业生产服务但属综合性枢纽工程的农田水利设施。

免征耕地占用税的范围包括：部队军事设施用地，炸药库用地，铁路线路、飞机场跑道和停机坪用地，学校、幼儿园、敬老院、医院、殡仪馆、火葬场用地。免税用地改变用途后，不属于免税范围的，从改变用途起补交耕地占用税。

(四) 土地增值税

土地增值税是对有偿转让房地产的单位征收的一种赋税。凡转让国有土地使用权、地上建筑物及其附着物并取得收入（包括货币收入、实物收入和其他收入）的单位和个人，均为土地增值税的纳税人。

土地增值税的课税对象为有偿转让房地产取得的土地增值额，即等于纳税人转让房地产所得的全部收入减除规定扣除项目金额后的余额，也是土地增值税的计税依据。土地增值税实行四级超额累进税率。

减免土地增值税的规定：纳税人建造普通标准住宅出售的，增值额未超过扣除项目金额20%的免征；因实施城市规划、国家建设的需要，而被政府批准征用的房地产免征；个人因工作调动或改善居住条件，而转让原自用居住满五年的住房免征；转让自用居住满三年未满五年的住房，减半征收。

（五）契税

契税是在国有土地使用权出让、土地使用权转让（包括出售、赠与和交换），以及房屋的买卖、赠与和交换时，就当事人双方订立的契约，按照成交价格、核定价格或交换差价的一定比例向承受人一次性征收的税赋。以土地或房屋权属作价投资入股、抵债的，以预购方式或预付集资建房款方式承受土地、房屋权属的，以获得奖励方式承受土地、房屋权属的，均视同房地产权属转移而应征收契税。

契税的计税依据为房地产买卖成交价格、房地产交换差价，或者征收机关的核定价格，税率为3%~5%。

减征或免征契税的情形有：

（1）国家机关、事业单位、社会团体、军事单位承受土地或房屋，用于办公、教学、医疗、科研和军事设施的免征；

（2）城镇职工第一次购买国家规定标准面积以内公有住房的免征；

（3）因自然灾害、战争等不可抗力灭失住房而重新购买住房的，酌情减征或免征；

（4）财政部规定的其他减征、免征项目；

（5）国家规定对个人购买自用普通住宅，暂减半征收契税。2005年房地产业税收新政策从价格、面积、容积率三方面明确了享受优惠政策的普通住房标准。从2005年6月1日起，个人购房的契税优惠政策将按照统一的普通住房标准执行。

（六）营业税

营业税是对在中华人民共和国境内提供应税劳务、转让无形资产或销售不动产的单位和个人取得的营业收入征收的一种税。

国家营业税暂行条例规定，单位和个人销售不动产，按成交价格征收5%的营业税。

1999年，为了配合国家住房制度改革，切实减轻个人买卖普通住宅的税收负担，国家出台优惠政策规定，对个人购买并居住超过一年的普通住宅，销售时免征营业税。个人购买并居住不足一年的普通住宅，销售时营业税按销售价减去购入原价后的差额计征。

为促进房地产市场健康发展，遏制投机炒作行为，国家对个人转让房地产营业税政策作出调整，自2005年6月1日起，对个人购买住房不足2年转手交易的，销售时按其取得的售房收入全额征收营业税。个人购买普通住房超过2年（含2年）转手交易的，销售时免征营业税。对个人购买非普通住房超过2年（含2年）转手交易的，销售时按其售房收入减去购买房屋的价款后的差额征收营业税。

（七）城市维护建设税

城市维护建设税是随同增值税、营业税附征，并专门用于城市维护建设的一种地方附加税，其征税范围是城市、县城、建制镇和工矿区。城市维护建设税以纳税人实际缴纳的增值税、营业税税额为上税依据，税率分为三档：纳税人所在地为市区的，税率为7%；

纳税人所在地为县城、建制镇的，税率为5%；纳税人所在地不在市区、县城或建制镇的，税率为1%。城市维护建设税随同增值税、营业税减免，一般不单独减免。

（八）印花税

印花税是对因商事活动、产权转移、权利许可证照授受等行为而书立、领受的应税凭证征收的一种税收。根据印花税暂行条例规定，个人买卖房地产按交易合同记载金额的0.05%的税率对买卖双方征收印花税。

（九）所得税

所得税是国家对企业和个人的生产经营所得和其他所得征收的一种税。1994年税制改革后的所得税分企业所得税、外商投资企业和外国企业所得税及个人所得税三种。

企业所得税实行比例税率，有法定税率和优惠税率两种，法定税率为33%。国家决定对一些利润低或规模小的企业，专门制定两档过渡的优惠税率，即年应税所得额在3~10万元的，按27%的税率征收；年应税所得额在三万元以下的，按18%的税率征收。

个人所得税根据国家个人所得税法的规定，个人转让房屋等财产所得，按20%的税率缴纳个人所得税。但对个人转让自用5年以上、并且是家庭唯一生活用房取得的所得，免征个人所得税。另外，对卖房一年内又买其他房产的，可视其购房价值全部或部分免税。

二、房地产行政事业性收费

房地产行政事业性收费实际包括行政性收费和事业性收费两类。行政性收费是指房地产行政管理机关或授权履行行政管理职能的单位，为加强对房地产的管理所收取的费用；事业性收费是指房地产行政管理机关及其所属事业单位为社会或个人提供特定服务所收取的费用。行政事业性收费具有以下三个基本特征：特定性、专有性和规范性。行政事业性收费应注意以下方面。

（1）收费者凭借着国家所赋予的特有职能而进行收费。

（2）收费不以盈利为目的，仅是一定程度耗费的补偿。

（3）必须有客观的管理行为和服务事实。

各类房地产行政事业性收费地实行收费制度也不尽相同，本书仅对常见的房地产行政事业性收费作简要介绍。

（一）房屋产权管理、土地使用权管理收费

房屋产权管理收费是行政性收费，主要包括登记费、勘丈费、权证费和手续费。登记费收费标准较低，各地登记费收费标准相差较大。登记费具体包括以下几类。

（1）总登记费。按土地实际面积和房屋建筑面积计取，由权利人缴付；财政拨款的行政事业单位减半计收。

（2）转移登记费。

（3）转换变更登记费。

（4）其他权利登记费：

1）勘丈费。按土地面积或建筑面积的平方米数计收；

2）权证费。对于房地产权证件，按件计收；

3）手续费。对于办理城市权属登记的，向城市管理部门缴纳手续费。

（二）房屋买卖管理收费

房产买卖管理收费是行政性收费，包括买卖登记费和买卖手续费。房产买卖登记费是指买卖双方成交后到房管部门申办买卖手续登记时所交纳的费用。房地产管理部门审查买卖双方条件后，批准成交后要收取房产买卖手续费，一般按成交价的一定百分率收取手续费，由买卖双方各负担一半。

（三）房屋租赁管理收费

房屋租赁管理收费也属于行政性收费，主要包括房屋租赁登记费、房屋租赁手续费。

（四）拆迁管理收费

拆迁管理收费是承办房屋拆迁的拆迁服务单位向建设用地单位收取的费用，其性质属于事业性收费。拆迁管理收费的收费标准、收费方法，各地有所不同。

（五）房屋估价收费

房屋估价费是房屋管理部门对房屋进行估价时向产权人或委托估价人收取的费用。房屋估价采用差额定率累进计费。房屋价格总额在100万元以下（含100万元），估价收费按5‰收取。

三、房地产交易税费计算举例

在房地产经纪业务中，最常见的就是一手房和二手房的交易。一手房交易，买方需交纳印花税和契税（这一税种由财政部门征收，下面只介绍地税部门征收的税种），其余的有关税收由开发商交纳。而二手房交易税费相对比较复杂，就最常见的住宅二手房交易来说，可以分为普通住宅二手房交易和非普通住宅二手房交易。

2005年4月30日，国家七部委出台了"关于做好稳定住房价格工作的意见"，对享受优惠政策的普通住房提出了三条原则：住宅小区建筑容积率在1.0以上、单套建筑面积在$120m^2$以下、实际成交价格低于同级别土地上住房平均交易价格1.2倍以下。各省、自治区、直辖市根据实际情况，制定本地区享受优惠政策普通住房的具体标准。允许单套建筑面积和价格标准适当浮动，但向上浮动的比例不得超过上述标准的20%。

普通住宅二手交易，属于购买不足2年的住房转让，卖方要交纳营业税、附征的城建税和教育费附加、个人所得税、印花税；超过2年的，免征营业税，只征个人所得税和印花税。买方交印花税和契税。

非普通住宅二手交易，属于购买不足2年的住房转让，卖方要交纳营业税、附征的城建税和教育费附加，还有个人所得税、印花税，如果有增值，还要交纳土地增值税。超过2年转让的，销售时按其售房收入减去购买房屋的价款后的差额征收营业税，其余应交的税种与购买不足2年的住房转让是一致的。买方交印花税和契税。

（一）普通住宅二手交易税费计算（以北京市为例）

北京市普通住宅的标准如下：①住宅小区建筑容积率在1.0（含）以上；②单套建筑面积在140（含）m^2以下；③实际成交价低于同级别土地上住房平均交易价格1.2倍以下。

【例1】 北京市亚运村一套$135m^2$的三居室商品房，以6000元/m^2的市场价格出售此套房屋，售房总价为810,000元。假设业主原购入价格为5200元/m^2。

第一种情况：个人购买普通住房不足2年转手交易。

1. 卖方应纳税额

①营业税及附征（即两税一费）＝售房价×5.5％＝810,000×5.5％＝44550元。

②印花税＝售房价×0.5‰＝810,000×0.5‰＝405元。

③个人所得税：｛售房价－原购房价－合理费用（当初业主购房时所产生的税费，即：契税＋印花税）｝×20％。

其中：原购房价：135m²×5200元/m²＝702,000；

契税：702,000×1.5％＝10530元；

印花税：702,000×0.5‰＝351元；

合理费用：契税＋印花税＝10881元；

个人所得税：(810,000－702,000－10881)×20％＝19423.8元。

①＋②＋③合计：64378.8元。

2. 买方应纳税额

①印花税＝售房价×0.5‰＝810,000×0.5‰＝405元。

②契税＝售房价×1.5％＝810,000×1.5％＝12150元。

①＋②合计：12555元。

第二种情况：个人购买普通住房超过2年（含2年）转手交易。

1. 卖方应纳税额

①个人所得税＝｛售房价－原购房价－合理费用（当初业主购房时所产生的税费，即：契税＋印花税）｝×20％。

其中：售房价：135m²×6000元/m²＝810,000元；

原购房价：135m²×5200元/m²＝702,000元；

契税：702,000×1.5％＝10530元；

印花税：702,000×0.5‰＝351元；

合理费用：契税＋印花税＝10881元；

个人所得税：(810,000－702,000－10881)×20％＝19423.8元。

②印花税＝售房价×0.5‰＝810,000×0.5‰＝405元。

①＋②合计：19828.8元。

2. 买方应纳税额与第一种情况相同

（二）非普通住宅标准的二手住宅交易税费计算（以北京市为例）

【例2】 北京市中关村一套145m²的三居室商品房，以6500元/m²的市场价格出售此套房屋，假设业主原购入价格为5800元/m²。

第一种情况：个人购买住房不足2年转手交易。

1. 卖方应纳税额

①营业税及附征（即两税一费）＝售房价×5.5％＝145m²×6500元/m²×5.5％＝51837.5元。

②印花税＝售房价×0.5‰＝145m²×6500元/m²×0.5‰＝471.25元。

③个人所得税＝｛售房价－原购房价－合理费用（当初业主购房时所产生的税费，即：契税＋印花税）｝×20％。

其中：售房价：145m²×6500元/m²＝942,500元；

原购房价：145m² × 5800 元/m² = 841,000 元；

契税：841,000 × 1.5‰ = 12615 元；

印花税：841,000 × 0.5‰ = 420.5 元；

合理费用：契税 + 印花税 = 13035.5 元；

个人所得税：(942,500 − 841,000 − 13035.5) × 20% = 17692.9 元。

①+②+③合计：70001.65 元。

2. 买方应纳税额

①印花税 = 售房价 × 0.5‰ = 942,500 × 0.5‰ = 471.25 元；

②契税 = 售房价 × 3% = 942,500 × 3% = 28275 元。

①+②合计：28746.25 元。

第二种情况：个人购买非普通住房超过2年（含2年）转手交易。

1. 卖方应纳税额

①营业税及附征（即两税一费）=（售房价 − 原购房价）× 5.5%；

其中：售房价：145m² × 6500 元/m² = 942,500 元；

原购房价：145m² × 5800 元/m² = 841,000 元；

营业税：(942,500 − 841,000) × 5.5% = 5582.5 元。

②印花税 = 售房价 × 0.5‰ = 942,500 × 0.5‰ = 471.25 元。

③个人所得税 = {售房价 − 原购房价 − 合理费用（当初业主购房时所产生的税费，即：契税 + 印花税）} × 20%。

其中：售房价：145m² × 6500 元/m² = 942,500 元；

原购房价：145m² × 5800 元/m² = 841,000 元；

契税：841,000 × 1.5‰ = 12615 元；

印花税：841,000 × 0.5‰ = 420.5 元；

合理费用：契税 + 印花税 = 13035.5 元；

个人所得税：(942,500 − 841,000 − 13035.5) × 20% = 17692.9 元。

①+②+③合计：23746.65 元。

2. 买方应纳税额与第一种情况相同

（三）已购公房上市交易税费计算

【例3】 刘女士在北京市海淀区有一套1992年已购公房，建筑面积约为80m²，以房改成本价购买，价格为1560元/m²。2005年10月，刘女士首次将该套房屋进行上市交易，经过几天的买卖双方对价格的协商后，最终该套房屋以6180元/m²的价格，即总价款494400元出售给马先生。

1. 卖方应纳税额

印花税 = 售房价 × 0.5‰ = 494400 × 0.5‰ = 247.2 元。

2. 买方应纳税额

①印花税 = 售房价 × 0.5‰ = 494400 × 0.5‰ = 247.2 元。

②契税。根据2005年8月8日"关于个人销售已购住房有关税收征管问题的补充通知"中明确规定：对于首次上市交易的已购公房等六大类保障性住房在交易过程中均视为普通住房。契税按1.5%征收。

契税＝售房价×1.5％＝494400×1.5％＝7416元。

③土地出让金。对于首次上市交易的公房来说，要补交土地出让金，补交标准不低于该住房坐落位置的标定地价的10％，具体比例由各地确定。北京市规定按房改成本价的1‰补交土地出让金，本例中即为1560元/m^2×80m^2×1‰＝1248元。

综上，对于买方马先生来说总共要支付的税费为8911.2元。

（四）经济适用房再次上市交易税费计算

经济适用房是国家为补贴低收入家庭而公开出售的一类房屋。对于购买经济适用房的消费者来说也有一定的限制，不是所有人都可以买到经济适用房。而对于再次上市交易的经济适用房来说，税费的交纳也显得略微复杂些。经济适用房的上市交易是以5年期为界限的，下面分两种情况即5年以内和5年以外来说明上市交易经济适用房的交纳税费情况。

【例4】 小王大学毕业后不久，在家人的支援下于2002年10月在北京市区购得一套经济适用房，建筑面积为60m^2，总价为15.9万元。2005年10月小王决定将该房屋卖掉，到别处另购一套房屋。

小王的房屋属于5年以内出售，则买卖双方需交纳的税费如下：

（1）对于卖方来说，小王的房屋只能出售给满足购买经济适用房条件的人，且出售价格不应高于购买时的价格。交纳税费仅为印花税即最高为159000×0.05％＝79.5元。

（2）对于买方来说，分两种情况：

第一种情况是，如果政府对购房人审批的总房价大于实际购买房屋的成交总价（15.9万元），则买方需交纳税费有：

①契税＝成交价×1.5％＝159000×1.5％＝2385元。

②印花税＝成交价×0.5‰＝159000×0.5‰＝79.5元。

①＋②合计：2464.5元。

第二种情况是如果政府对购房人审批的购房总价低于实际购买房屋的成交总价（15.9万元），假设政府审批购房人的购房总价为13万元，则买方需交纳税费有：

①契税＝成交价×1.5％＝159000×1.5％＝2385元。

②印花税＝成交价×0.5‰＝159000×0.5‰＝79.5元。

③综合地价款＝差价部分×10％＝（159000－130000）×10％＝2900元。

①＋②＋③合计：5364.5元。

【例5】 北京市的毛先生为了更好的改善居住环境，现打算将自己在2000年2月购置的一套经济适用房转让出去，到别处再购置一套房屋。毛先生的房屋建筑面积为80m^2，当时购入价为21.2万元。现毛先生打算以35万元的总价将其售出。

由于该套房屋出售时毛先生的持有时间超过5年，则该套房屋可以出售给任何消费者，并可以市场价出售。

毛先生的房屋属于5年以外出售，买卖双方需交纳的税费如下：

1. 卖方应纳税费

①印花税＝成交价×0.5‰＝350000×0.5‰＝175元。

②综合地价款＝成交总价×10％＝350000×10％＝35000元。

①＋②合计：35175元

2. 买方应纳税费

①印花税＝成交价×0.5‰＝350000×0.5‰＝175元。

②契税＝成交价×1.5％＝350000×1.5％＝5250元。

①＋②合计：5425元。

复习思考题

一、名词解释

房地产转让　房屋租赁　房地产抵押　银行按揭贷款

二、填空题

1.（　　）是房地产转让最基本的形式。

2.《商品房销售管理办法》规定，商品房预售实行（　　）制度。

3. 房屋租赁合同应当具备有当事人姓名及住所、房屋的坐落、面积、装修及设施状况、（　　）、（　　）、（　　）、房屋修缮责任、转租的约定、变更和解除合同的条件、违约责任和当事人约定的其他条款等条款。

4. 房地产抵押合同是债务合同的（　　），房地产抵押合同生效后，抵押权人对抵押物不享有（　　）、（　　）、（　　）权。

5. 申请房屋租赁登记备案应当提交的证明文件包括（　　）、（　　）、（　　）、市县人民政府规定的其他文件等。

6. 房地产抵押应当签订书面抵押合同并办理（　　），房地产抵押合同自（　　）之日起生效。

7. 国家营业税暂行条例规定，单位和个人销售不动产，按成交价格的（　　）％征收营业税。

三、简答题

1. 商品房预售和二手房买卖的基本流程包括哪些主要环节？

2. 房屋出租的基本流程是什么？

3. 银行按揭贷款的基本流程主要有哪几个步骤？

4. 房地产转让合同包括哪些主要内容？

5. 房地产抵押合同有哪些特征？其主要内容是什么？

6. 哪些情形的房屋不得出租？房屋转租应注意哪些事项？

四、计算题

北京市区一套120m²的三居室商品房，以9000元/m²的市场价格出售，售房总价为108万元。假定该业主原购入价格为6500元/m²。试计算该套商品房在购入不足2年转手交易和超过2年转手交易两种情况下，买卖双方应缴纳的税额。

第六章 房地产代理业务

房地产代理以其简单明了的法律关系而日益成为一种重要的房地产经纪业务类型。本章以房地产代理业务的流程和合同为重点，重点介绍了商品房销售代理业务、二手房转让代理业务和房屋租赁代理业务的基本操作程序与合同。学习本章时，要理论联系实际，通过案例分析方法来灵活掌握知识要点。

第一节 房地产代理的基本操作

一、房地产代理的概念与类型

房地产代理是指房地产经纪人在授权范围内，以委托人名义与第三人进行房地产交易而提供服务，并收取委托人佣金的行为。

根据服务对象的不同，房地产代理可分为卖方代理和买方代理。卖方代理是指委托人为房地产开发商、存量房的所有者或是出租房屋的业主的代理行为。买方代理指受需要购买或承租房屋的机构或个人委托而进行的代理行为。从业务总量上看，房地产卖方代理远远多于房地产买方代理。

根据代理标的物的不同，房地产代理可分为新商品房买卖代理、房屋租赁代理、二手房买卖代理。

根据代理运作方式的不同，房地产代理主要有一般代理、总代理、独家代理、差额佣金代理等形式。一般代理也叫开放性代理。即卖主选择多家经纪人，给若干经纪人一个平等竞争、获得佣金的机会，但佣金只属于成功完成代理业务，使买卖双方达成交易的经纪人。如果由被代理人自己售出物业，则可以不支付佣金。总代理指被代理人通常只与一个经纪人确定代理关系。如果被代理人自己售出物业，则有权不支付佣金。独家代理指经纪人有独家销售该物业的权利，在代理合同的有效期内，其他任何人包括业主售出该物业，独家代理人仍有权获得佣金。独家代理是美国运用最广泛的一种代理形式。差额佣金代理允许经纪人获得的佣金为物业的实际卖价与业主期望的卖价之间的差额。目前，在我国，房地产代理业务的运作方式还比较单一。

二、房地产代理业务的基本操作程序

1. 确定委托代理关系

房地产经纪人与委托人签订委托合同，得到委托人的授权委托，取得代理人的身份，并在委托合同中明确代理方式、代理费用的支取方式及数额等。

2. 进行市场交易的可行性论证

经纪人取得代理人身份后，就应着手进行市场销售的分析与论证。经纪人应从代理项

目所处的区位、地段、投资结构、平面布局、环境等进行市场可行性论证,把握市场消费趋势及特点。

3. 制定促销计划

经纪人在进行可行性论证的基础上,针对确定的消费层次制定促销方案,并确定物业的销售价格。

4. 与客户接洽、谈判、签约

(1) 接受客户的咨询,介绍所代理的物业。首先要了解客户所需物业的性质及类型,然后针对客户需求有选择地向客户推荐自己所代理的物业。

(2) 与客户签订购房意向书或购房委托书。客户如有购房意向,首先应要求其与经纪人签订《购房意向书》或《购房委托书》,然后可带客户去现场看房。这是代理中介活动具有实质意义的关键一步。

(3) 现场看房。在客户已有明确的购房意向后,就可以带客户到现场看房。带客户看房时,代理人可以在一旁作好现场解说,使客户尽快下定购房决心。

(4) 签约、付款。在客户正式选中房屋后,就应该要求客户签订购房协议。代理人代表业主签订售房协议必须要有业主的《授权委托书》。合同签订后,在买方付清房款后双方应到房地产交易机构办理登记过户手续。

5. 收取代理费

房地产经纪人的代理费应当向委托人收取而不能向交易相对人即第三方收取。收费标准应遵守《关于房地产中介服务收费的通知》所规定的收费标准。房屋租赁代理无论成交的租赁期限长短,均按半个月至一个月的成交租金额标准收取佣金。房屋买卖代理按成交总额的 0.5%～2.5%计收佣金。实行独家代理的,收费标准由委托人与房地产经纪人协商,可适当提高,但最高不超过成交价的 3%。

三、房地产代理业务中的委托合同

委托合同是依双方当事人约定,一方为他方处理事务的合同。在委托合同关系中,一方当事人为委托人,另一方为受托人。在房地产代理业务中,委托人为业主或开发商,受托人为房地产经纪人。

房地产代理业务中的委托合同的目的是业主(开发商)委托房地产经纪人销售、租赁其物业,或为业主代为代理产权登记过户等手续,由业主支付一定佣金的商业行为。委托合同为诺成合同,即只要双方当事人意思表示一致,合同即告成立。委托合同虽为不要式合同,但因房地产买卖或租赁涉及房地产权益,所以应当采用书面形式确定下来。在产权登记过户的代理行为中要求有书面的《授权委托书》。委托合同应当载明委托期限、委托权限以及委托人和被委托人的权利、义务。

第二节 商品房销售代理业务

一、商品房销售代理业务的概念

商品房销售代理是指房地产经纪人接受房地产开发商的委托,按委托人的基本要求进行商品房销售并收取佣金的行为，也称为一手房销售代理或新建商品房销售代理。

商品房销售代理主要有独家代理、共同代理、参与代理三种形式。独家代理是指房地产开发企业或房屋所有权人、土地使用权人将房屋的出售（租）权单独委托给一家房地产经纪机构代理。共同代理是指房地产开发企业或房屋所有权人、土地使用权人将房屋出售（租）权同时委托给数家房地产经纪机构，按谁先代理成功，谁享有佣金；谁代理成功量多，谁多得收益的一种代理方式。参与代理是指房地产经纪人参与已授权独家或共同代理的房地产经纪机构的代理业务，代理成功后，由独家代理公司或共同代理人按参与代理协议分配佣金的行为。

二、商品房销售代理的基本操作程序

1. 代理前的项目信息开发与研究

在代理销售前，要对项目及项目开发商进行信息的开发与研究，即一方面，通过各类专家比如建筑专家、设计专家来对项目本身进行一个综合的评估和测定，对楼盘和地产的各种条件进行 SWOT 的分析，看清竞争态势。另一方面，也需要对项目开发商的综合实力、资金流、信誉和企业形象、品牌形象等进行一个广泛的、深入的调查。这既关系到房地产销售代理的利润回收的问题，也是一个楼盘的代理销售能否取得比较好的市场业绩的基础和前提。并对拟承接项目进行营销策划，确定项目销售的目标客户群、销售价格策略和具体市场推广的方式与途径等，撰写书面营销策划报告。

充分的代理前期准备工作可使代理销售合同的权、责、利有一个清晰的界定，避免由于急于得到代理销售业务而许下不可能实现的代理诺言，从而导致代理销售的失败。

2. 项目签约

由项目的直接操作部门（如子公司、项目组等）具体与项目开发商进行谈判，并起草代理合同文本。然后在房地产经纪机构内部的有关部门，如交易部门、法律顾问和高层管理人员之间进行流转，并各自签署意见书，其中，应有专门负责法律事务的部门或人员对代理合同草案出具书面法律意见书，提交给房地产经纪机构的最后决策者。最后，由最高决策者签署已与开发商达成一致的合同。

3. 项目执行企划

本阶段的第一项工作是：项目执行部门根据已签署的代理合同，对营销策划报告进行修改，并初步制定项目的执行指标（销售期、费用预算等）和佣金分配方案，召集各分管业务的高层管理者及有关部门（如交易管理部、研究拓展部、财务部等）合作会议。介绍经修改的营销策划报告和初步制定的项目执行指标及佣金分配方案。由会议决议最终的项目执行指标和佣金分配方案。

4. 销售准备

这一阶段是对销售资料、销售人员、销售现场的准备。销售资料包括有关审批文件（如预售许可证）、商品房买卖合同文本、楼书、开盘广告、价目表、销控表等。销售人员准备包括抽调、招聘销售人员，进行业务培训。销售现场准备包括搭建、装修布置售楼处、样板房、看房通道等。

5. 销售执行

这一阶段主要是在销售现场接待购房者看房，签订商品房买卖合同，并配合实施广告、公关活动等市场推广工作。这一阶段通常很长。在后期还要完成商品房交验（俗称

"交房")的工作。

6. 项目结算

由于商品房的销售过程比较长,一般在销售过程中要按一定时间周期(如按月)进行对外结算佣金(与开发商结算佣金)和对内结算佣金(与销售人员结算佣金)。但到整个项目销售的最后阶段(通常是完成代理合同所约定的销售指标后),要进行项目的总结算。首先就是由项目直接操作部门与开发商进行总结算,法务部门予以配合。其次就是对内结算,业务部门要将日常核对的佣金结算数据提交财务部门审核,项目执行部门要撰写结案报告。最后由房地产经纪机构的最高管理者、项目负责人、业务部门负责人、财务部门负责人和负责法律事务的部门负责人共同召开结案审计会,确定最终的结案报告和对内结佣方案,最后按佣金结算方案对销售人员进行总结算。结案报告交业务管理部门和信息资料部门存档。

三、商品房销售代理的注意事项

(1)房地产经纪机构接受房地产开发企业委托代理销售商品房,经纪机构应当是依法设立并取得工商营业执照的房地产经纪服务机构。受托房地产经纪机构应当与房地产开发企业订立书面委托合同,委托合同应当载明委托期限、委托权限以及委托人和被委托人的权利、义务。受托房地产经纪机构必须在委托合同载明的期限、权限内行使自己的权利和义务,不得超越代理权进行销售。

(2)受托房地产经纪机构代理销售商品房时,应当向买受人出示商品房的有关证明文件和商品房销售委托书。一方面,房地产经纪机构出示商品房销售委托书,以证明其代理人身份,同时也便于购房者了解委托的内容;另一方面,房地产经纪机构应当如实向买受人出示代理销售商品房的证明文件,以证明所售商品房的合法性。在此需特别指出的是,出示与明示之间的区别:出示表明出示人需让出示对象明确了解出示资料的内容,因而有义务向出示对象就出示资料的内容进行解释与说明;明示则只需提供明示对象了解明示资料的渠道,但并无义务就明示资料的具体内容向明示对象进行解释与说明。

(3)受托房地产经纪机构销售商品房时,应当如实向买受人介绍所代理销售商品房的有关情况,不得夸大介绍和虚假宣传。受托房地产中介服务机构不得代理销售不符合销售条件的商品房,即要求受托机构要对所代理销售商品房的合法性进行把关,不得代理销售不符合法律、法规规定的销售条件的商品房。当然不能代理销售权属不清、质量不合格的房屋。

(4)受托房地产中介服务机构在代理销售商品房时不得收取佣金以外的其他费用。房地产经纪机构只是作为代理人与买受人进行商品房交易,并没有为买受人提供服务,在买受人支付了商品房价款(交易对价)之后,其无权向买受人收取任何费用。同时,房地产开发企业在佣金之外,无需再支付给它其他费用。另外,经纪机构也不能搞吞吐业务,搞吞吐业务,已经超越了中介的范围,属于投资活动,是中介管理不能允许的。

四、商品房销售代理委托合同

与以单套房地产交易为主的二手房转让代理业务相比,新建商品房销售代理业务更为复杂。而且,由于委托方(开发商)的相对强势,房地产经纪机构更需特别审慎地与之签订代理合同,以切实保护自身利益。《商品房销售代理合同》至少应包括以下五个要素:

(1)应当明确销售代理的方式、范围和期限,即属于一般代理还是独家销售代理;代理销售的商品房的基本状况（坐落、类型、房屋面积等）；销售代理的区域；代理期限及其延长等问题。

（2）应当明确代理费用的负担问题。代理费用主要包括对外一般推广费用及开发商特别要求制作广告、印制单独的宣传材料、售楼书等费用；具体销售工作人员的开支及日常支出费用。

（3）应当明确销售价格的确定问题。针对开发商制作的销售价目表，代理商可否视市场销售情况在销售价目基础上灵活浮动以及浮动的幅度；代理商高价销售收益如何分配；低价售出时开发商是否认可。

（4）应当明确代理佣金及其支付。包括在不同价格和销售进度下佣金计算标准。

（5）应当明确销售过程中违约情形的处理。包括因购房者对认购书违约而没收的定金分配、因开发商或代理商原因导致对购房者的赔偿责任承担等。

此外，对于销售代理过程中的合同文本、合同签订、房款收取、交房、过户手续的办理等方面内容，开发商与代理商也应在代理合同中加以明确，以免日后产生纠纷。

📖 相关链接

场外分销——一种新的"渠道营销"模式

"场外分销"是指主要由一家或几家中介公司共同代理一个楼盘的部分房源，利用其二、三级市场的客户资源来帮助销售一手房源。场外分销模式在香港已被广泛运用。相比于传统营销模式或单一代理包销，由大型中介参与的分销具有更为强大的优势。

2005年，中原地产在上海首次推出基于场外分销方式的"渠道营销"模式，此次营销的核心包括：中介门店直接销售代理楼盘，客户免中介佣金，开发商全面配合。在试验的第一个楼盘——浦东"未来域"项目上初尝成功果实。

2005年11月下旬，上海中原地产开始全局性的联动。项目组调动了公司内部所有可用资源，在最短时间内确定了渠道包装方案，完成了100余家门店全新包装和资料发放，建立"未来域"项目SharePoint平台，项目细则实时发布，每家门店同步接收。同时，针对二手中介的业务操作特点，从经理到营业员进行了8次详尽的项目培训，使得在销售一线的人员对项目有了全面深入的了解。一个月后，销售成果开始显现，自2005年12月至2006年1月底，上海中原"未来域"项目创造两个月销售88套、最高单日成交27套的成绩，远超预先设定标准。

相比于传统营销模式或单一代理包销，由大型中介参与的分销具有更为强大的优势。二手营业员往往具有更强的实战经验，在楼盘推销过程中一般能够表现得更为主动；另一方面，平时的业务过程中，他们已经了解了客户最新的购房状况和需求，掌握相对流动的资料信息库，命中目标率高于普通销售人员。而从地产公司来说，分销也能够大笔节约公司人力成本开支。

渠道代理只是房地产中介机构发展过程中业务多元化的一次尝试，这种模式的确立已经使得包括佣金制订、分配方式等一系列市场规则正悄悄发生改变。

第三节 二手房转让代理业务

二手房转让代理是指房地产经纪人受存量房屋所有权人或需要购买存量房屋的机构、个人委托,依法出售或购入合法的存量房屋并收取佣金的行为。

一、二手房转让代理的基本操作程序

1. 房地产代理业务开拓

开拓业务,争取客户是房地产代理机构生存、发展的关键,也是房地产代理业务开展的前提。代理业务开拓的关键是争取客户。要想赢得客户,最重要的是要切实为客户提供高质量代理服务,合理收取佣金,认真履行合同,促成代理成功,以诚信获得顾客信任。当然,通过广告宣传和公共关系活动来宣传自己,吸引客户也是必不可少的。从长远来看,房地产经纪机构必须重视自身的品牌战略,以良好的企业品牌来吸引和稳定客户群,这是业务开拓的根本途径。

2. 房地产代理业务洽谈

当委托人已有初步委托意向时,房地产经纪人要与其进行业务洽谈。业务洽谈时先要倾听客户的陈述,充分了解客户意图与要求,同时衡量自身接受委托、完成任务的能力。其次,要查清委托人是否对委托事务具备相应的权利,当委托人是自然人时,还必须确认其是否具有完全民事行为能力。因此,要查验委托人的有关证件,如个人身份证、公司营业执照等。对卖方代理要查清委托房地产的产权证、工程规划许可证、施工许可证、预售许可证等相关资料。此外,要了解委托人的主体资格,生产经营状况及信誉。第三,要向客户告知房地产经纪机构的名称、资格、代理业务优势以及按房地产经纪执业规范必须告知的其他事项。最后,就经纪方式、佣金标准、服务标准以及拟采用的代理合同文本内容等关键事项与客户进行协商,达成委托意向。

3. 房地产查验

这一步骤主要是针对房地产卖方代理而言的。房地产查验的目的是使房地产经纪人员对代理的房地产有充分的了解和认识,做到知己知彼,为以后有效进行代理租售打下良好的基础。房地产查验的主要内容和途径在第一章第一节已有叙述,在此不再赘述。

4. 签订房地产代理合同

为保护自身权益,避免纠纷发生,房地产经纪机构在接受委托人委托后应与委托方签订书面的房地产代理合同。只有签订了代理合同,双方之间的代理与被代理关系才在法律上得以明确和被保护。签订房地产代理合同时,首先要选定合同文本,可选用政府制订的房地产代理合同示范文本,也可由双方自行拟订合同文本。其次,对代理合同中的相关条款,双方要仔细斟酌,共同协商确定,代理合同要尽可能详细地规定委托代理双方的权益和义务。最后,把签订好的代理合同交至当地房地产登记机关进行合同备案登记。

5. 信息收集与传播

房地产经纪机构受理了委托代理业务后，负责具体执行该业务的房地产经纪人员应注意收集以下三方面的信息：

（1）标的物业信息。指标的物业的物质状况、权属状况、环境状况等各方面的信息。

（2）与标的物业相关的市场信息。指标的物业所属的房地产细分市场的供求信息、价格信息、竞争楼盘状况等。

（3）委托方信息。包括委托方的类型（如个人或法人，法人的经营类型）、信誉情况等。

对以上信息进行辨别、分析、整理后，房地产经纪人对委托标的的需求对象、可能成交价格有了一定的把握，接下来就要进行信息传播，以吸引潜在的交易对象信息传播的主要内容是委托标的物的信息。传播方式可以是报纸、电视广告、经纪机构店铺招贴、人员推荐、网络、邮发函件等方式；通过信息高速公路及互联网技术进行信息的采集及传递已成为各房地产经纪机构及房地产经纪人员提高其竞争能力的有效途径。

6. 陪同看房

由于房地产是不动产，现场看房就是房地产交易中必不可少的环节。无论作为买方代理，还是卖方代理，房地产经纪人员都有义务引领买方全面查验标的物业的结构、设备、装修等实体状况和物业的使用状况、环境状况，并充分告知与该物业有关的一切有利或不利因素。

7. 房地产交易谈判及合同签订

当潜在买方对房地产经纪机构所代理的房地产达成初步购买意向时，就要由经纪人员同买方对房地产的价格进行谈判。价格的谈判是一种技巧，经纪人员在价格谈判时一方面要有理有节，使买方满意，另一方面又必须把价格确定在委托人委托出卖的价格范围内。当价格最终确定下来后，经纪人员要代表委托方与购买方或承租方签订房地产交易合同（买卖合同或租赁合同），交易合同既可采用政府制订的规范文本，也可由交易双方自行协商制订。

8. 房地产交易价款收取与管理

房地产交易合同签订完毕，房地产经纪机构要代理委托人收取定金和房地产交易价款。交易价款的支付时间在房地产交易合同中明确约定。交易价款收取后，房地产经纪机构还要代表委托方向买方出具正式的发票。收取的价款先暂由房地产经纪机构妥善保管，以后再按代理合同所约定的方式移交给委托人。

9. 房地产权属登记（备案）

房地产交易必然涉及房地产权利的变动，如房地产产权的转移（买卖代理）或他项权利的设立（租赁代理），而房地产登记是保证这些权利变更有效、受法律保护的基本手段。房地产代理业务中，房地产经纪机构通常需代理委托人办理各类产权登记或文件登记备案手续。

10. 房地产交验

房地产交验是房地产交易过程中很容易暴露问题和产生矛盾的一环。房地产经纪人应在交易合同所约定的交房日之前，先向卖方（出租方）确认交房时间，然后书面通知买方（承租方）。由于房地产是权益复杂的商品，其功能和价值受多种内部及外部因素的影响。一份周全的交易合同，通常已对这些因素作了一一界定。

房地产交接时买方就要校对物业实际情况是否与合同规定相符，如设备、装修的规格、质量等。这时房地产经纪人员必须充分发挥自己的专业知识和经验，协助买方客户进行核对，这是避免日后发生纠纷的重要手段。

此外，由于签订成交合同至物业交接之间常常有一个时间过程，难免一些因素会在其间发生变动，因此如何就这些变动达成解决方案也是避免纠纷的重要环节。有时，一份不够周全的交易合同，也会在房地产交验时引起双方的争议。此时，房地产经纪人员更应运用自己的市场经验，发挥良好的沟通、协调能力，在交易双方之间进行斡旋、调解、促成方案。

11. 佣金结算

交易过程完成后，房地产经纪机构应及时与委托人（或交易双方）进行佣金结算，佣金金额和结算方式应按经纪合同的约定来定。房地产经纪人员在按时完成委托的经纪业务之后，也应善于把握好这一环节，以保护房地产经纪机构的合法权益。

12. 售后服务

售后服务是房地产经纪机构提高服务，稳定老客户的重要环节。房地产经纪人要不断开拓新的售后服务内容，以提高客户对房地产经纪服务的满意度。

二、二手房转让代理委托合同

二手房代理合同属民事代理中的一种特殊形式——商事代理，通常采用书面合同形式。代理合同的内容以被代理人确定委托代理权限和代理人接受授权为合同的成立条件。其合同内容由当事人约定，一般应包括以下主要的合同条款：

1. 当事人的名称（或姓名）和住所

房地产权利人可以是有民事行为能力的成年人，也可以是无民事行为能力的未成年人和成年人。无民事行为能力的房地产权利人应经其法定监护人或法定代理人代理才能与房地产经纪机构签订房地产代理合同。

2. 代理房地产标的物的基本状况

在房地产经纪合同中对标的（即房地产）的描述应当清楚、明了，并明示主客体关系（即当事人与标的的关系）的各项内容。

3. 服务事项与服务标准

服务的事项和标准应当明确，不明确是难以保证合同得到正常履行的，这是体现房地产经纪人能否促使合同得以履行的主要条款。

4. 劳务报酬或酬金

5. 合同的履行期限、地点和方式

履行期限直接关系到合同义务完成的时间，同时也是确定违约与否的因素之一，在房地产经纪合同中应予以明确约定。

6. 违约责任

7. 解决争议的方式

争议的解决方式是当事人解决合同纠纷的手段和途径，主要有协商、调解、行政裁决、仲裁、诉讼五种。当事人应当在合同中明确选择解决合同争议或纠纷的具体途径。当事人没有作明确的选择，则应通过诉讼解决合同纠纷。

附：

房地产销售代理合同（范本）

委托人（甲方）_____

地址：_____邮码：_____电话：_____

法定代表人：_____职务：_____

代理人（乙方）_____房地产中介代理有限公司

地址：_____邮码：_____电话：_____

法定代表人：_____职务：_____

甲乙双方经过友好协商，根据《中华人民共和国民法通则》和《中华人民共和国合同法》的有关规定，就甲方委托乙方（独家）代理销售甲方开发经营或拥有的_____事宜，在互惠互利的基础上达成以下协议，并承诺共同遵守。

第一条　合作方式和范围

甲方指定乙方为在_____（地区）的独家销售代理，销售甲方指定的，由甲方在_____兴建的_____项目，该项目为（别墅、写字楼、公寓、住宅），销售面积共计_____平方米。

第二条　合作期限

1. 本合同代理期限为____个月，自____年____月____日至____年____月____日。在本合同到期前的____天内，如甲乙双方均未提出反对意见，本合同代理期自动延长____个月。合同到期后，如甲方或乙方提出终止本合同，则按本合同中合同终止条款处理。

2. 在本合同有效代理期内，除非甲方或乙方违约，双方不得单方面终止本合同。

3. 在本合同有效代理期内，甲方不得在_____地区指定其他代理商。

第三条　费用负担

本项目的推广费用（包括但不仅包括报纸电视广告、印制宣传材料、售楼书、制作沙盘等）由甲方负责支付。该费用应在费用发生前一次性到位。

具体销售工作人员的开支及日常支出由乙方负责支付。

第四条　销售价格

销售基价（本代理项目各层楼面的平均价）由甲乙双方确定为____元/平方米，乙方可视市场销售情况征得甲方认可后，有权灵活浮动。甲方所提供并确认的销售价目表为本合同的附件。

第五条　代理佣金及支付

1. 乙方的代理佣金为所售的_____项目价目表成交额的____%，乙方实际销售价格超出销售基价部分，甲乙双方按五五比例分成。代理佣金由甲方以人民币形式支付。

2. 甲方同意按下列方式支付代理佣金：

甲方在正式销售合同签订并获得首期房款后，乙方对该销售合同中指定房地产的代销即告完成，即可获得本合同所规定的全部代理佣金。甲方在收到首期房款后应不迟于3天将代理佣金全部支付乙方，乙方在收到甲方转来的代理佣金后应开具收据。

乙方代甲方收取房价款，并在扣除乙方应得佣金后，将其余款项返还甲方。

3. 乙方若代甲方收取房款，属一次性付款的，在合同签订并收齐房款后，应不迟于5

天将房款汇入甲方指定银行账户；属分期付款的，每两个月一次将所收房款汇给甲方。乙方不得擅自挪用代收的房款。

4. 因客户对临时买卖合约违约而没收的定金，由甲乙双方五五分成。

第六条 甲方的责任

1. 甲方应向乙方提供以下文件和资料：

（1）甲方营业执照副本复印件和银行账户；

（2）新开发建设项目，甲方应提供政府有关部门对开发建设_____项目批准的有关证照（包括：国有土地使用权证书、建设用地批准证书和规划许可证、建设工程规划许可证、开工证）和销售_____项目的商品房销售证书、外销商品房预售许可证、外销商品房销售许可证；旧有房地产，甲方应提供房屋所有权证书、国有土地使用权证书。

（3）关于代售的项目所需的有关资料，包括：外形图、平面图、地理位置图、室内设备、建设标准、电器配备、楼层高度、面积、规格、价格、其他费用的估算等；

（4）乙方代理销售该项目所需的收据、销售合同，以实际使用的数量为准，余数全部退给甲方；

（5）甲方正式委托乙方为_____项目销售的（独家）代理的委托书；

以上文件和资料，甲方应于本合同签订后2天内向乙方交付齐全。

甲方保证若客户购买的_____的实际情况与其提供的材料不符合或产权不清，所发生的任何纠纷均由甲方负责。

2. 甲方应积极配合乙方的销售，负责提供看房车，并保证乙方客户所订的房号不发生误订。

3. 甲方应按时按本合同的规定向乙方支付有关费用。

第七条 乙方的责任

1. 在合同期内，乙方应做以下工作：

（1）制定推广计划书（包括市场定位、销售对象、销售计划、广告宣传等等）；

（2）根据市场推广计划，制定销售计划，安排时间表；

（3）按照甲乙双方议定的条件，在委托期内，进行广告宣传、策划；

（4）派送宣传资料、售楼书；

（5）在甲方的协助下，安排客户实地考察并介绍项目、环境及情况；

（6）利用各种形式开展多渠道销售活动；

（7）在甲方与客户正式签署售楼合同之前，乙方以代理人身份签署房产临时买卖合约，并收取定金；

（8）乙方不得超越甲方授权向客户作出任何承诺。

2. 乙方在销售过程中，应根据甲方提供的_____项目的特性和状况向客户作如实介绍，尽力促销，不得夸大、隐瞒或过度承诺。

3. 乙方应信守甲方所规定的销售价格，非经甲方的授权，不得擅自给客户任何形式的折扣。在客户同意购买时，乙方应按甲乙双方确定的付款方式向客户收款。若遇特殊情况（如客户一次性购买多个单位），乙方应告知甲方，作个案协商处理。

4. 乙方收取客户所付款项后不得挪作他用，不得以甲方的名义从事本合同规定的代售房地产以外的任何其他活动。

第八条 合同的终止和变更

1. 在本合同到期时，双方若同意终止本合同，双方应通力协作作妥善处理终止合同后的有关事宜，结清与本合同有关的法律经济等事宜。本合同一旦终止，双方的合同关系即告结束，甲乙双方不再互相承担任何经济及法律责任，但甲方未按本合同的规定向乙方支付应付费用的除外。

2. 经双方同意可签订变更或补充合同，其条款与本合同具有同等法律效力。

第九条 其他事项

1. 本合同一式两份，甲乙双方各执一份，经双方代表签字盖章后生效。

2. 在履约过程中发生的争议，由双方当事人协商或申请调解；协商或调解解决不成的，按下列第____种方式解决（以下两种方式只能选择一种）：

（1）向____仲裁委员会申请仲裁。

（2）依法向有管辖权的人民法院提起诉讼。

补充条款：
_____
_____

甲方：_____   乙方：_____
法定代表人：_____   代表人：_____
委托代理人：_____   注册房地产经纪人：_____
___年___月___日   ___年___月___日

第四节 房屋租赁代理业务

一、房屋租赁代理的概念、特点

房屋租赁代理是指房地产经纪人为房屋出租人代理出租房屋或为承租人寻找承租房，促成出租、承租双方租赁成功而收取佣金的行为。房屋租赁代理为盘活存量房地产，为市民和流动人口提供充裕房源起到了积极作用。根据租赁房屋所有权的性质，房屋租赁代理可分为公有房屋租赁代理和私有房屋租赁代理；根据租赁房屋的使用用途，房屋租赁代理可分为住宅用房租赁代理和非住宅用房租赁代理，其中，非住宅用房租赁代理包括办公用房租赁代理和生产经营用房租赁代理。

房屋租赁代理具有如下特点：

（1）房源和承租方具有多样性。

（2）房屋租赁代理易受法律、法规及行政行为的影响。

（3）房屋租赁代理方和租赁双方当事人应到房地产管理部门办理房屋租赁登记备案。

（4）房屋租赁成功，房地产经纪人可按房屋租赁代理合同或事先约定收取合法佣金。

二、房屋租赁代理的基本操作程序

1. 房屋租赁代理业务开拓

为客户提供高质量代理服务，合理收取佣金，认真履行合同，促成代理成功，以诚信获得顾客信任是在激烈的市场中赢得客户的最重要的手段。此外，通过广告宣传和公共关系活动来宣传自己，吸引客户也是必不可少的。

2. 房屋租赁代理业务洽谈

当委托人已有初步委托意向时，房地产经纪人要与其进行业务洽谈。业务洽谈时先要倾听客户的陈述，充分了解客户意图与要求，同时衡量自身接受委托、完成任务的能力。其次，要查验委托人的有关证件，查清委托人是否是合法的权利人。第三，要向客户告知房地产经纪机构的名称、资格、代理业务优势以及按房地产经纪执业规范必须告知的其他事项。最后，就经纪方式、佣金标准、服务标准以及拟采用的代理合同文本内容等关键事项与客户进行协商，达成委托意向。

3. 出租房查验

这一步骤主要是针对房屋出租代理而言的。出租房查验内容主要包括出租房的实物状况、权属状况以及周边环境状况等。

4. 签订房屋租赁代理合同并进行合同备案登记

为保护自身权益，避免纠纷发生，房地产经纪机构在接受委托人委托后应与委托方签订书面的房地产代理合同。其次，对代理合同中的相关条款，双方要仔细斟酌，共同协商确定，代理合同要尽可能详细地规定委托代理双方的权益和义务。最后，把签订好的代理合同交至当地房地产登记机关进行合同备案登记。

5. 信息收集与传播

在受理了房屋租赁委托后，负责的房地产经纪人应注意收集有关出租物业信息，包括实物、权属以及周边环境等方面的信息，以及与出租物业有关的市场信息等。信息的传播主要是委托出租物业的信息，可以通过报纸、经纪机构店铺招贴、网络、人员推荐等方式。

6. 陪同看房

7. 房屋租赁价格谈判及租赁合同签订

8. 房屋租赁登记备案

在租赁合同签订后 30 日内，房屋租赁双方当事人持有关部门证明文件到市、县人民政府房产管理部门办理登记备案手续。

9. 佣金结算

房屋租赁代理收费，无论成交的租赁期限长短，均按半个月至一个月成交租金额标准，由双方协商议定一次性计收。

三、房屋租赁代理的注意事项

（1）从事房屋租赁代理业务的房地产经纪机构应符合相关规定。如北京市规定新申请从事房屋租赁代理业务的五个条件：

1）注册资本至少 100 万元；

2）从业年限不低于 3 年（以资质备案时间为准）；

3）经备案的分支机构不少于规定的数量；

4）有健全的房地产经纪业务管理、财务管理等制度；

5）经营行为规范、无不良行为被记入房地产经纪信用档案系统。

(2) 房地产经纪人从事房屋租赁代理业务时应注意不得出租的房屋类型，虽然国家已经取消了"房屋租赁许可证"，但并不意味着所有房屋都能合法地进入租赁市场，仍要注意出租房屋的合法性。不得出租的房屋类型前面第五章已讲，此处不再重复。

(3) 房地产经纪机构签订的房屋出租代理合同和房屋租赁合同应有持证房地产经纪人员签字并注明资格证书号码。

(4) 房屋出租代理合同期满，出租人与房地产经纪机构继续维持出租代理关系的，应当续签房屋出租代理合同。

(5) 了解地方性法规对房屋租赁代理业务的规定。如为保护房屋租赁当事人的合法权益，北京市国土资源和房屋管理局2004年4月出台了《关于房地产经纪机构代理房屋租赁须委托银行收、付租金的暂行规定》，规定房地产经纪机构从事房屋租赁代理业务必须通过指定银行代收、代付租金。从事房屋租赁代理业务的房地产经纪机构须与被指定的银行签订租金代收、代付委托协议并按协议约定在该银行开设账户、交纳租赁代理保证金。租赁代理保证金的金额不得低于60万元。

附：

北京市房屋出租代理合同

出租方（甲方）：
代理方（乙方）：

依据《中华人民共和国合同法》及有关法律、法规的规定，甲乙双方在平等、自愿的基础上，就房屋出租代理的有关事宜达成协议如下：

第一条 房屋基本情况

该房屋坐落于北京市＿＿＿区（县）＿＿＿＿＿。该房屋为：楼房＿＿室＿＿厅＿＿卫，平房＿＿间，建筑面积＿＿＿＿平方米，使用面积＿＿＿＿平方米，装修状况＿＿＿＿，其他条件为＿＿＿＿＿＿，该房屋（□已/□未）设定抵押。

第二条 房屋权属状况

该房屋权属状况为第＿＿＿＿种：

（一）甲方对该房屋享有所有权的，甲方或其代理人应向乙方出示房屋所有权证，证书编号为：＿＿＿＿＿＿。（二）甲方对该房屋享有转租权的，甲方或其代理人应向乙方出示房屋所有权人允许甲方转租该房屋的书面凭证，该凭证为：＿＿＿＿＿＿。

第三条 房屋用途

该房屋用途为：＿＿＿＿＿＿。

第四条 代理权限（可多选）

乙方的具体代理权限为：（□以甲方名义代理出租该房屋并办理与承租方之间的洽商、联络、签约事宜；□代甲方向承租方收取租金；□监督承租方按照房屋租赁合同的约定履行其他义务，□。）

第五条 出租代理期限

（一）出租代理期自＿＿＿＿年＿＿月＿＿日至＿＿＿＿年＿＿月＿＿日，共计＿＿年＿＿个月。出租代理期限的变更由双方书面另行约定。

（二）甲方应于＿＿＿＿年＿＿月＿＿日前将该房屋交付给乙方。

第六条 租金

（一）租金标准为＿＿＿＿元/（□月/□季/□半年/□年），租金总计：＿＿＿＿＿＿元（大写：＿＿＿＿＿＿＿＿＿＿元）。出租代理期内租金标准调整由双方另行书面约定。

（二）租金收取方式：（□甲方直接向承租方收取/□乙方代为收取）。

双方选择由乙方代为收取租金的，适用以下款项：

1. 甲方将该房屋交付乙方后，无论该房屋实际出租与否，乙方均应按约定的租金标准向甲方交付租金。

2. 如乙方实际出租该房屋的价格高于与甲方约定的租金标准的，则高出部分（□归甲方所有/□归乙方所有/□＿＿＿＿）。

3. 本合同签订之日起三个工作日内，乙方应将其中一份合同送达租金代收、代付银行即＿＿＿＿银行，由银行为甲方开立账户。

4. 乙方自＿＿年＿＿月＿＿日起开始按（□月/□季/□半年/□年）通过代收、代付银行向甲方支付租金，支付时间分别为：＿＿＿＿、＿＿＿＿、＿＿＿＿、＿＿＿＿、＿＿＿＿、＿＿＿＿、＿＿＿＿。

第七条 佣金

出租代理期内其中＿＿＿日作为乙方工作期，具体日期为＿＿＿，工作期内的租金收入作为乙方佣金，按以下方式向乙方支付：（□由代收、代付银行划账/□＿＿＿＿）。

第八条 房屋租赁保证金

甲方交付该房屋时，乙方（□是/□否）向甲方垫付房屋租赁保证金，金额为：＿＿＿＿元（大写：＿＿＿＿＿＿＿＿＿元）。出租代理期限届满或合同解除后，房屋租赁保证金除抵扣应由乙方承担的费用、租金以及乙方应承担的违约赔偿责任外，剩余部分应如数返还乙方。

第九条 其他费用

代理期限内，甲方不承担与该房屋有关的以下费用（可多选）：

□水费/□电费/□电话费/□电视收视费/□供暖费/□燃气费/□物业管理费/□＿＿＿＿＿＿＿＿＿＿。以上费用乙方可根据实际情况与承租方约定具体支付责任。房屋租赁税费以及本合同中未列明的其他费用均由甲方承担。

第十条 房屋及附属设施的维护

（一）出租代理期内该房屋及其附属设施维修责任：甲方负责□；乙方负责□。

（二）甲方（□是/□否）允许乙方或承租方对该房屋进行装修、装饰或添置新物。如果允许，对该房屋进行装修、装饰或添置新物的具体事宜另行书面约定。

第十一条 转委托及告知义务

出租代理期内，未经甲方书面许可，乙方不得将代理事宜全部或部分转委托给他人。

乙方将房屋出租后，应将承租方及房屋租赁的有关情况如实告知甲方。

第十二条 合同的解除

（一）经甲乙双方协商一致，可以终止合同。
（二）有下列情形之一的，本合同终止，甲乙双方互不承担违约责任：
1. 该房屋因城市建设需要被依法列入房屋拆迁、危改范围的。
2. 因地震、火灾等不可抗力致使房屋毁损、灭失或造成其他损失的。
（三）甲方有下列情形之一的，乙方有权单方解除合同：
1. 迟延交付该房屋达_____日且未征得乙方同意的；
2. 交付的房屋不符合合同约定，严重影响使用的；
3. 不承担约定的维修义务致使乙方无法正常代理出租该房屋的；
4. _____；
5. _____。
（四）乙方有下列情形之一的，甲方有权单方解除合同：
1. 未按约定支付租金达_____日以上的；
2. 擅自改变房屋用途的；
3. _____；
4. _____；
5. _____。

第十三条　违约责任
（一）出租代理期内甲方需提前终止合同的，应提前____日通知乙方，并按月租金的_____％支付违约金。
（二）出租代理期内乙方需提前终止合同的，应提前____日通知甲方，并按月租金的_____％支付违约金。
（三）甲方有第十二条第三款情形之一的，应按月租金的____％向乙方支付违约金。
（四）乙方有第十二条第四款情形之一的，应按月租金的____％向甲方支付违约金。
（五）_____；
（六）_____。

第十四条　合同争议的解决办法
本合同项下发生的争议，由双方当事人协商解决或申请调解解决；协商或调解不成的，依法向人民法院起诉，或按照另行达成的仲裁条款或仲裁协议申请仲裁。

第十五条　其他约定事项
（一）_____。
（二）_____。
（三）_____。

第十六条　合同生效
本合同经甲乙双方签字盖章后生效。本合同（及附件）一式____份，其中甲方执____份，乙方执____份，由乙方送达银行____份。
合同生效后，甲乙双方对合同内容的变更或补充应采取书面形式，作为本合同的附件。附件与本合同具有同等的法律效力。

出租方（甲方）签章：　　　代理方（乙方）签章：
住所：　　　　　　　　　　住所：

证件号码： 房地产经纪机构资质证书编号：
委托代理人： 房地产经纪持证人员姓名：
证件号码： 经纪资格证书编号：
电话： 电话：
签约时间： 年 月 日
签约地点：

附件一：《房屋附属设施、设备清单》

注：甲乙双方可直接在本清单填写内容并签字盖章，也可将自行拟定并签字盖章的《房屋附属设施、设备清单》附在本页。

第五节 房屋置换代理业务

一、房屋置换代理的概念和特点

房屋置换代理是指房地产经纪人受房屋所有权人或公有房屋使用人委托，将其依法拥有或使用的住房进行置换的行为。房屋置换包括"差价换房"、"差价调房"、"房屋交换"等目前存在的房屋流通形式。

近年来，房屋置换已经成为房地产交易市场中的重要经营活动。开展房屋置换工作，不仅能推动房改工作，满足居民改善住房的需求，也可以拉动经济和促进房地产二、三级市场的发展。从目前市场看，房屋置换已经越来越成为居民改善居住条件的一条有利途径，这是个潜在的大市场。

房屋置换代理具有如下特点：

1. 需要补足差价

房屋置换代理涉及的对象为两处或两处以上房屋。由于房屋具有各异性，即房屋因所处的地段、结构、环境、新旧程度、物业管理情况等的差异而有所不同，因此房屋的价值也不完全等同。为使房屋置换自愿公平进行，房地产经纪人须向双方说明置换房屋存在差价部分，通过补差价交换，使房屋置换公允进行。

2. 易受政策和城市规划建设影响

很多大城市都出台了有关房屋置换的政策法规，如厦门市颁布了《厦门市城镇住房交换管理规定》，上海市出台了《上海市公有住房差价交换试行办法》，对住房交换进行了规范和限制。如《上海市公有住房差价交换试行办法》就明确规定整幢独用的花园住宅、产权不明晰的、依法应当由出租人收回等九类公有住房不得进行差价交换。

二、房屋置换的基本操作程序

第一步：置换登记——凡需办理房屋置换登记手续的居民需携带原房屋的有效证件原件、业主有效身份证以及同住人同意置换的书面证明材料，委托置换的，还需提供委托授权书。

第二步：价格评估——凡置换的房屋须价格评估，评估中的初评，必须上门实地详细勘察，再经过专业人员的认真计算，进行复评，得出需置换房屋的评估价格。房屋置换人需提供配合并告之该物业的客观情况。

第三步：置换委托——凡确定置换意向的居民，在得到原物业评估价格后，可正式委托置换公司进行房屋置换服务，签订房屋置换委托协议并支付一定的咨询费。

第四步：签订合同——房屋置换委托人可以自行办理或委托房屋置换公司代办。在房屋置换委托人支付有关房款定金和代理费后，可以开始办理有关手续，完成房屋交割的全过程。

第五步：办理手续——委托置换的房屋交付下家使用或由置换公司保存时，新置换的房屋在交割验收时，必须具备三个条件：一是委托置换的房屋原有户口全部迁出；二是室内物件搬空；三是水、电、煤气、通信等费用全部结清。

第六节 房地产代理业务案例

一、新建商品房销售业务案例

（一）案例概述

××房地产开发有限公司委托××房地产销售有限公司独家代理销售××住宅项目的全部房屋。开发商已取得该项目预售全部合法文件。×年×月的一天，在售楼中心 A 售楼员接待了一对夫妇型客户，A 售楼员最先带客户到楼盘现场看了工地，并针对他们的性格特点和家庭情况推荐了一套比较适合的户型。

在对楼盘及推荐户型进行详细的介绍后，通过交谈，售楼员得知客户是准备以按揭方式购房，于是根据该客户的实际情况，售楼员设计了几套不同的购房方案，有七成按揭10年还款、七成按揭15年还款、七成按揭20年还款等，并作好了详细的来访客户登记，提供了一整套有关楼盘的资料和售楼员名片，请客户回去仔细考虑再定。在经过几次到售楼处和现场勘察后，客户决定购买该套住宅，但提出 95 折的要求。由于客户的折扣要求已超出了售楼员的职权范围，售楼员将客户决定购买的情况及要求告诉销售现场经理，请现场经理进行协调和处理。经过协商，最终以 97 折成交。在得到客户的最终购买决定后，售楼员先到销控处确定该单元没有售出，接下来售楼员详尽解释了《认购协议书》的各项条款和内容，请客户出示身份证件，审核客户的购房资格。收取客户定金，并告诉客户定金的收取对买卖双方的行为约束。《认购协议书》经客户、经办售楼员（即 A 售楼员）、现场经理三方签名确认，售楼员领客户到财务交定金、开收据，将客户联交客户收执，并告诉客户在签约时将订单与首期余款带来，在送别客户时再次确定签约日，并恭喜客户。

三天后，售楼员以电话方式提醒客户签约时间，以及签约时要带的相关证件资料。一周之后，客户如约前来签约。售楼员再次验对了客户身份证，并出示商品房预售示范合同文本，逐条解释合同的主要条款，与客户商讨并确定所有内容，预售合同填写完后交给主管审核。按合同规定收取首期房款，同时相应抵扣已付定金，并将客户的订单收回现场经理备案。签约后，售楼员将预售合同交至当地房地产交易机构审核，并报房地产登记机构备案。售楼员将合同备案以及银行贷款的审批的进度及时告之客户。

（二）业务员体会

这是一宗售楼员最常碰到的新建商品房销售案例，售楼员不仅要掌握扎实的专业知识和销售流程,而且要善于运用各种销售技巧。买房是大事,首次接待后留给客户一定的时间考虑,这种留有余地的方法反而有意想不到的效果。

在交易过程中,客户在交定金和签字时一般都会很谨慎,这时售楼员要主动将合同条款,尤其是定金的含义和作用向客户解释清楚,消除客户的疑惑,也避免日后产生纠纷。签合同一定要购房户主本人亲自签名盖章,由他人代理签约的,户主与代理人的委托书最好经过公证。售楼员应牢记:合同经过登记备案后买卖才算成交。

二、二手房代理业务案例

（一）案例概述

2005年11月,王女士来到某房地产中介公司的一门店,希望中介帮她在××地区找一套性价比较高的3房,价格在250万~300万元左右,并希望是联体别墅或底层复式带花园的。工作人员就推荐西郊华庭的几套物业给她,王女士很感兴趣,于是中介趁热打铁带王女士前去看房。看房后,王女士对其中一套景观较好的3房很感兴趣,挂牌价格为300万元,第二天就支付意向金人民币5万元,希望中介能从中协调,在价格上有所商量。

该房产的业主是境外人士,在上海有个代理人,在中介人员的协调下,几天后王女士与代理人直接见面,双方谈得很好。终于代理人说服了上家接受了新的价格,并收了定金签署合同。挂牌价300万元的房子,最终以280万元的合理价格成交。

（二）业务员体会

随着国际交流的日益频繁,很多大城市的外籍人士也不断增多,在某些地区形成了外籍人士较为集中的居住地。在为外籍人士提供房地产经纪服务时,经纪人员要特别注意礼貌、礼节,了解外籍人士所在国的基本习俗和礼仪,同时,基本的英语交流也是房地产经纪人员所必须掌握的。

境外人士的房屋租售操作通常以代理人身份出现,在操作过程中,经纪人员要注意查验合法的代理委托书。除了物业的性价比外,交易过程中人情味十分重要,它是成功不可缺少的一部分。

三、房屋租赁代理业务案例

（一）案例概述

2004年6月,邓先生在新城区购买一套新住宅,打算将其在老城区的一套80m²的两房两厅单元出租,该物业有20年楼龄,共9层,欲出租单元在5楼,有简单装修,并配有基本的家具、家电,权属为个人产权。邓先生在该物业附近的某房地产中介公司一家门店要求放盘出租。业务员小王接待了邓先生,在了解了邓先生的基本意图后,业务员查看了业主的户口簿和身份证以及物业的相关权属证明,并向业主邓先生极力推荐了独家委托的出租代理方式,列出了独家委托的种种利好,业主接受了业务员的建议,同意签署《房屋租赁代理独家委托协议书》。考虑到业主现住处距离较远,为了尽可能地方便业主,业务员建议业主放置一套钥匙在中介处,并与业主一同去物业现场进行了查看,对物业内的物品及水电进行了登记。

在接受了业主的独家委托后,该中介在地方报纸及门店橱窗广告栏内打出了该物业的出租广告，广告上标出租赁价格为2200元/月，几天后，陆续有客户打听询问，业务员小王带领有意向的客户去看楼并进行了初步的租赁价格交涉，其中一位李女士看楼后表示满意，但要求租赁价格低一点，并表示如价格满意的话，租赁期限可以延长。在客户与业主之间进行了多次周旋后，双方在出租期限和价格上基本达成一致：每月租金1800元，租期3年。于是业务员约双方见面，与双方一同到物业现场对物业内的物品及水电进行了登记，经双方确认后，签订房屋租赁合同，并收取相应的佣金。在规定期限（一个月）内，业务员带齐相关证件资料到当地的房管局办理了房屋租赁合同登记备案。

（二）业务员体会

这是一宗普通的房屋租赁代理。为了能够保证成功代理，应对物业的基本状况有准确的了解，如查看房产证、业主的身份证明等。独家委托能提高物业交易的成功率，要使业主接受独家委托方式，业务员要详细地向业主介绍公司的实力、独家委托的好处以消除业主的疑虑，增强业主的信心。在租赁代理过程中的两次物业内的物品和水电的登记目的各不同，第一次是签订代理协议，业务员与业主就物业内的物品的清点，可避免日后不必要的麻烦；第二次是签订房屋租赁合同时，是出租方与承租方进行物业使用交接时必需的一项工作。

复习思考题

一、名词解释

房地产代理　独家代理　二手房转让代理　房屋租赁代理　房屋置换代理

二、填空题

1. 根据服务对象的不同，房地产代理可分为（　　）和（　　）。根据代理动作方式的不同，房地产代理又可以分为（　　）、（　　）、（　　）差额佣金代理等形式。

2. 二手房转让代理过程中，房地产经纪人在进行信息收集时应注意收集三个方面的信息：（　　）、（　　）、（　　）。

3. 房屋置换代理具有（　　）、（　　）的特点。

三、简答题

1. 简述二手房转让代理业务的基本流程。
2. 房屋租赁代理业务的有哪些基本流程？应注意哪些基本事项？
3. 简述房屋置换的基本操作程序。

四、论述题

试述新建商品房销售代理的基本流程及签订代理合同时中应注意的问题。

第七章 房地产居间业务

随着我国房地产业的迅猛发展和人民生活水平的逐步提高,房地产无论是作为生活的必需品还是作为投资品种、经营对象,正在成为现代经济生活中最活跃的因素之一。在与人们生活紧密相联的房地产中介活动中,房地产居间是最典型的一种房地产中介活动。本章在介绍房地产居间业务的类型、特点的基础上,重点阐述了房地产居间业务的基本流程和合同。

第一节 房地产居间业务概述

房地产居间,是指房地产经纪人在房地产经营活动中以自己的名义,作为中介人为委托方提供房地产成交机会或撮合委托方与他方成交,并取得报酬的商业服务活动。

一、房地产居间业务的主要类型

（1）根据居间内容与标的物的不同,房地产居间可以分为房地产买卖居间、房地产投资居间、房地产抵押居间、房地产租赁居间等形式,其中,房地产买卖居间和房地产租赁居间是最常见的两种形式。

（2）根据服务方式的不同,房地产居间可以分为房地产指示居间和房地产媒介居间。房地产指示居间行为是房地产经纪人向委托人提供房地产的交易信息,包括交易的数量、交易行情、交易方式等使委托人能够选择符合自己交易目的的房地产。房地产媒介居间行为是指房地产经纪人为委托人提供订约媒介的服务。在房地产经纪活动实际运作中,这两种方式不是完全独立的,常常需要相互结合才能促成房地产交易。

二、房地产居间业务的特点

（1）在房地产居间业务中,房地产经纪人可以同时接受一方或相对两方委托人的委托,向一方或相对两方委托人提供居间服务。

（2）在房地产居间业务中,房地产经纪人是以自己的名义进行居间活动,并不具体代表其中任何一方,因此,居间人没有代为订立合同的权利。这是与房地产代理人的不同之处。

（3）房地产居间的服务对象广泛,经纪人与委托人之间一般没有长期固定的合作关系,一旦委托事项完成,委托关系也随之终止。

（4）房地产居间是一种有偿的商业服务行为。房地产居间报酬,由房地产交易双方各半承担,或者由交易双方商定。居间报酬的请求权以促成合同成立为条件。只要居间成功,委托人需向居间人支付一定的报酬和从事居间活动所支付的费用。居间人未促成合同成立的,不得要求支付报酬,但可以要求委托人支付从事居间活动支出的必要费用。

第二节　房地产居间业务的基本流程

一、业务开拓

业务开拓是具体居间业务开始前的准备工作。业务开拓的主要工作是客户开拓，即争取客户。一般房地产经纪机构都会通过广告宣传和公共关系活动，来宣传自己，吸引客户，开拓市场。但是更重要的是在所承接的每一项业务中，要切实为客户提供高质量的服务，以质量和信誉来赢得客户信任。目前，越来越多的房地产经纪机构注重运用品牌战略来稳步开拓市场，争取客户。

二、房地产居间业务洽谈

当委托人已有初步委托意向时，房地产经纪机构就要派出房地产经纪人与其进行业务洽谈。业务洽谈时首先要充分了解委托人的意图与要求，衡量自身接受委托、完成任务的能力。其次，查验有关证件如身份证明、公司营业执照、房地产权证等相关证明文件，了解委托人的主体资格、生产经营状况及信誉。然后，向客户告知自己的姓名及房地产经纪机构的名称、资格以及按房地产经纪执业规范必须告知的所有事项。最后，双方就居间方式、佣金标准、服务标准以及拟采用的居间经纪合同类型及文本等关键事项与客户进行协商，达成共识，这是居间业务洽谈中最重要的内容。

三、房地产查验

由于房地产商品的特殊性及其权属内容的复杂性，房地产查验就成为房地产经纪人在签订正式居间合同的前期准备工作。房地产经纪人要对接受委托的房地产的权属状况、文字资料、现场情况等进行查验。查验的主要内容有：

1. 房地产的实物状况

包括房地产所处地块的具体位置和形状、朝向、房屋建筑的结构、设备、装修情况、房屋建筑的成新度。

2. 房地产的权属情况

（1）房地产权属的类别与范围。房地产权属是否清晰，是能否交易成功的必要前提。对权属有争议的、未取得房地产权证的、房屋被司法或行政部门依法限制和查封的、依法收回房地产权证等的产权房，都不得转让、出租、抵押，因而涉及此类物业的房地产居间业务，房地产经纪人不能承接。

（2）房地产他项权利设定情况。即是否设定抵押权、租赁权？如果有，权利人是谁？期限如何确定？诸如此类的情况，对标的物交易的难易、价格、手续均会产生重大影响，必须在事先搞清楚。

3. 房地产的区位状况

包括标的房地产相邻的物业类型、周边的交通、绿地、生活设施、自然景观、污染情况等。

四、签订房地产居间合同

房地产经纪机构接受委托人的委托，应签订房地产居间合同。房地产居间合同的当事人双方可以是自然人或法人，其中自然人必须具有完全民事行为能力。签订房地产居间合同既可采用政府制订的房地产居间合同示范文本，也可由双方共同协商，自行拟订合同。

房地产经纪机构与交易双方签订房地产居间合同的时间常常是不一致的，与卖方或出租方的居间合同通常在完成房地产查验后进行，而与买方或承租方的居间合同常常要求在"信息收集与传播"这一步骤完成之后才能进行。

五、信息的收集与传播

信息收集的主要内容包括房地产标的物的信息、与委托房地产相关的市场信息和委托方信息等。并通过对以上信息辨别、分析、整理，房地产经纪人对委托标的物的可能的成交价格就有了一定的把握。

信息传播的目的是要吸引潜在的交易对象，其主要内容是委托标的物的信息。传播方式是通过报纸、电视广告、经纪机构店铺招贴、人员推荐、网络、邮发函件等方式。

六、买方或承租方看房

由于房地产是不动产，现场看房是房地产交易中必不可少的环节。从事居间业务，房地产经纪机构有义务引领买方（承租方）现场查验标的房地产的结构、设备、装修等实体状况和物业的使用状况、环境状况，并充分告知与该房地产标的物有关的一切有利或不利因素。

七、交易配对与撮合成交

通过前面几个环节的工作，一般一套房源已经形成了几个潜在的买主（或承租方）了，这时，房地产经纪机构应尽快从中找出最有可能的意向买主（或承租方）与卖方（或出租方）配对，并尽力促使交易成功，撮合的主要工作是协调、化解交易双方矛盾，促使双方对交易达成共识，通常情况下，交易双方总是站在各自立场上考虑问题，常常难以就成交价格、合同条款等达成一致意见。这就需要房地产经纪人以专业经纪人的身份和经验协调双方的认识，解决双方间的矛盾，使双方达成交易共识。

八、协助房地产权属登记（备案）

房地产是不动产，其交易行为的生效必须要通过权属转移过户、登记备案来实现。在这一阶段，房地产经纪机构要协助交易双方办理权属登记（备案）工作，如告诉房地产受让人（承租人）登记机关的工作地点、办公时间、必须准备的材料等。

要注意的是，在房地产代理业务中，房地产经纪机构要代理委托人办理房地产权属登记备案，但在房地产居间业务中除非交易当事人正式委托代办事宜，否则，房地产经纪机构不能代替代理委托人进行房地产权属登记备案，只能协助其办理相关手续。这也是居间和代理的区别。

九、房地产交验

物业交验是房地产交易过程中容易暴露问题和产生矛盾的一环。房地产经纪机构应在交易合同所约定的交房日之前，先向转让方（出租方）确认交房时间，然后书面通知受让方（承租方）。物业交接时受让方（承租方）要校对物业实际情况是否与合同约定相符，如房屋质量、设备、装修的规格等。这时房地产经纪人必须充分发挥自己的专业知识和经验，协助受让方（承租方）进行核对。

十、佣金结算

一旦实现居间合同所约定的"交易达成"事实，房地产经纪机构应及时与交易双方进行佣金结算，佣金金额和结算方式应按居间合同的约定来确定。

十一、售后服务

售后服务是房地产经纪机构提高服务，稳定老客户、吸引新客户的重要环节，居间业务的售后服务内容可包括三个主要方面：第一是延伸服务，如作为买方居间人可为买方进一步提供装修、家具配置、搬家等信息咨询服务；第二是改进服务，即了解客户对本次交易的满意程度，对客户感到不满意的环节进行必要的补救；第三是跟踪服务，即了解客户是否有新的需求意向，并提供针对性的服务。

第三节 房地产居间合同

根据《合同法》规定，居间合同是指居间人向委托人报告订立合同的机会或者提供订立合同的媒介服务，委托人支付报酬的合同。房地产居间合同是房地产经纪人接受委托，为委托方报告房地产成交机会或撮合委托人与他方成交，委托人给付佣金的协议。

一、房地产居间合同的特点

（1）房地产居间合同是诺成合同。只要双方当事人意思表示一致，合同即告成立。

（2）房地产居间合同是有偿合同。

（3）房地产居间合同为不要式合同，即房地产居间合同不需经过批准、登记等程序，即可成立。法律对居间合同未规定特别的形式要求，当事人可以采取口头形式，也可以以书面形式订立合同。为规范房地产居间活动，房地产中介组织行业协会可以推荐使用示范合同文本。

（4）房地产居间合同的委托人一方的给付报酬的义务有不确定性。在居间合同中，居间人的活动达到居间目的时，委托人才有给付报酬的义务。而房地产居间人的活动能否达到目的，委托人与第三人之间能否交易成功，有一定的不确定性，不能完全由居间人的意志所决定。因而，合同中的给付责任等内容，需要经充分协商才能予以明确。

二、房地产居间合同的主要内容

以房地产租售居间合同为例，其合同内容一般要包括以下主要条款：

（1）委托人甲（出售、出租方）、居间方、委托人乙（买入、承租方）三者的姓名或名称、住所；

当事人是法人单位的，应写明单位地址及法定代表人姓名，当事人是公民个人的，应写明其身份证号码。

（2）居间房地产的坐落与情况：要写明居间房地产的详细坐落情况，尤其应标明委托房地产的房地产权证号、其他权利情况等。

（3）委托事项：委托事项需具体约定所委托的是提供订约机会，还是媒介合同的成立，所约定的事项应明确、具体。

（4）佣金标准、数额、收取方式、退赔等条款：这是居间合同的核心内容。对居间方未完成居间合同委托事项的，怎样退还佣金也要有明确说明。

（5）合同在履行中的变更及处理。

（6）违约责任：明确三方违约责任的处理办法。由于房地产转让从交易双方签订转让合同到房地产权属转移过户登记以至房地产交验，是一个较长的过程，较易因外界因素和交易双方自身情况的变化而发生变故，从而造成违约。而房地产经纪机构在居间业务中的特定地位更造成房地产机构难以掌握这种变故，因此，需相应设置详细条款，避免因违约条款不完善而发生的纠纷。

（7）争议解决的处理办法。

（8）其他补充条款。

由于租赁交易的特殊性，交易双方权利义务关系存续时间较长，相互之间会产生较为复杂的债权、债务关系，由此而引起的委托人对房地产经纪机构的责任要求也会比较复杂，如房地产经纪机构是否有责任担保承租人按时交租及支付有关公共事业费用？因此在房屋租赁居间合同中就这类问题应补充限制性条款，以便明确房地产经纪机构与委托人各自的权利义务。

附：

房地产居间合同

委托人甲（出售、出租方）
居间方
委托人乙（买入、承租方）

第一条 （订立合同的前提和目的）

依据国家有关法律、法规和本市有关规定，三方在自愿、平等和协商一致的基础上，就居间方接受委托人甲、乙的委托，促成委托人甲、乙订立房地产交易_____（买卖/租赁）合同，并完成其他委托的服务事项达成一致，订立本合同。

第二条 （提供居间房地产的坐落与情况）

委托人甲的房地产坐落于_____市_____区（县）_____路_____弄_____号_____室共_____套，建筑面积为_____平方米，权属为_____，权证或租赁凭证编号_____，其他情况_____。

委托人乙对该房地产情况已充分了解。

第三条 （委托事项）

（一）委托人甲委托事项（共_____项）：

主要委托事项：

1. _____；
2. _____。

其他委托事项：

1. _____；
2. _____；
3. _____。

（二）委托人乙委托事项（共_____项）：

主要委托事项：

1. _____；
2. _____。

其他委托事项：

1. _____；
2. _____；
3. _____。

第四条 （佣金标准、数额、收取方式、退赔）

（一）居间方已完成本合同约定的委托人甲委托的事项，委托人甲按照下列第_____种方式计算支付佣金（任选一种）：

1. 按该房地产_____（总价款/月租金计）_____％，具体数额为_____币_____元支付给居间方；

2. 按提供服务所需成本计_____币_____元支付给居间方。

（二）居间方已完成本合同约定的委托人乙委托的事项，委托人乙按照下列第_____种方式计算支付佣金（任选一种）：

1. 按该房地产_____（总价款/月租金计）_____％，具体数额为_____币_____元支付给居间方；

2. 按提供服务所需成本计_____币_____元支付给居间方。

（三）居间方未完成本合同委托事项的，按照下列约定退还佣金：

1. 未完成委托人甲委托的主要事项第（　）项、其他事项第（　）项的，将合同约定收取佣金的_____％，具体数额为_____币_____元，退还委托人甲；

2. 未完成委托人乙委托的主要事项第（　）项、其他事项第（　）项的，将合同约定收取佣金的_____％，具体数额为_____币_____元，退还委托人乙。

第五条 （合同在履行中的变更及处理）

本合同在履行期间，任何一方要求变更合同条款的，应及时书面通知相对方，并征得相对方的同意后，在约定的时限_____天内，签订补充条款，注明变更事项。未书面告知变更要求，并征得相对方同意；擅自变更造成的经济损失，由责任方承担。

本合同履行期间，三方因履行本合同而签署的补充协议及其他书面文件，均为本合同不可分割的一部分，具有同等效力。

第六条 （违约责任）

（一）三方商定，居间方有下列情形之一的，应承担违约责任：

1. 无正当理由解除合同的；

2. 与他人私下串通，损害委托人甲、乙利益的；

3. 其他过失影响委托人甲、乙交易的。

（二）三方商定，委托人甲、乙有下列情形之一的，应承担违约责任：

1. 无正当理由解除合同的；

2. 未能按照合同约定提供必要的文件和配合，造成居间方无法履行合同的；

3. 相互或与他人私下串通，损害居间方利益的；

4. 其他造成居间方无法完成委托事项的行为。

（三）三方商定，发生上述违约行为的，按照合同约定佣金总额的_____%，计_____币_____元作为违约金支付给各守约方。违约方给各守约方造成的其他经济损失，由守约方按照法律、法规的有关规定追偿。

第七条 （发生争议的解决方法）

三方在履行本合同过程中发生争议，由三方协商解决，协商不成的，按本合同约定的下列第（ ）项进行解决：

1. 向_____仲裁委员会申请仲裁（ ）；

2. 向法院提起诉讼（ ）。

第八条 （订立合同数量）

本合同壹式____份，甲、乙、丙三方各执_____份。

补充条款。

（粘贴线） （骑缝章加盖处）

委托人甲（名字/名称）	居间方（名称）	委托人乙（名字/名称）
身份证号/	营业执照号码	身份证号/
其他证件号码		其他证件号码
住/地址	住/地址	住/地址
邮政编码	邮政编码	邮政编码
联系电话	联系电话	联系电话
本人/	法人/	本人/
法定代表人	法定代表人	法定代表人
（签章）	（签章）	（签章）
代理人（签章）	房地产注册经纪人（签章）	代理人（签章）
	房地产注册经纪证书（编号）_____	

年　　月　　日　　　　　　年　　月　　日　　　　　　年　　月　　日

签于：　　　　　　　　　　签于：　　　　　　　　　　签于：

第四节 房地产居间业务案例

一、住房买卖连环居间案例概述

客户甲因为新买了位于天河区某花园的复式商品房住宅,为支付购房首期款和装修费用,于 2005 年 3 月委托某房地产置换公司 A 店出售其位于东山区的物业,该物业为 20 世纪 80 年代末建造的多层住宅楼(共 9 层)的 6 楼,房型为一室一厅,建筑面积为 49m²,朝向东南,三年前装修,权属为个人产权,该物业以 22 万元在"××置换网"挂牌出售。

客户乙因为工作调动和子女读书的关系,于 2005 年 5 月委托该房地产置换公司 B 店为其置换房屋,欲将其在海珠区的住宅置换到东山区或越秀区附近一房一厅或两房一厅的产权房,价格在 25 万元以下。其委托出售的房屋位于天河区 20 世纪 70 年代末建造的 6 层新村住宅的一楼,户型为一室户,居住面积 18m²,朝向南,权属为售后产权,上网出售价格为 9 万元。

客户丙是初来广州工作的技术人员,他希望在天河区交通较为方便的区域购买一处面积不一定大,价格限定在 10 万元以下的的房屋。

A 店和 B 店的业务员接到上述委托后马上在电脑上完成了初步配对,希望通过经纪业务活动,使客户丙购买客户乙的住宅,客户乙购买客户甲的住宅,以完成三笔委托。

业务员首先与客户丙联系,向其推荐了客户乙的住宅,实地看房后客户丙相当满意,对价格也没有太多异议;业务员趁热打铁马上告诉客户乙,他的住房有下家看中,同时为其介绍了客户甲位于东山区的一室一厅,客户乙前往看房后也比较满意,看来这个三连环马上就可以解套。

然而进入实质性谈判阶段时,三客户都提出了特殊的要求:客户甲要求客户乙补贴其房屋 2 万~3 万元的装修费;客户乙要求办理抵押贷款来支付部分房款,同时希望房价再降一点;客户丙要求签约后延期一个月交款。这些条件的提出使得谈判陷入僵局。

有关业务员没有气馁,一起对三客户的要求进行了认真的分析,分别找到了每位客户需求的关键所在和突破点,分别是:客户丙肯定是要购买客户乙的房屋了,突破点是解决房款付款时间;客户乙愿意将住房卖给丙,但希望其尽快付清房款,因为他要用这笔房款支付购买客户甲住房的首期款,另外他也同意补贴一部分装修费,但坚持只补贴 1 万元;客户甲对客户乙的付款方式没有意见,但对装修费的要求比较高。

分析清楚上述事实后,业务员们准备对每位客户实行各个击破,业务员 A 负责做甲的工作,给他分析装修价格的补贴计算方法,并站在其立场上分析应尽快出售房屋防止老房型再跌价,说服他将装修费再做一些让步,尽快地促成交易;业务员 B 负责做丙的工作,经过多次协商,丙答应看到预定合同即付款;业务员 C 负责做乙的工作,为其查询公积金账户,审核其贷款资格,并也力图说服他将装修费再抬高一点。

通过业务员们分头做工作,又经过近一个月的谈判,在三方分别让步后终于在 2005 年 6 月初达成一致,签订了有关交易合同,完成了这笔三连环业务。

二、业务员体会

连环居间是房屋置换经纪活动比较常见的案例类型，这种案例难点在于：

（1）交易情况复杂：连环套案例中每位客户的需求情况都不一样，有的对价格有要求，有的对户型有要求，有的对地段有要求。需求情况的复杂性导致了实际操作很难完全满足每位客户的需求，增加了操作的难度。在整个交易过程中由于不确定因素的影响，情况变化多。

（2）交易时间长：由于连环套涉及到几个客户和数套房源，有关的需求也是一环套一环，单独完成一个交易是没有用的，只有一下子解决整个连环套才能完成交，整个周期往往需要几个月，有些复杂的六连环、七连环需要半年甚至一年的时间。

（3）经纪人员工作量大：房屋置换工作本身就是很琐碎很细致的工作，需要经分头合作，各个突破，具体操作中应对每位客户分头做工作，只解决一位、两位客户对连环套业务来说是无意义的。

（4）确定意向后，一锤定音：各方确定意向后业务员马上要求各方分别签订有关合同，防止夜长梦多。

复习思考题

一、名词解释

房地产居间　房地产居间合同

二、填空题

1. 根据居间内容与标的物的不同，房地产居间可以分为（　　）、（　　）、（　　）、（　　）等形式，其中，（　　）和（　　）是最常见的两种形式。

2. 房地产居间是一种有偿的商业服务行为。只要（　　），委托人必须向居间人支付一定的报酬和从事居间活动所支付的费用。

3. 房地产居间合同具有（　　）合同、（　　）合同、非要式合同的特点。

三、简答题

1. 简述房地产居间业务的基本流程。
2. 房地产居间合同主要包括哪些内容？

四、论述题

对比分析房地产代理业务与房地产居间业务有何异同。

第八章 房地产经纪其他业务

随着房地产市场的日益成熟,房地产经纪行业也得到了迅速发展,房地产经纪的其他业务类型也不断涌现。本章对当前出现的一些新型房地产经纪业务如房地产行纪、房地产拍卖以及房地产咨询服务、代办服务进行了相应的介绍,重点阐述了这些业务类型的概念、特征和程序。

第一节 房地产经纪业务中的咨询服务

房地产咨询,是指为房地产活动当事人提供法律法规、政策、信息、技术等方面服务的经营活动。根据服务对象的不同,房地产咨询可以分为两大类:第一类为房地产投资者提供包括法律咨询、政策咨询、决策咨询、工程咨询、经营管理咨询在内的各种咨询服务;第二类为房地产市场交易行为中的客户提供信息咨询、技术咨询等中介服务。目前,房地产咨询业务中最大的工作是为客户置业提供购房指南等。根据咨询内容的不同,房地产咨询可以分为房地产投资咨询、房地产价格咨询、房地产法律咨询。其中,房地产投资咨询又可分为房地产经营投资咨询和房地产置业投资咨询两类。

房地产咨询是房地产中介活动中属于智力型的经纪人所从事的业务,对房地产经纪人的专业知识要求比一般经纪人要高,相应地其报酬收入也会超过从事一般经纪业务的简单操作型经纪人。从我国房地产经纪行业的发展方向看,房地产经纪人应不断努力,提高自己的知识层次,提高自己的业务档次,使自己真正成长为一个智力型的经纪人才,并能胜任各类房地产咨询业务。

一、房地产咨询服务的主要类型

(一)房地产投资咨询

房地产投资是指国家、企业或个人为了达到一定的目的,直接或间接地对房地产的开发、经营、管理所进行的投资活动。投资所涉及的领域有:土地开发、旧城改造、房屋建设、房地产经营、置业等。

房地产投资已经成为广大投资者为使资产快速增值、获取高额利润的重要投资方式。但是由于房地产商品的特殊性,房地产投资具有投资成本高、风险大、回收期长、所需专业知识广的一些特点,使得不少非专业的投资者尤其是个人投资:不能轻易介入房地产投资。而房地产经纪人员由于具有丰富的房地产专业知识和市场经验,熟悉房地产投资各方面的环节,可以为投资者提供科学、合理的投资建议和方案。虽然,目前我国房地产经纪人员开展房地产投资咨询业务并不普遍,但是根据国际经验,随着房地产市场的成熟、完善,成为发展的趋势。

目前,房地产经纪人员从事的房地产投资咨询业务主要有两种:

1. 房地产经营投资咨询

房地产经营投资是指投资者以开发、买卖或租赁房地产等形式，进行的盈利性商业活动。其投资目的不仅是为了回收原垫付的所投资金，而且要获取盈利。其投资收益主要是通过经营来实现的。

对于这一类型的投资，最常见的投资咨询服务就是提供房地产开发项目的可行性研究报告。房地产开发项目的可行性研究是在投资决策之前对拟开发项目进行全面、系统的调查研究和分析，运用科学的技术评价方法，得出一系列评价指标值，以最终确定该项目是否可行的综合研究。

开发项目可行性研究可以分为五个步骤：

（1）接受委托。与委托方签订合同协议，明确可行性研究的工作范围、目标意图、进度安排、费用支付办法及协作方式等。

（2）市场调查分析。可以从市场调查和资源调查两方面进行。市场调查要从宏观、区域和微观三个层面对市场进行调查分析，预测未来市场的供给、需求、租售价格、竞争能力等，以便确定项目的经济规模和项目构成。资源调查包括建设地点调查、用地现状、交通运输条件、外围基础设施、水文地质、气象等方面的调查，为下一步规划方案设计、技术经济分析提供准确的资料。

（3）方案选择和优化。根据研究的要求，在对收集到的资料和数据进行分析的基础上，建立若干开发方案，会同委托方明确方案选择的重大原则问题和优选标准，从而评选出合理的方案。研究论证项目在技术上的可行性，并进一步确定项目规模、构成和开发进度。

（4）财务评价。对经上述分析后所确定的合理方案，在对项目投资、成本、价格、收入等进行估算的基础上，对方案进行详细财务评价，研究论证项目在经济上的合理性和盈利能力，进一步提出资金筹措建议和项目实施总进度计划。

（5）编制可行性研究报告。经过上述分析与评价，即可编制详细的可行性研究报告，推荐一个以上的可行方案和实施计划，提出结论性的意见、措施和建议，供决策者作为决策的依据。

在推荐投资方案时，房地产经纪人还可以考虑委托公司的发展战略、投资组合、资本结构及风险的偏好程度等因素，使推荐更有针对性。

2. 房地产置业投资咨询

房地产置业投资是指投资者购置房地产后，供出租经营的一种投资形式。投资的主要目的是出租经营，同时由于房地产具有与其他商品不同的特质，投资者也期望所购置的房地产在未来能够增值。

对于这种投资，房地产经纪人关键要根据房地产租赁市场的特点把握供需关系的变化，要站在获取长期收益和增值的角度对租赁市场进行分析，特别是对影响供给曲线和需求曲线位移的因素进行分析和预测。理解物业未来产租能力的影响因素对这种投资的分析也有帮助。影响物业未来产租能力的因素主要有：

（1）房产功效。房产功效是指房产能在多大程度上符合预计功能的需要。如果建筑设计很差，必然导致功效丧失。更为常见的情况是，由于技术进步和人们生活方式的变化，即使原先设计良好的建筑，也有可能走向功能过时。如果没有理想的设计、布局和辅助设施,以紧跟现代产品的走向,房地产的产租能力就会迅速下降。

(2) 区位优势。区位条件在决定城市土地价值方面具有重要的意义。良好的区位是指能使运营成本最小,并具备有利的邻区影响的位置。城市在发展的同时创造和破坏着区位优势。如果区位选择不当,很难用其他方面来弥补,面对的将是高空置和低租金情况,房地产更谈不上增值。区位优势的建立是个复杂的过程,涉及社会、经济、产业、文化等众多因素,房地产经纪人应注意积累各方面的信息。

目前,随着房地产市场的发展,以住宅为主的个人置业投资日渐升温,但开展个人投资咨询服务的机构很少,购房投资者迫切地需要得到一些专业性的指导建议。对于这种房地产投资,房地产经纪人要善于把握住宅市场供需的脉搏,抓住有利时机入市和出手,在满足投资者出租获利需求的基本前提下实现房产未来的增值。要想做到这一点,房地产经纪人不但需要具有房地产市场分析、预测与判断的能力,还应具有丰富的市场经验。

(二) 房地产价格咨询

房地产交易中最敏感、最关键的因素就是价格。由于房地产价格的影响因素、价格形成和运作机制具有不同于一般作为完全劳动产品的商品特性,投资者、购房者往往难以把握房地产市场价格,尤其是市场的变动趋势,这就需要房地产专业人士提供房地产价格评估。随着我国市场经济的完善和房地产市场的快速发展,房地产价格评估越来越广泛和重要。但是在许多情况下,评估价格都不具有鉴证性的要求,而仅仅是投资人或交易当事人的一种价格参考,因此并不一定必需由房地产估价师来提供。房地产经纪人员长期从事某一特定区域、特定类型的房地产交易代理或居间,通常会对其市场供需及价格有非常深入的了解。依赖于这种经验以及所掌握的房地产专业知识,房地产经纪人员完全可以提供较为准确的房地产价格咨询,供委托方参考。这亦是房地产经纪人员取得客户信任的一条重要途径。所以对于房地产经纪机构而言,开展房地产价格咨询业务的市场前景会很广阔。

房地产经纪人员从事房地产价格咨询,除了要充分发挥自身优势外,还要结合房地产价格咨询业务的特点掌握房地产价格评估的基本理论和基本方法,熟悉房地产价格咨询的程序。

(三) 房地产法律咨询

房地产经纪机构可展开的房地产法律咨询服务是有关房地产交易的法律知识、合同咨询等法律咨询活动。法律咨询服务一般应由律师提供,但由于房地产过程所涉及的法律因素众多,有些法律事务很难与房地产经纪事务区分,因此房地产经纪人如能掌握较丰富的法律知识,在提供居间或代理服务的同时提供一些基本的法律咨询服务则能更好地为客户服务。

按照经纪机构所提供经纪服务的不同分类,房地产经纪机构可开展的房地产咨询服务可分为土地交易法律咨询、商品房交易法律咨询和存量房地产法律咨询。根据房地产经纪所促成的房地产交易的不同方式,房地产经纪机构所开展房地产法律咨询服务可分为房地产买卖法律咨询、房地产租赁法律咨询、房地产抵押法律咨询等。

房地产法律咨询服务的方式主要有三种:

1. 个案解答

专门就一个具体的法律问题由经纪人作出一对一的个性化解答,阐述对所涉及的法律的理解与适用,提出解决问题的建议。

2. 商业文书审查

就客户的房地产买卖合同等房地产商业性文书,根据客户的要求进行审查,并提出对客户有利的建议和意见，指出对其不利的条款、约定等。

3. 房地产全程法律服务

根据房地产经纪服务的内容，解答相关房地产法律及政策，具体到某市、某县的房地产法律环境调研，房地产交易过程法律指导，房地产交易后法律服务等一系列法律服务。

二、房地产咨询服务的基本程序

1. 确定咨询课题

当客户提出咨询申请时，应当与客户就咨询课题的内容、要求、期限、费用预算等问题，达成原则性的协议，确定问题的设立。

2. 组成课题研究小组

根据课题的内容、性质、任务和要求，以及任务的大小、难易程度，确定人员，组成课题研究小组。

3. 调查研究，掌握情况

课题和研究小组组成以后，就要开始进行调查研究工作。在调查和收集资料时，首先应当查看有关的档案、文献；与有关人员座谈，进一步了解、调查对象的历史和现状；到实地进行考察，掌握第一手资料。

4. 发现问题和解决问题

在调查研究掌握情况的基础上，针对要解决的问题，提出解决问题的方案和模型；经过计算和比较，提出解决问题的最佳方案。

5. 撰写咨询报告

根据咨询的任务和咨询的结果，撰写咨询报告，并把报告交给咨询的委托者。

6. 收取相应的咨询费用

房地产咨询收费按服务形式，可分为口头咨询费和书面咨询费两种。口头咨询费，按照咨询服务所需时间结合咨询人员专业技术等级由双方协商议定收费标准。书面咨询费，按照咨询报告的技术难度、工作繁简结合标的额的大小计收。

三、房地产咨询业务的服务方式

房地产咨询业务的服务方式与传统的咨询业务方式相比，有了很大的进步，但基本上可分为三类。

（一）直答式服务方式

所谓直答式服务方式，指客户提出需要咨询的问题，由咨询机构中的专业咨询专家（或人员）给予口头或书面的直接答复，这也是房地产咨询机构中最常见的一种咨询服务方式。这类客户提出的咨询问题一般都比较简单，涉及客户想要了解的如房源信息、房价、购房手续等，往往是在房地产交易过程中涉及的一些具体问题。房地产中介人基本都具备这方面的知识和经验，都能从事直答式的咨询服务工作。

（二）网络式服务方式

随着计算机的逐步普及，咨询机构通过建立局部的或区域性的信息和咨询服务网络向客户提供各类咨询服务。其优点是使咨询服务更具广泛性、时效性、可靠性及实用性。特别对于房地产交易、租赁、置换、抵押等信息，每个经纪机构的工作人员、咨询人员坐在自己的微机终端前就能查询储存于网络中的信息,作到互惠互利。有些房地产咨询公司不仅通过自建的信息咨询网,而且还将自身的咨询网与同行联机检索,某些咨询机构的咨询专家遇到自身解决不了的问题时,可以方便地通过网络向其他咨询机构求援。

(三)项目式服务

这种咨询服务方式可分为两种:一种是由客户提出项目,房地产咨询机构根据客户要求,进行调查、研究、论证,回答客户项目中提出的各种问题,如开发计划的评价咨询、开发可行性咨询、工程项目评价咨询、工程计划研究咨询、招投标咨询等。就客户提出的具体项目要求,由咨询机构提供咨询意见,这类服务的运用较为普遍。另一种是由咨询机构(人员)向客户提供咨询项目,由客户自行选择。这一类型的服务突出了咨询机构(人员)的主动性,咨询人员为客户设计咨询项目,并承担咨询。咨询方主动提供咨询项目的形式,将越来越被客户所接受。

第二节 房地产经纪业务中的代办服务

一、房地产权属登记备案代办

房地产权属登记是指经权利人申请,由房地产权属登记机关将有关申请人的房地产权利事项记载于房地产登记簿并进行公示的行为。这是保障房地产权利人合法权益的基本手段。《城市房地产管理法》规定,国家实行土地使用权和房屋所有权登记发证制度。

房地产权属登记分为房屋总登记、初始土地登记、房屋初始登记、房屋转移登记、房屋变更登记、房屋他项权利登记、房屋注销登记七种。

房地产权属登记备案代办业务基本流程如下:

(一)房地产权属登记备案代办业务受理

房地产经纪人与委托人进行业务洽谈时,要充分了解客户意图与要求,同时衡量自身的受理能力。其次,查清委托人是否具有申请资格。第三,查清申请登记的房地产产权来源是否清楚、合法,证件是否齐全,有无纠纷等情况。第四,代办业务是否属受理登记的登记机关管辖。房地产经纪人在接受委托后应与委托人签订书面的房地产权属登记代理合同。

(二)办理房地产权属登记备案业务

房屋权属登记按受理登记申请、权属审核、公告、核准登记并颁发房屋权属证书等程序进行。

1. 受理登记申请

申请人向房屋所在地的登记机关提出书面申请,填写统一的登记申请表,提交有关证件。申请人申请权属时应如实填写登记申请表,代理人申请登记的,应收取委托书并查验代理人的身份证件。

登记机关自受理登记申请之日起 7 日内应当决定是否予以登记,对暂缓登记、不予登记的,应当书面通知权利人(申请人)。

2. 权属审核

主要是审核查阅产籍资料、申请人提交的各种证件,核实房屋现状即权属来源等。权属审核一般采用"三审定案"的方法,即采用初审、复审和审批的方法。

3. 公告

即是对可能有产权异议的申请，采用公告、报纸等形式公开征询异议，以便确认产权。

4. 核准登记、颁发房屋权属证书

发证时，代理人应当检查清楚权属证书上所载明的各登记事项是否准确。

（三）房地产权属证书交验

进行房地产权属证书交验时，代理人应请权利人仔细检查权属证书上所载明的各登记事项是否准确，并签收。

（四）收取代办手续费

代办手续费标准可以由双方当事人协商确定。

二、房地产抵押贷款手续代办

以房地产作为偿还贷款的担保，从金融部门获得贷款的方式，已成为房地产业发展最基本、最主要的融资方式。根据我国有关法律，贷款是特许经营业务，除银行业金融机构和依法设立的典当行外，其他机构概不能办理贷款业务。房地产经纪机构只是向银行提供业务信息，协助有签约关系的银行机构办理房地产抵押贷款手续时的前期资料收集、相关证明审核、递送单据等服务。因此，房地产经纪人员应熟悉和掌握有关这方面的知识，以利于更好地开展房地产经纪工作。

（一）房地产抵押贷款种类

房地产抵押贷款的种类很多：一是土地开发抵押贷款，它是土地开发企业以其获得的土地使用权作抵押而向银行取得贷款；二是房屋开发抵押贷款，指房屋开发企业以其取得的土地使用权或未建成的楼宇产权作抵押，从金融机构获得贷款；三是房屋购建抵押贷款（即银行按揭）。从贷款代办业务总的范围来看，房地产经纪机构可以为房地产开发商办理房地产开发贷款服务，但更多情况是为消费者代办个人住房贷款（购房抵押贷款）手续。

根据贷款性质和方式的不同，个人住房贷款可以分为个人住房商业性贷款、个人住房政策性贷款以及个人住房组合贷款。

1. 个人住房商业性贷款

个人住房商业性贷款是指购房者向房地产开发商交纳部分房款订购商品房，再把所购房产或原自有房产或有价证券及存单抵押给银行，或由第三方作担保，从而获得银行贷款，购房者先住房，再根据贷款合同按月偿还贷款本息。按开发商是否具有完全的房屋产权划分为期房和现房贷款两类。

（1）贷款条件：

1）开发商向贷款行申请按揭贷款合作的条件；

2）具备有权部门核定的开发资质等级证明；

3）持有有效的"建设用地规划许可证"、"建设工程施（开）工许可证"、"建设工程规划许可证"、"国有土地使用证"和"商品房销（预）售许可证"；

4）项目资本金不得低于项目总投资的25%，并先于贷款发放全部投入房地产项目开发，且其他资金来源落实；

5）开发商在贷款行开立结账户或售房账户；

6）抵押物合法有效，其中在建工程抵押率不得超过抵押物市值的50%；

7）工程监理单位有相应的资质等级。
(2) 借款人申请贷款的条件：
1）具有城镇常住户口或有效居留身份；
2）具有稳定的职业和收入，信用良好，有偿还贷款本息的能力；
3）具有购买住房的合同和协议；
4）能够支付不低于购房全部价款20%的首期付款；
5）同意以所购房屋作为抵押物，或提供贷款行认可的资产作为抵押物或自物，或有具备担保资格和足够代偿能力的单位或个人作为偿还贷款本息并承担连带责任的保证人。
(3) 贷款额度、期限和利率：
贷款额度一般最高不得超过房价的80%；贷款期限目前最长不超过30年；贷款利率执行人民银行规定的个人住房贷款利率。如遇到利率调整，则从次年1月1日起执行。

2. 个人住房政策性贷款

个人住房政策性贷款也称个人住房公积金贷款，是指银行根据住房公积金管理部门的委托，以住房公积金存款为资金来源，按规定要求向符合条件的购买普通住房的个人发放的贷款。

(1) 贷款对象：
在户口所在地城市购买自住住房、且在市住房资金管理中心系统交存住房公积金的交存人和汇交单位的离退休职工。

(2) 贷款条件：
1）具有城镇常住户口或有效居留身份；
2）具有稳定职业和收入，有偿还贷款本息的能力；
3）有购房的合同和有关证明文件；
4）提供市住房资金管理中心及所属分中心（即委托人）同意的担保方式；
5）符合委托人规定的其他条件。

(3) 贷款额度、期限和利率：
国家对公积金贷款的额度、期限和利率都有明确的规定，并定期给予调整。目前的贷款额度是，每笔贷款额度不超过所购住房评估价值的80%，且不超过所在城镇住房资金管理中心定期公布的最高贷款额。

3. 个人住房组合贷款

个人住房组合贷款是指以住房公积金贷款和信贷资金为来源向同一借款人的同一套住房发放的贷款，是个人住房公积金贷款和自营性贷款的组合。个人因购买自用住房使用自有资金和住房公积金贷款额度不足，可向银行申请商业性个人住房贷款。

(1) 贷款对象：
在户口所在地城市购买自住住房、且在市住房资金管理中心系统交存住房公积金的交存人和汇交单位的离退休职工。

(2) 贷款条件：
1）具有城镇常住户口或有效居留身份；
2）具有稳定的职业和收入，信用良好，有偿还贷款本息的能力；
3）具有购买住房的合同和协议；

4) 能够支付不低于购房全部价款20%的首期付款；

5) 按时足额缴存住房公积金，并有住房资金管理中心同意给予公积金贷款的证明。

(3) 贷款额度、期限和利率：

组合贷款的贷款额度分一手房和二手房有所不同，一手房总贷款额度不得超过房价总价的80%，二手房总贷款额度不得超过所购房屋价款的70%，组合贷款中政策性个人住房担保委托贷款额度不得超过所在市中心规定的单笔贷款的限额及借款人单位的总额度。政策性贷款和商业性贷款的比例原则上为1∶1。

个人住房组合贷款的贷款期限最长不超过30年，同时借款人最后还款期限不超过借款人法定离退休年限（男60岁，女55岁）后5年。组合贷款中公积金贷款期限与商业性贷款期限一致。组合贷款中的公积金贷款和商业性个人住房贷款分别按中国人民银行规定的个人住房公积金贷款利率和个人住房贷款利率执行。

(二) 办理抵押贷款手续

(1) 借款人应直接向贷款人提出借款申请，并提供以下资料：

1) 身份证件（指居民身份证、户口本和其他有效居留证件）；

2) 有关借款人家庭稳定的经济收入的证明；

3) 符合规定的购买住房合同意向书，协议或其他批准文件；

4) 抵押物权属证明以及有处分权人同意抵押或质押的证明；

5) 抵押物价值证明（如房地产估价报告）；

6) 保证人同意提供担保的书面文件和保证人资信证明；

7) 申请住房公积金贷款的，需持有住房公积金管理部门出具的证明；

8) 贷款人要求提供的其他文件或资料。

(2) 贷款人自收到借款申请及符合要求的资料之日起，审核后在三周内向借款人正式答复。

(3) 贷款人审查同意后，按照《贷款通则》的有关规定办理有关手续，如包括签订借款合同、办理还贷储蓄卡等。

根据中国人民银行规定，购房人以房地产作抵押的，抵押人和抵押权人应当签订书面抵押合同，并于放款前向县级以上地方人民政府规定的部门办理抵押登记手续。抵押合同自抵押物登记之日起生效。在这一过程中，房地产经纪人可以协助购房者办理有关手续。

完成以上步骤后，贷款银行向借款人发放住房贷款。申请使用住房公积金贷款购买住房的，在借款申请批准后，按借款合同约定的时间，由贷款人以转账方式将资金划转到售房单位在银行开立的账户。

第三节 房地产行纪

一、房地产行纪行为的界定

行纪又称信托，就是指行纪人受他人委托，以自己的名义代他人购物、从事贸易活动或寄售物品，并取得报酬的法律行为。《中华人民共和国合同法》第22章提出了行纪合同的相关法律条款，表明法律并未禁止行纪活动，因为行纪对活跃商品经济，调剂余缺，促进物资交流,有重要意义。

目前对房地产行纪尚有争议,没有一个统一、明确的定义。现实的房地产市场活动中,房地产行纪是房地产居间经纪人和代理经纪人在特定情况下采取的行为,如房地产经纪机构收购开发商的空置商品房,在未将产权过户到自己名下的情况下,以自己的名义向市场销售。其主要特点是房地产经纪机构与出售房地产的业主自愿达成了一个协议,房地产经纪机构按双方约定的价格向业主支付房款,房地产经纪机构可以自行决定标的房地产的市场出售价格。业内将这种行为称为"包销"。包销具有类似行纪的特点,但与行纪不同的是,有时房地产经纪机构并不以自己的名义向市场出售。目前,对此行为是否真正属于行纪行为,以及其存在合法性的问题,尚有很多争议。但是可以肯定的是,房地产行纪与房地产代理、房地产居间有着本质的区别,主要表现在:

1. 在经纪活动中担任的角色不同

在房地产居间和代理业务中,房地产经纪机构都只是促成交易的媒介,本身并不直接从事交易行为;而在行纪活动中,仅管房地产经纪机构以自己的名义与第三人从事房地产交易,其实质上已成为直接进行房地产交易的一个主体。

2. 在经纪活动中的法律责任和经济风险主体不同

房地产居间业务中,由于房地产经纪机构是以自己的名义为交易双方提供交易机会,促成他人之间的房地产交易,他自己并不直接进行交易,纯粹起一种提供信息、牵线搭桥的作用,所以基本上不承担交易行为的法律责任和经济风险。房地产代理业务中,房地产经纪机构受委托人的委托,以委托人的名义与第三人从事交易,委托权限内的法律责任和交易活动的经济风险由委托人承担。而在行纪活动中,不管标的房地产是否能按行纪合同所约定的价格售出,房地产经纪机构都必须向房地产业主支付全额房款。交易活动中的法律责任和潜在的巨大经济风险完全由房地产经纪机构承担。

二、房地产行纪合同的特征

根据《合同法》的要求,一份合同是否成为行纪合同,主要看合同内容中是否有以下特征:

(一)行纪人以自己的名义办理委托的事务

行纪人不是以委托人的名义办理委托事务,而以自己的名义来为委托人办理房产买卖以及其他委托事务,并对自己的行为直接负责,这是行纪合同与委托合同的区别所在。

(二)行纪人为委托人的利益服务

行纪人虽然与第三人发生法律关系,但与第三人的权利义务最终归属于委托人。

(三)行纪合同为有偿合同

委托人应向行纪人的活动支付一定手续费及其他必要的费用。

第四节 房地产拍卖

一、拍卖的概述

拍卖是指以公开竞价的形式,将特定的物品或者财产权利转让给最高应价者的买卖方式。拍卖的一个最基本原则就是"价高者得"，买受人要以最高应价购得标的物。拍卖必须符合三个条件：一是有两个以上的买主，二是要有竞争，三是价高者得。

(一) 拍卖的特征

(1) 拍卖有两个以上的买主。凡拍卖都是只有一个卖主（通常由拍卖机构充任）而有许多可能的买主，从而得以具备使后者相互之间能就其欲购的拍卖物品展开价格竞争的条件。

(2) 拍卖有不断变动的价格。拍卖不是由卖主对拍卖物品固定标价待售或买卖双方就拍卖物品讨价还价成交，而是由买主以卖主当场公布的起始价为基准另行应报价，直至最后确定最高价为止。

(3) 拍卖是一个公开竞争的过程。凡拍卖都是不同的买主在公开场合针对同一拍卖物品竞相出价争购，而倘若所有买主对任何拍卖物品均无表示购买的意思，没有任何竞争行为发生，拍卖就将失去任何意义。

(二) 拍卖的报价方式

拍卖报价方式是拍卖活动中拍卖师的具体运作手段。通常包括增价拍卖和减价拍卖两种方式。

(1) 增价拍卖，又称"英格兰式拍卖"或"估底价拍卖"。它是一种价格上行的报价方式，即竞价由低至高、依次递增，直到以最高价格成交为止。增价拍卖根据竞买人报价方式不同，又可分为无声拍卖和有声拍卖。

(2) 减价拍卖，又称"荷兰式拍卖"或"估高价拍卖"。它是一种价格下行的拍卖方式，即拍卖品的报价由高到低，依次递减，直到有人应价，即告成交。

二、房地产拍卖的概念、特征

房地产拍卖是一种通过公开竞价的方式将房地产标的物卖给最高出价者的交易行为。房地产拍卖也要遵循"价高者得"的基本原则，买受人以最高价购得拍卖的房地产标的物。

与其他房地产经纪活动相比，房地产拍卖具有以下几个特征。

1. 房地产拍卖数量多，价值高

由于房地产的位置固定、价值高昂，在经济活动中经常被用作抵押或债务偿还物品。因此，在各种拍卖活动中，房地产拍卖在金额和数量上都占有较大的份额。

2. 房地产拍卖法律性、政策性强

同其他房地产经纪活动相比，房地产拍卖的专业性强，涉及拍卖和房地产两方面的内容，特别需要法律、法规的规范，政策性很强。国家实行拍卖师资格考核制度，从事房地产拍卖的拍卖人必须取得拍卖师资格证书方可从事拍卖行业。经纪人从事房地产拍卖活动一方面要遵循房地产相关的法律、法规；另一方面，也必须依照拍卖方面的法律、法规，如《中华人民共和国拍卖法》等。经纪人从事房地产拍卖时，必须对房地产拍卖的前期工作认真调查，根据国家的法律、法规和规章，尤其是拍卖方面的法律、法规，理顺各方面关系，保证房地产拍卖以及后续房地产产权变更的顺利进行。

3. 房地产拍卖过程繁琐

由于房地产拍卖的前期准备、拍卖期间、后续工作涉及诸多部门，又受房地产和拍卖相关的众多法律、法规的制约，因此，与其他房地产交易行为相比，房地产拍卖过程繁琐、复杂，所需花费的时间往往较长。

三、房地产拍卖的条件

（一）房地产拍卖标的物应具备的条件

参照国家房地产管理法、土地管理法及其他相关法律、法规，符合其中转让和交易条件的，或者虽现状不符合，但经由政府有关部门审批后，通过补办手续和补缴费用后能够满足转让和交易条件的，可以作为房地产拍卖标的物。

（1）法律、法规禁止买卖、转让的房地产通常情况下不得拍卖；

（2）以出让或划拨方式取得国有土地使用权进行开发建设，其土地使用权需要拍卖的，应当符合国家法律、法规规定的可转让条件；

（3）以出让方式取得国有土地使用权的房地产拍卖应当报请有关部门批准，办理土地使用权出让手续，并缴纳土地使用权出让金；可以不办理出让手续的，应当由拍卖行将拍卖标的所得收益中的土地收益上缴国家。

（4）集体所有土地上建成的房屋需要拍卖的，应当符合法律、法规规定的买卖或转让条件。具体包括：

1）房屋所有权证和该房屋占用范围内的土地使用权已经依法登记取得房地产产权证书；

2）集体土地上的房屋，在拍卖前应向当地乡镇人民政府申请，获批准后方可进行拍卖。

（5）下列划拨用地不可以拍卖：

1）国家机关用地和军事用地；

2）城市基础设施用地和公益事业用地；

3）国家重点扶持的能源、交通、水利等项目用地；

4）法律、行政法规规定的其他用地。

（6）抵押房地产拍卖前应先获得抵押权人同意。如果未经抵押权人同意而因拍卖造成抵押权人经济损失的，需承担相应的民事责任。

（二）房地产拍卖竞买人条件

（1）中华人民共和国境内的自然人、法人和其他组织都可以作为房地产拍卖标的的竞买人，但法律、法规、规章另有规定或者土地使用权出让合同另有规定的除外。

（2）在国家允许的范围内，房地产竞买人也可以是境外的自然人或法人，但需遵循有关规定办理。

（3）对于集体土地上建成的房屋，居住房屋的竞买人只能是房屋所在地乡镇范围内具备房屋建设申请条件的人；非居住房屋竞买人为房屋所在地乡镇范围集体经济组织或者个体经营者；超过此条件的，应当依法办理集体所有土地的征用手续。

四、房地产拍卖的程序

1. 接受拍卖委托

在这一阶段，委托人将有意要拍卖的房地产明确委托给拍卖行，双方签订委托拍卖协议，对委托拍卖达成基本意向。委托人在委托时一般要向拍卖行提供房地产权证、身份证等相关证明文件。

2. 拍卖房地产标的的调查与确认

拍卖行对委托人提供的房地产产权证明、有关文件、证明材料等进一步核实，必要时到相关政府部门调查取证。同时还必须进行现场勘查。

3. 接受委托、签订委托拍卖合同书

经调查确认后，拍卖行认为符合拍卖委托条件的，与委托人签订委托拍卖合同。委托拍卖必须符合《拍卖法》的要求。委托拍卖合同中要对拍卖房地产的情况、拍卖费用、拍卖方式和期限、违约责任等加以明确。

4. 房地产估价及拍卖保留价的确定

拍卖行对房地产市场进行调查和分析，必要时请专业的房地产估价人员对拍卖房地产进行价格评估，与委托方共同商谈，最后确定拍卖底价和起拍价。

5. 发布拍卖公告，组织接待竞买人

拍卖行一般要在拍卖日前半个月至一个月前登报或通过电视媒体以公告形式发布拍卖房地产的信息，拍卖行要对公告的内容真实性负责。同时，组织接待竞买人，向竞买人提供资料，审查竞买人资格，收取保证金，完成竞买人登记。

6. 现场拍卖

拍卖行、竞买人按照公告的时间、地点，以正常的拍卖程序、规则对拍卖房地产进行公开竞拍。最后若竞买的最高价超过底价，由拍卖师击槌成交，应价最高者即为买受人；反之，拍卖行宣布不成交并撤回拍卖标的物。

7. 产权过户

现场竞买成功后，买受人应立即支付成交价一定比例的款项作为定金，并在拍卖行协助下与委托人签订拍卖房地产转让合同书。买受人在支付全部价款后，凭转让合同书和相关证明文件到房地产登记机关办理产权过户手续，取得房地产权证，拍卖过程结束。

复习思考题

一、名词解释

房地产咨询　　个人住房商业性贷款　　个人住房政策性贷款　　房地产权属登记　　房地产行纪　　房地产拍卖

二、填空题

1. 目前，房地产经纪人员从事的房地产投资咨询业务主要有两种：（　　）和（　　）。
2. 影响物业未来产租能力的因素主要有（　　）和（　　）。
3. 房地产咨询业务的服务方式基本上可分为（　　）、（　　）、（　　）三类。
4. 房地产法律咨询服务的方式主要有（　　）、（　　）和（　　）三种。
5. 个人住房商业性贷款的最高贷款额度不得超过房价的（　　）%，贷款期限不超过（　　）年。
6. 与其他房地产经纪活动相比，房地产拍卖具有（　　）、（　　）、（　　）等特征。

三、简答题
1. 简述房地产权属登记备案代办业务的基本流程。
2. 房地产拍卖标的的允许拍卖的条件是什么？
3. 简述房地产拍卖的程序。

四、论述题
1. 个人住房商业性贷款和个人住房政策性贷款对贷款对象和贷款条件各有何要求？如何办理住房抵押贷款手续？
2. 房地产行纪与房地产代理、房地产居间有何异同？

第九章　房地产经纪人员的业务技巧

房地产经纪的业务技巧是众多房地产经纪人员在长期实践中总结出来的，熟练掌握和运用这些业务技巧，往往能使房地产经纪业务的开展事半功倍，大大提高房地产经纪业务的成功率。本章系统介绍了房地产经纪业务开展过程中的技巧与策略，从房源、客源的开发管理到谈判和异议处理，最后到签约和后续服务。学习本章内容，要注意这些技巧在实践中的灵活运用，细细琢磨体会，不断总结创新。

第一节　房源开拓与管理技巧

房源是房地产经纪公司经营活动的基本资源。没有房源也就没有卖方，房地产交易活动无法开展，房地产中介行为也就不存在。这里所说的房源既包括委托出售或出租的房屋，还包括该房屋的业主（委托人）。

房源除了具备有一般房地产的物理属性和法律属性外，还有独特的心理属性。"心理"是指房屋业主（委托人）在委托过程中的心理状态。随着时间的推移，这种心理状态往往会发生变化，从而对房源的价格和使用状态等因素产生影响。其中，价格因素最容易受到影响。房屋业主对市场信息的了解程度，以及其出售或出租的心态，是他们决定房源价格的重要依据。

一、房源的特性

1. 公共性

房源的公共性是指房屋是一种社会共享的信息资源。

在我国，在大多数情况下，房屋业主（委托人）为了能尽快卖出或租出自己的房屋会希望在同一时间里接触尽可能多的客户，因此他们通常会委托多家房地产经纪公司为其服务；也有的房屋业主（委托人）使用互联网发布信息，寻找购房人或承租人；有的房地产经纪公司还互通房源信息，利用这些信息实现中介服务。所以，房源具有公共性。

在美国，房地产销售中占主流的是"独家代理制"，即房屋业主（委托人）只将物业委托给一位房地产经纪人员出售或出租。在代理期限内，房源具有独占性。我国目前出现了有别于美国的"独家代理制"，即房屋业主（委托人）只将物业委托给一家房地产经纪机构出售或出租。如果该机构是连锁经营模式，则该物业委托信息可以在该机构各连锁店间实现共享，一旦实现了房屋交易，接盘的经纪人员与促成交易的其他经纪人员按一定比例获得相应的佣金。在这种代理制度下，房源既具有一定的独占性又具有一定的公共性。

2. 变动性

房源的变动性主要包括两个方面：一是其价格因素的变动，二是其使用状态的变动。价格的变动是它可以随着市场的变化、业主（委托人）心态的变化而不断变动。房源使用状态的变动相对较少，它是指在委托期间，房屋的使用状态（如闲置、居住或办公等）发生变化，如原本闲置的待出售的房屋，业主（委托人）决定先租给他人居住等，但并没有因此拒绝有兴趣的买家去看房、购买等。

针对房源变动性这一特征，房地产经纪人员应不间断地与房屋业主（委托人）沟通联系，以便在房源的价格和使用状态发生变动时，及时进行调整。

3. 可替代性

房源的可替代性是指具有相似性的房屋可以相互替代。

虽然每个房源都是唯一的，具有明显的个别性，但是在现实生活中，人们对房屋的需求却并不是非某一套不可。相似地段、相似建筑类型、相似房型、面积相当的房屋，在效用上就具有相似性，对于特定的需求者而言，它们是可以被选择替代的。这就使房源具有可替代性。

购房人（或承租人）在寻找房屋时，往往不只考察一个房源，这正是房源具有可替代性这一特征所致。同时，房源的可替代性特征也为房地产经纪人员的居间业务提供了更广阔的操作空间。如一位原本看上甲房的购房人，因为价格问题无法成交，这时房地产经纪人员就可向这位购房人推荐与甲房相似的乙房。

二、房源开拓的技巧

（一）房源开拓的原则

只有掌握房源开拓的原则，房地产经纪人员才能有效地利用开拓渠道，获取真实、有用的房源信息。房源开拓的原则是及时性、持续性和集中性。

1. 及时性

房源开拓的及时性原则指获取信息要及时、核实信息要及时。在获知目标房源的资料后，房地产经纪人员必须及时核实情况，力争在最短的时间内使其成为有效房源。因为房源具有变动性等特点，其有关资料会随时变化，房地产经纪人员还应及时对房源的有关信息进行更新，以保证房源的有效性。

2. 持续性

房源开拓的持续性原则是指持续不断地收集调整更新房源信息。在房地产经纪业务中，房源是动态的。经常会存在这种情况：上周获取的这一个房源资料在当时还是有用的，但到了本周，因为该套房屋已被人购买，该房源资料就变成无用的了（或者是暂时无用）。因此，对房源的开拓必须遵循"持续性"的原则，持之以恒地进行，这样才能保证有充足、可靠的房源可以利用。

3. 集中性

房源开拓的集中性原则是指房地产经纪公司所搜集的房源要具备相对集中的特点，即有针对性地在某一区域搜集某一类型的房源，从而使自己较齐全地拥有该类型的房源资料。这样，该公司就能够为对该类房源有需求的客户提供较多的选择，从而容易促成交易。

（二）房源开拓的渠道

充足的房源信息是房地产经纪业务的关键资源。房地产经纪人员应当掌握搜集房源信息的渠道，并由此获取丰富而有效的房源资料，促进房地产经纪业务的开展。

开拓房源的渠道主要有小业主和大业主两种。

1. 小业主

小业主指普通的消费者个人，他们拥有的房屋数量不多，一般为一套或几套。目前，小业主的房源是房地产经纪业务中最主要的房源。小业主房源的开拓渠道主要有以下几个：

(1) 报纸广告。报纸广告是房地产经纪公司最常用的传播方式之一。报纸具有信息传递迅速、传播面广，可以收藏等特点，比较适合传播房源信息。一般来说，房地产经纪公司除了在广告中刊登"放盘热线电话"及"放盘地点"（一般为房地产经纪公司及其分支机构的办公地点）等"求盘"信息外，还会发布一些被该公司所掌握的房源信息，尽可能充分地利用广告资源，吸引各类目标客户。

在上海、广州、深圳等房地产市场已发展得较为成熟的地区，有一定影响力的房地产经纪公司都会定期在当地最具有影响力的报纸上发布广告，一般为每周一次或两次，有些规模较小的房地产经纪公司则是两周一次。

(2) 路牌广告。在某些街边、路口发布路牌广告，或在大厦和住宅小区出入口等的宣传栏上张贴房地产经纪公司的宣传海报，吸引过路者观看，也是房地产经纪公司树立公司形象从而开拓房源的一种较好方式。但是，路牌广告的信息传播面较窄，总体影响力有限，不及报纸广告。作为就地传播的一种方式，它目标性强，会给周边居民留下深刻印象。

(3) 派发宣传单。即选择一些目标客户，通过寄发（直邮）、当面派发房地产经纪公司的宣传单，以引起客户关注，获取房源信息。这种方式比路牌广告的目标性更强，成本也较低，被许多房地产经纪公司所采用。但此类信息如果过多、过滥，会引起信息接收者的反感，起不到应有的效果。因此，采用这一方式的房地产经纪公司，应努力在宣传单的设计和发送方式上进行创新，以保证宣传效果。

(4) 电话访问。在获知目标客户的电话号码后，对其进行电话访问，咨询其房屋资料，是可以立即见效的一种开拓房源的方法。

采用这种方法开拓房源时应当注意两点：一是负责电话访问工作的人员应掌握高水准的业务操作技巧，保证电话访问的效果，同时注意树立公司的良好形象；二是电话访问的效率要高，避免投入过高的成本。

(5) 互联网。随着IT技术的应用，互联网已成为人们传播、获取各类信息的新渠道。因此，在网上刊登广告也成为房地产经纪公司的一种重要选择。尤其是在购房者年龄越来越年轻的形势下，这一渠道被不少房地产经纪公司看好。较大型的、连锁经营的房地产经纪公司都建立自己的网站，及时发布房源的供求信息，同时还可以在网站上实现与客户的"现场互动"，使客户可以随时将自己的房源信息传输到该网站上。

(6) 直接接触。房地产经纪人直接与目标客户接触，从而获取有关的房源资料，也是目前较常用的一种开拓房源的渠道。在这里，可以将与目标客户的直接接触分成两种：一种是对于一些可能会出租、出售的房屋，房地产经纪人上门找到其业主去了解洽谈；另一种是在某些公共场合，如房地产拍卖会、房地产展销会、楼盘的售楼部等，房地产经纪人主动与现场的买家（或潜在买家）接触，以获得房源信息。

此外，房地产经纪人员也可以依靠自己的人际关系网去搜集信息；也可以支付信息费，去获得房源信息。

2. 大业主

大业主通常指的是一些拥有批量房屋的单位，如房地产开发商、资产管理公司等。对于这些大业主，房地产经纪公司一般要采用"主动出击"的方式去获得其房源，即根据这些大业主的具体情况，制订有关行动方案，并派专人（或工作小组）去洽谈、跟进。

就目前来讲，大业主主要有以下几种类型。

(1) 房地产开发商。房地产开发商的楼盘在主要销售任务完成后，会剩下一些尚未售出的单位，俗称"尾盘"。这时，从成本等角度考虑，房地产开发商会将"尾盘"委托给房地产经纪公司销售或出租。要争取到这些"尾盘"的独家代理权，房地产经纪公司要主动联系房地产开发商，提供精心准备的处理方案。

(2) 房地产相关企业。在某些情况下，楼盘的房地产开发商会利用其房屋去抵偿工程款、材料款，甚至广告费等欠款，从而使房地产相关行业的某些单位，如建筑商、材料供应商，甚至广告商拥有批量房屋。这些单位通常也会将所得到的房屋委托给房地产经纪公司销售或出租。

(3) 大型企事业单位。有些大型企事业单位会拥有数量可观的待处理的房屋，如它们与房地产开发商合作开发楼盘后"分得"的房屋、单位员工集资开发的房屋等。因为这些单位往往不具备销售或出租这些房屋的专业资源，所以会将这些房屋委托给房地产经纪公司销售或出租。

(4) 资产管理公司与银行。资产管理公司往往会拥有一些作为抵押物或不良资产的房地产，房地产经纪公司如果能为其提供合适的销售或租赁方案，资产管理公司一般会愿意将这些房地产委托给房地产经纪公司销售或出租。与资产管理公司相类似，银行有时也会拥有一些作为抵押物或不良资产的房地产。房地产经纪公司应主动开拓这一渠道获取房源。

三、房源管理的技巧

房源信息的管理包括房源信息的收集、筛选、编辑、分析和更新几方面。首先，房地产经纪人应想尽一切办法，获取各种房源信息；其次，对这些信息进行筛选，去伪存真，去粗取精，保证房源的可靠性；再次，对筛选过的信息按一定标准进行编辑分类，便于日后查询使用；随后，对各类房源信息进行分析研究，判断其使用价值；最后，需要随时追踪房源信息的变化，以保证房源信息的及时性和可靠性。只有这样做，房源信息才能真正在经纪业务中发挥效用。

(一) 房源收集与整理技巧

一条有效的房源信息，应包括房屋业主资料、房屋状况、放盘要求等基本要素。

1. 业主资料

主要包括房屋业主（委托人）的姓名、联系电话、通信地址等，必要时还可让业主（委托人）留下身份证号码，以保证其资料的真实性。

2. 房屋状况

主要包括房屋的物理状况和权属状况。物理状况包括房屋的位置、用途、面积、户型、楼层、朝向、装修、家具电器、物业管理收费标准、当前的使用状况等，权属状况包括产权证（如房地产证）、产权性质（如商品房、已购公有住房、经济适用住房等）及是否抵押、租赁等。在接盘时，经纪人员应向业主委托人尽可能详细地了解房屋状况，并查验相关的证件，以方便经纪业务的开展。

3. 放盘要求

主要是指房屋业主（委托人）所定的出售或出租价格，以及交房日期、交易税费支付方式等。

另外，对于房源的其他信息，如信息来源、业主（委托人）是否愿意独家代理等，也应尽量在房源信息库里备注清楚。

为了便于查询，房地产经纪人员也常常会利用某些"查询要素"在房源信息库中查找合适的房源信息。较常用的查询要素主要有房屋名称、地址（或物业所处行政区域）、用途、面积、户型、出售或出租价格等。在录入或更新房源信息时，要特别注意这些常用的查询要素，保证其真实性、有效性。

（二）房源分类技巧

根据房源的特点，可对其进行不同分类。如按是否转让可分为新房与二手房，按产权性质不同可分为私房与公房，按使用功能的不同可分为商业用房、工业用房与住宅，这里所讲的房源的分类，是根据房地产经纪人员实际工作的需要，通常将房源分为套盘、笋盘、新盘、散盘四类。

1. 套盘

套盘指房地产开发项目，通常有项目名称，如××花园等。同一项目的房源，往往存在基本统一的信息，如地址、物业管理费、交通条件、新旧程度等，而像朝向、户型、面积等房屋状况也较为接近，它们之间的"替代性"强，常常可用甲单元替代乙单元。因此，将这类房源归为一类，形成套盘，可便于房源信息的管理。

2. 笋盘

笋盘是指符合或低于市场价格、极易成交的房源。笋盘来自广东方言，"笋"是超值的意思。在某些情况下，房地产经纪人员开展经纪业务的注意力集中在"笋盘"房源上，可提高成交率。在可能的条件下，房地产经纪公司应建立自己的"笋盘库"，便于及时满足客户购买超值房屋的需求。

3. 新盘

新盘指新收集到的楼盘信息。将在最近一段时间内刚刚收集到的房源信息，录入"新盘库"，便于房地产经纪人员掌握这些信息；同时也是提高工作效率的一种重要方法。当房地产经纪人员已将公司所拥有的所有合适的房源向某位客户进行了推介，但该客户一直不太满意时，房地产经纪人员就需要留意公司的"新盘库"的信息，一旦其中出现了合适的房源，及时向该客户进行推介，这样才能节省时间和精力，促成交易。

4. 散盘

散盘是指没有固定的特点，除套盘、笋盘、新盘三种之外的一些房源。散盘也是房源信息库的一个组成部分，同样不能轻视。

（三）房源信息更新的技巧

由于房源信息具有变动性的特点，因此，房地产经纪公司要不断对房源信息进行更新，以保证其有效性。一般来说，对房源信息的更新要注意以下三点。

首先，要对房源的业主（委托人）进行周期性访问，以保证房源信息的有效性。对于一些较为"冷门"的房源，也应该定期访问，确保不被遗忘。

其次，不断地累积信息。对房源的每一次访问，都应将有关信息记录下来，它可以反映业主（委托人）的心态变化，为以后的再次访问提供参考，提高工作效率。

第三，房源的循环利用。处在待售或待租状态的房源被称为"活跃房源"，它们在居间业务中的作用不言而喻。已完成交易的房源属"不活跃房源"，它们常常会被房地产经纪人员忽略，因而也就将它们"打入冷宫"，不再注意对它们进行更新。这种做法是不科学的。因为随着时间的推移，这些"不活跃房源"也有可能再次变为"活跃房源"，从而再次实现交易。

第二节　客源开拓与管理技巧

客源是房地产经纪公司经营活动的基本资源，指房屋的需求方，是对购买或租赁房屋有现实需求或潜在需求的客户。没有客源也就没有买方，房地产交易活动无法开展，房地产中介行为也就不存在。从一定程度上来讲，客源决定了一个房地产经纪公司生存与发展，其重要性与房源等同。

客源的构成必须具备两个要素，即需求者和需求意向、类型。需求者，包括个人和单位。需求者个人的信息包括姓名、性别、年龄、职业、住址、联系方式等；需求单位的信息包括单位名称、性质、地址、法定代表人、授权委托人、联系方式等。需求意向及需求类型（购买或租赁）。包括需求房屋的位置、面积、户型、楼层、朝向、价格（或租金）、产权和购买方式等信息。

客源具有指向性、时效性和潜在性的特征。指向性是指客户的需求意向是清楚的。是买或租，是哪个区域，哪类房屋，能承受的价格或租金范围，希望的价格或租金范围，有无特殊需要等，客户均有明确的指示。如果客户的需求不清，房地产经纪人员则要对其进行引导和帮助，否则就不能成为真正的客源。时效性是指客户的需求是有时间要求的。客户在表达购买或租赁需求时，均会有时间选择，是半个月或是几个月。潜在性是指客源本身就是潜在客户，是具有成交可能的意向购房或租房的人，能否成为真正的买方或租家，不仅取决于房地产经纪人提供的客源服务，还取决于客户本身。

一、客源开拓的技巧

一个成功的房地产经纪机构必须拥有足够客户与潜在客户的数量，才能开展房地产经纪业务。要高效地开拓客源，房地产经纪人员必须熟练掌握下列几种方法：

1. 门店揽客法

利用房地产经纪机构的店铺或办公场所争取上门客户的一种方法称为门店揽客法。这是目前房地产经纪机构的一种主要争取客源的方法。这种方法简便易行，成本低，而且上门客户通常意向较强，信息较有效。

> 提示：这类客源通常会先留意张贴于门店的房源广告信息，经纪人员应主动开门招呼，将客迎入店内详细地交流与沟通、询问客户需求、提供相关信息，做到热情有礼，并建立详细的客户档案，包括客户姓名、联系电话及其所需房屋的地段、面积、户型和特殊的要求等。

2. 广告揽客法

以报纸宣传栏、广播电视、宣传单、网络广告和直投广告等多种广告方式吸引客户的方法为广告揽客法。这种方法时效性强、效果明显，但成本相对较高。房地产经纪机构要探索适合特定地域市场、特定客户的有效广告方式，提升传播效果。

> 提示：这类客源通常会采用电话询问和直接上门询问的方式与经纪人员联系，对于电话询问的客源，经纪人员应注意电话接听技巧，积极邀请客户上门详细了解情况，同时作好详细的客户档案记录。

3. 人际传播揽客法

以自己认识的人及亲朋好友的信赖为基础，进行人际传播介绍客户的揽客方法称为人际传播揽客法。这种揽客法无需成本，简便易行，不受时间、场地的限制，介绍来的客户质量高，成交可能性大。但其传播的速度和范围不如广告方法。

> 提示：房地产经纪人员应培养自己的交际能力，不断结识新朋友，维护老朋友，以自己的人格魅力和诚信争取他们的支持。

4. 客户介绍揽客法

利用服务过的客户来介绍客源的方法称为客户介绍揽客法，也称为滚雪球法。依托客户信赖和良好客户关系，老客户可以帮助经纪人员发展新客源，从而成为经纪人员的信息源、宣传员和新客户的源泉。这是一种非常有效的开拓客源的方法，而且成本低，效果好，但基础工作要求扎实。

> 提示：这种方法的前提是房地产经纪人员要具备良好的职业素质，在服务过程中尊重客户的需求，自觉维护客户的利益，坚持互利互惠的原则，让客户满意。在交易完成以后，仍要注意与老客户保持一定的联系。通常房地产经纪人员的职业生涯时间越长，口碑越好，客户资源积累就越多，客源信息就会源源不断。

5. 讲座揽客法

通过向社区、团体或特定人群举办讲座来发展客源的方法称为讲座揽客法。这种方法是取得成功的关键，依靠主讲人的素质和讲座的主题、时间、场地的设计。通过讲座可以发掘潜在客户，启发购房欲望，可以促成需求实现。

> 提示：要作好讲座前有关讲座信息的发布，在讲座时经纪人员可以发放介绍自己、公司和服务的免费资料，创造客户接触机会。讲座之后要及时了解听众的信息反馈，为以后的讲座作好准备，使讲座更有针对性，更受大众欢迎，从而更有效地发展客源。

6. 会员揽客法

通过成立客户俱乐部或客户会的方式吸收会员并挖掘潜在客户的方法称为会员揽客法。这种方法通常是大的房地产经纪机构或房地产开发商为会员提供的特别服务和某些特别的权益，如服务费打折、信息提供等方式。入会的会员因为利益牵引而在需要买房或租房时成为客户，发生交易。会员揽客法的不利方面是面窄、难度大。

> 提示：房地产经纪人要掌握第一手会员资料，定期通过信函、电话或手机短信等形式向会员提供有关房地产的相关信息，并及时作好会员资料的更新。

7. 团体揽客法

以团体、组织或机构为对象开拓客源的方法称为团体揽客法。房地产经纪机构可以利用与团体的联系来发布信息，宣传公司，从而争取客户的委托。

> 提示：这种方法通常和讲座揽客法或服务费打折、提供特殊服务的方式一并使用。

8. 互联网揽客法

在互联网上建立自己的网站，或者发表广告，传播房地产经纪机构的各种信息，如房地产行情信息、经纪公司信息、房源信息、服务信息等，以吸引客户上门的方法称为互联网揽客法。

> 提示：这是一种新方法，尤其适合于年轻的、喜欢上网的客户。

除上述八种方法外，还有一些其他方法，如上门拜访法、邮件揽客法等。在实际房地产经纪活动中，房地产经纪人员应不断地创新，探索出新的揽客方法。

二、客源管理利用的技巧

客源管理是对客源的获取、记录、储存、分析和利用的一系列活动。客源管理能力水平和状态直接决定了其成交比率和成交效率，也是达到客户满意的基本条件。房地产经纪人员进行客源管理，要注意把握以下几方面的技巧。

（1）根据不同类型的客户进行区分管理。

客源管理的对象就是买房或租房的客户。客源管理是以潜在客户的个人信息和需求信息为中心的管理。按不同的方法，可对客源作不同的分类。如按类型的不同，可分为买房客户与承租房客户。按需求的物业类型的不同，可以将客户分为住宅客户、写字楼客户、商铺客户和工业厂房客户。按性质的不同，可以将客户分为机构客户和个人客户。按与本房地产经纪机构打交道的情况的不同，可以将客户分为新客户、老客户、未来客户和关系客户；或曾经发生过交易的客户、正在进行交易的客户、即将进行交易的客户。不同类型的客户的需求特点、方式、交易量都不同，因而对其管理要点也有所不同。

（2）建立详细而系统的客户档案资料。房地产经纪人员应注意随身携带笔和笔记本或掌上电脑，以便随时记录客户信息，并及时进行分类整理填入表格和输入电脑。一般而言，客户档案的内容基本包括以下三方面（表9-1）：

1）基础资料。即客户姓名、性别、年龄、籍贯、家庭地址、电话、传真、E-mail、家庭人口、子女数量、年龄、入学状况、职业、工作单位、职务、文化程度等。

2）需求状况。主要包括所需房屋的区域、类型、户型、面积；目标房屋的特征，如层高、景观、朝向；特别需要，如车位、通信设施、是否有装修；单价和总价、付款方式、按揭比例；对配套因素，如商场、会所、幼儿园、学校、医院等的要求。

3）交易记录。主要包括委托交易的编号、时间；客户来源；推荐记录、看房记录、洽谈记录、成交记录；有无委托其他竞争对手等。

对客源信息进行分类和系统管理不仅包括曾经作为委托人完成交易的人，也包括那些提出需求或打过电话的潜在客户和与交易活动有关的关系人或供应商，还可包括那些被房地产经纪人员列入目标想进行交易的潜在客户或委托人。

客户资料记录表 表9-1

姓名			联系电话			
职业		户型意向			面积	
现居住区域		拟选择区域			信息来源	
购（租）房意图			能接受的总价			
有何其他要求						
首次洽谈情况						
跟踪及处理记录						
最终结果			原因			
个人特征：年龄： 性别： 性格：						
籍贯：						
家庭及其成员情况：						
客户类型及特点：						
首次上门时间			成交时间			

（3）明确客户的需求和动机。实践证明，需求越明确的客户，就越容易从潜在客户变成现实客户。根据客户的关注、担心和其他需要，房地产经纪人员能够提供相应的房源和解决方案，从而促成交易。

客户的购买动机因其家庭情况、收入和工作等的不同有较大差别，了解这种差别，房地产经纪人员可以发现交易机会。了解客户的交易动机可借助"是什么最基本的原因促使客户买房或租房"来寻求答案，可供选择的回答如下：

①结婚；②生小孩使家庭人口增加；③投资出租或投资保值；④喜欢某一区域；⑤为了子女读书；⑥为了提高生活水平；⑦为改善生活方式；⑧改换工作单位；⑨退休后计划迁居；⑩为了离工作单位、学校、父母更近一些；⑪为了拥有自己的住房；⑫为老人或子女买房；⑬因居家办公需要更大空间；⑭换成更小的房子以免料理困难；⑮其他原因。

客户进行房地产交易的动机可能是单一的，也可能是包含几个动机的复合体。弄清这种动机应将客户作出区分，以便提供针对性的服务。对客户购房需求的了解也可以通过提问题的方式求得。常用的问题如下。

①客户需要哪一区域的房子，有无特别偏好；②客户需要何种房型的房屋，什么种类的房屋（高层、多层、小高层或其他）；③客户需要多大面积的房屋；④客户需要多高价位（总价和单价）的房屋；⑤客户希望何时搬入（最早和最晚）；⑥客户对房屋的配套设施有何要求（必须有的和应该有的）；⑦客户对房屋的社区环境有何要求；⑧客户以何种付款方式购买（一次性或银行供款）。

在征询客户需求时，不宜采用封闭式问题，如"您是需要两居室还是三居室的"；宜采用多项备选的开放式问题，给客户多些选择。其实客户的需求项目往往是有弹性的，随着所提供的房源的条件不同，需求细项的组合和要求均可发生变化，因而不能排斥这种弹性，而应通过设定条件来包容种种弹性。在询问过程中，引发客户需求也很重要，不能完全固化于客户的最初要求，例如，当客户的预算只有 30 万元，他认为自己只能买一个两居室的住房时，如果你能提供一个实惠的 30 万元的三居室的住房，如果各方面条件满意，客户也完全可能选择它。

（4）在房地产经纪机构内部或房地产经纪团队中实现客源资料的共享，保持与客户联系以保证客源的有效性。

客源资料只有共享才能产生效益。那种试图垄断客源的做法只会使客户流失，造成成交率低的后果。客源的资料更新也很重要，因为客户的需求实际上是不断变化的，如客户的联络方式变化、需求变化等，如果不及时更新，客源信息就会过时而成为无用信息。因此，房地产经纪机构应有人负责与客户保持联系，更新客源资料，这样才能使客源信息有效、准确，才能使今天的客户线索成为明天的交易客户。

（5）对每一个客源信息穷追不舍，直到潜在的客户购买或者离去。出色的房地产经纪人员不会轻易放弃一个客户线索，不停地和客户联系直到得到回应。尽管最终的成交率是10％或20％，但必须为那10％或20％的客户成交而与90％或80％的潜在客户联系。没有100％的争取就没有那10％或20％的成交。

（6）要善用陈旧的客源信息。客源信息越陈旧，竞争就越不激烈，这是一个最简单的道理。房地产经纪人员爱将焦点放在开发新客户上，而旧的客源信息并不意味着没有价值。成功的房地产经纪人员要善用旧的客源信息，其实那里面也有"宝藏"。

第三节　谈判技巧与策略

谈判对于房地产经纪人员而言是一项技能，更是一门艺术。房地产经纪人员如果能在对专业知识和被交易房产及客户熟知的前提下，巧妙运用各种谈判策略，就会在谈判中处于主动地位。反之，如果缺乏谈判谋略，即使拥有再多的专业知识也只会在谈判中处于被动地位，甚至吃亏上当。因此，要成为一名成功的房地产经纪人员，就必须熟知谈判的知识和策略。

一、谈判前的准备

统计数字表明，房地产谈判 70％～80％的时间花在准备上，真正谈判的时间不超过总时间的 20％～30％。必须在谈判前做大量认真细致的工作，才能掌握谈判的主动权。

1. 谈判前要有充分的心理准备

要充分估计谈判的困难并做相应准备，以增强取得成功的信心。有了信心，就能在判桌上显示一种良好的精神状态，使自己处于主动位置。对谈判的艰巨性要有充分的心理准备，以为谈判轻而易举的经纪人是不会取得成功的。

2. 要对谈判双方的心态有基本的认识

购（租）房者的心态有：①需要自我认同。因为物业没有绝对的衡量标准，购（租）房者在决定购买（租赁）前后都需要有别人的认同；②矛盾的心态。在希望以最低价格获得的同时又害怕被别人捷足先登，既担心被经纪人员欺骗又不得不依赖经纪人员。

业主的心态有：①等待的心态。想再等等看是否有更好的选择；②肯定价值。一开始总认为自己的东西是最好的；③不愿意接受现实的心态。对经纪人员的建议会先否定再考虑；④抱怨和怀疑的心态。总认为只有自己在让步。

二、谈判过程中的技巧

1. 谈判开始阶段

在谈判开始之前，双方在心理上难免会有些紧张。为此，可以从双方都感兴趣的话题入手，缓和紧张的气氛。待时机成熟，再进入谈判的主题。

2. 谈判发展阶段

当双方进入谈判状态之后，就应及时转入谈判的主题。此阶段要注意以下几点：陈述要清楚、条理清晰、有主次之分；陈述要简明扼要，切中要害；要及时抓住差异和分歧，并集中精力加以解决。

3. 谈判高潮阶段

谈判的高潮阶段是最容易发生冲突的阶段，但如能在这一阶段及时把握机会，就能够提高业务的成交率。经纪人在这一阶段要善于控制自己的情绪，注意保持头脑冷静、不急不躁、用语礼貌。有时为了缓和紧张的气氛，可以得体地开一两句玩笑来转换话题。

4. 谈判结束阶段

谈判的最终结果无非是签订合同、部分达成协议或谈判失败。达成的协议，应以文字的形式记录下来，如果有必要，在签订协议书时，还可请法律顾问审阅。若双方未达成一致也要保持友好的态度，为进一步的谈判或日后的合作打下基础。

三、经纪人的谈判策略

经纪人在谈判中的策略是多种多样的，下面就列举几种常见的策略以供参考。

1. 重视第一印象

在交易谈判过程中，第一印象往往是很关键的。留给对方的第一印象好将会对日后的谈判产生积极的影响，反之亦然。所以，经纪人应在第一印象的塑造上下足工夫，尽量做到仪表整洁、头脑清晰、言之有理、为人谦逊等。

2. 不可随意动摇自己的谈判立场

聪明的谈判对手通常善于运用谈判的道具，例如豪华的轿车、堂皇的会议室、高级周到的礼遇等等。当房地产经纪人员面对这些诱惑时，在感谢、佩服及欣赏之余，不能由此而动摇自己的谈判立场，以致自己的交易筹码被其"贬值"。

3. 尽量做到尊重对方

自始至终，经纪人都应对其谈判对手保持尊重。这主要表现在诚恳的态度和客气的话语上。要做到不因生而欺人、不因熟而失敬、不因初次谈判而拘谨、不因驾轻就熟而大意等。

4. 尽量摸清临界价格

在谈判中，价格往往是一个焦点，双方都会在价格上针锋相对，据理力争。如果经纪人能找出一个双方都能接受的临界价格，往往会有助于解决这一"争端"。摸清临界价格的方法是多种多样的，如"请你考虑"的策略、"我想我能替你找来"的策略、"交易告吹"的策略、"比较"的策略、"仲裁"的策略等。

5. 以守为攻

既不要轻易向对方发起进攻，也不轻易答应对方的要求。要坚持自己的条件，不要急于求成或轻易让步，要强调自己迟迟不让步的原因，必要时可保持一段"沉默期"。当对方态度固执或条件优越时，要绕开对方执意坚持的观点或条件，转而攻击其薄弱环节。

6. 随机应变

遇到难以解决的问题时，或提出双方都可以接受的措施，或把该问题暂时放下，在进一步调查研究后提出对策；在对方犹豫不决时，要采取措施促其成交；在双方愿望已经彼此一致可以成交时，要趁热打铁，尽快达成交易；当自己处于不利地位时，更要随机应变化险为夷等。

7. 保持谈判的弹性

保持谈判的弹性是指策略的运用要因时、因地而异并留有余地。在谈判中，经纪人要时刻考虑如下问题。我能不能融入新的策略，以求得更好的成果？此刻是不是变换策略最适宜的时刻？对于不道德的策略，是否应该加以惩罚？总之，任何好的策略都必须弹性地加以运用，才能取得很好的效果。

第四节 异议处理的技巧

在房地产交易过程中，房地产经纪人员将会碰到客户提出的各种异议。客户有异议，这并不是一件坏事。有异议表明客户对产品感兴趣，意味着有成交的希望。房地产经纪人员通过对客户异议的分析可以了解对方的心理，知道他为何不买，从而对症下药。同时，对顾客异议的满意答复，更有助于交易的成功。因此，房地产经纪人员要想成功，就必须设法克服客户的异议。

一、客户异议的类型

了解客户异议的类型，有助于房地产经纪人员选择有效的异议处理方法。根据不同的划分标准，客户异议可以分为不同的种类。

1. 根据异议的内容来划分

根据异议的内容来划分，客户异议可以分为如下类型：

（1）价格异议。这是指由于客户对房屋的估价过低而提出的异议。比如认为"太贵了"、"其他地方的房子比这便宜多了"等。

（2）质量异议。即客户对楼盘的质量提出的异议。如认为不需要这种样式的房子等。

（3）财力异议。所谓财力异议，是指客户认为他支付不起购买房子所需的款项而产生的异议。如客户说："房子不错，可惜无钱购买"；"资金一时周转不灵"等。

（4）权力异议。这是指客户表示无权对购买行为作出决策时的一种异议。如客户说："做不了主"、"爱人不在"等。

（5）怀疑异议。这是指客户对经纪人员缺乏信任，或者是对经纪人员所代表的房地产经纪机构的信誉产生怀疑产生的异议。

（6）服务异议。服务异议是指客户对经纪人员答应的服务承诺不信任，对其服务质量不满意，而不愿与之成交。

(7) 交易时间异议。交易时间异议又称故意拖延，即客户认为交易时间未到而有意拖延交易时间的一种异议。一般而言，当客户提出交易时间异议时，往往预示着他想达成交易，只是想推迟时间而已。

(8) 利益异议。这是指客户由于对交易行为能否为自己带来利益以及利益的多少表示怀疑而提出的异议。

(9) 交房期异议。客户对经纪人员或交易另一方能否按照合同要求的各项内容在规定的时间内交房表示怀疑而产生的异议，称为交房期异议。

2. 根据异议的真实性来划分上述不同类型的客户异议，根据其真实性又可分为三种：

(1) 真实异议。客户表示目前不需要房子或对房地产经纪人员介绍的房子不满意或对房子抱有偏见，例如：从朋友处听到这里的房子不好。面对真实的异议，经纪人员必须视状况不同采取立刻处理或延后处理的策略。

(2) 虚假异议。虚假异议又可分为两种：①指客户借用敷衍的方式应付经纪人员，目的是不想诚意地和经纪人员洽谈，不想真心介入房地产经纪活动。②指客户提出的一些他们并不真正在乎的异议，如"这款房子已经是去年的样式了，现在都已经过时了"，"这房子的外观不好"……虽然听起来是一项异议，但不是客户真正的异议。

(3) 隐藏的异议。隐藏的异议指客户借提出各种真实的或虚假的异议，目的是要借此假象达成隐藏异议解决的有利环境，例如客户希望降低价格，但却提出其他如外观、质量等异议，以降低楼盘的价格，从而达成降价的目的。

二、客户异议的原因

客户异议产生的原因，主要有两个方面，一是客户方面的原因，另外是房地产经纪人员方面的原因。

1. 客户方面的原因

(1) 抱有成见。客户对某些楼盘抱有成见，于是对房地产经纪人员的介绍也产生了一定的抵触情绪，从而产生异议。在推销过程中，房地产经纪人员遇到这类客户，首先应针对客户的认识进行观念的转化与耐心的解释工作。只有在客户的认识与态度转变后，才有可能对具体产品进行介绍与推销。

(2) 缺乏相应的支付能力。值得注意的是，许多购房人并不愿意承认自己缺乏相应的支付能力，而以其他种种理由拒绝购买，从而影响售楼人员的判断。

(3) 失败的购买经验或媒体宣传的影响。客户在购买活动中都积累了一定的经验，他们往往会以自己的经验进行购买决策。如果客户在以往的购买实践中有过较大的经验教训，或是受到媒体对房地产不法中介的负面报道的影响，客户也许会形成对某个楼盘或房地产经纪人员的异议。

(4) 没有认识到自己的需要。这主要是因为他们没有意识到情况已经改变，仍然固守原来的购买内容、购买方式与购买对象而不思更改，缺乏对其他类似房源的需求与购买动机。房地产经纪人员对于因为缺乏认识而导致需求异议的客户，应进行深入交谈、全面的调查，确认客户真实需要。然后，从关心与服务客户的角度出发，通过摆事实，讲道理使客户认识到自己的真实需要。

(5) 客户的表现欲。有些自大的客户喜欢表现自己，他们通过反对和批驳售楼人员，借以显示自己的多识、聪明、关系广、消息灵等，这些都是无关异议。房地产经纪人员应以博大的胸怀和包容精神对待这类客户，并借以了解客户。

（6）客户的偶然因素。在销售过程中，会遇到一些来自客户的因无法预知的偶然原因造成的客户异议。如客户的一时心情不好、语言不当而导致问题复杂，从而与房地产经纪人员发生对立情绪等，都会招致异议的产生。房地产经纪人员在销售过程中应细致观察、及时判断，尽量避开可能会产生异议的时间、地点、情景与环境。必要时立即中断洽谈，选择适当时候再从头开始。

2. 房地产经纪人员方面的原因

（1）无法赢得客户的好感。房地产经纪人员的举止态度不当或话语过于生硬让客户产生反感，令其感到缺乏服务诚意与专业精神，他们就会提出异议。

（2）夸大事实欺骗客户。由于在过去的房地产经纪活动中，有的经纪人员为了多拿佣金，以夸大不实的说辞欺骗客户，严重地损害了商业信誉，客户就有理由提出有关商业信誉方面的异议。经纪人员除了耐心解释外，更重要的是以实际行动争取客户的信任，或者采取各种担保形式消除客户的顾虑与误解。

（3）使用过多的专门术语。经纪人员在向客户介绍时，如果使用过于高深的专门知识，会让客户觉得自己无法理解和使用，只能提出异议。

（4）掌握的信息不足。在房地产经纪活动过程中，经纪人员提供的信息不足以支持客户进行决策，因而提出各方面异议。对此，经纪人员必须掌握扎实的专业知识和大量的楼盘信息，以提供给客户，同时，应以诚挚的态度赢得客户的信任，当好他们购买决策的参谋，帮助其克服信息不足的困难。

（5）不当的沟通。说得太多或听得太少都无法确实把握住客户的问题点，从而产生许多的异议。

三、客户异议的处理技巧

1. 处理异议的时机

能否掌握处理客户异议的最佳时机是考察房地产经纪人员能力和素质的条件之一，也是售楼人员必备的基本功。由于异议产生的原因各不相同，因此处理异议的时机也应有所不同，具体如下：

（1）立即处理。在一般情况下，只要客户提出异议或疑问，经纪人员就应当立即回答，否则，就可能使客户对经纪人员产生不信任感。并感到自己没有受到应有的尊重。

> **提示**：立即处理是处理异议的最佳时间。

（2）先发制人。先发制人，这是在介绍楼盘时采取充分的事先"预防"措施，估计客户可能提出的问题，提前回答，防止他们率先提出，形成障碍。这样做经纪人员不但可以打消客户的疑虑，又可以赢得他的信任，有利于化解异议，还可以节省大量时间，提高洽谈效率。

（3）推迟处理。在一些特殊的情况下，经纪人员可以不立即排除异议或拖延回答质疑：

1）当客户一上来就对价格产生异议时。

2）当售楼人员按照计划的推荐程序在后面能够更有效地回答客户的质疑时。

3）当质疑过于频繁和细小，经纪人员可以确定是对方故意造成障碍并进行干扰和拖延时间；有时客户不等经纪人员回答，一连提出好几个问题，这种时候，也应该设法推迟回答其中的一些问题。

（4）不予处理。有时候，客户由于自己心境不佳也会提出一些借口或异议，这时最好不予理睬。那些与销售活动无关的异议，更不应处理，以免出力不讨好，影响业务的正常进行。

2. 处理客户异议的方法和技巧

处理客户异议时，要根据异议的类型及原因，运用一定的方法和技巧。

（1）反驳处理法。反驳处理法是指房地产经纪人员根据较明显的事实与理由直接否定客户异议的一种处理方法。

反驳法在实际运用中可以增强推销面谈的说服力量和客户的信心、节省推销的时间、提高推销效率、有效地处理客户异议。但是运用不好，极易引起售楼人员与客户的正面冲突，给客户心理增加压力，甚至会激怒客户而导致推销失败。反驳法只适用处理因为客户的无知、误解、成见、信息不足而引起的有效异议。

> **提示**：反驳处理法的运用技巧
> ➢ 有理有据地反驳。通过讲事实，摆道理的方法去澄清客户的异议。必须注意讲话的逻辑性。
> ➢ 维持良好的气氛。经纪人员应面带笑容，用词委婉、诚恳、态度真挚；做到虽然反驳了客户的异议，但绝不冒犯客户，还能使客户感受经纪人员为他们着想的基本态度。
> ➢ 继续提供信息。在反驳客户异议过程中，经纪人员应坚持向客户提供更多的信息，使客户进一步了解情况，解除误会，增进知识，增强购买信心。

（2）间接处理法

间接处理法是指房地产经纪人员不直接否定或反驳客户异议，而是首先避开客户来势迅猛的异议，然后转换角度，改变方向，再间接地反驳客户提出的异议。

屡次的正面反驳客户，会使客户恼羞成怒，就算你说的都对，也没有恶意，还是会引起客户的反感，因此，有时候适当地运用间接法可以达到以退为进的效果。

> **提示**：间接处理法的常用技巧
> ➢ 找出异议的原因。
> ➢ 选好说服的切入点。间接法成功的关键在于避开客户异议后，应该从什么角度、以什么思维方法、用什么内容及重点重新开展说服。
> ➢ 提供新信息。后续信息的内容及其数量是间接法取得成效的关键。
> ➢ 巧用转换词。怎样转换话题是有效使用间接法的一个重要问题。在表达不同意见时，尽量使用"是的……如果"的句法，软化不同意见的口语，用"是的"同意客户部分的意见，用"如果"表达另外一种情况是否比较好。

（3）转化处理法。转化处理法是指售楼人员直接利用客户异议进行转化处理的办法。客户异议既是成交障碍，又是成交信号。如果能将计就计，利用客户异议正确、积极的一面去克服错误的、消极的一面，就可以变障碍为信号，促进成交。

> ✎提示：转化处理法使用技巧
> ➢真诚赞美客户异议。在转化处理中，客户的异议是转化的基础，对于客户异议的实际性、合理性和积极性，经纪人员要予以肯定。
> ➢区别对待客户异议。经纪人员应利用客户异议本身的矛盾处理异议，例如客户主要担心与疑虑的是价格的上涨，经纪人员就可以通过分析，使他明白为什么价格上涨了反而更应该买的道理。

（4）询问处理法。询问处理法是指在实际售楼过程中，房地产经纪人员通过对客户的异议提出疑问来处理异议的一种策略和方法。在某些情况下，客户异议具有不确定性，这种不确定性为售楼人员分析客户异议、排除购买障碍增加了困难，也为询问处理法提供了用武之地。

> ✎提示：询问处理法使用技巧
> ➢及时询问。及时了解客户的真实想法异议的真正原因找出来。
> ➢有针对性地询问。为了提高经纪效率，只应对那些不处理就不能成交的客户异议进行询问及了解。
> ➢适度地询问。经纪人员追问客户有关异议，只是为了弄清楚客户拒绝购买的原因。因此，询问不应刨根问底，应当适可而止，并注意尊重客户的隐私。
> ➢避免施加压力。经纪人员应讲究追问的姿态、手势、语气、灵活运用异议处理技术，避免使客户产生心理压力，使客户在感到受尊重和被请教的情况下说出异议原因。注意距离客户不要太近、不要居高临下、不要用严厉的语气追问客户等。

（5）补偿处理法。补偿处理法是指房地产经纪人员对客户异议实行补偿，进而处理客户异议的方法。

世界上所有的楼盘都不是十全十美的，当客户理智地提出一些有效的、真实的购买异议时，经纪人员应客观地对待客户异议，通过说理与解释，使客户既能看到产品的短处，又能看到产品的长处，令客户相信长处大于短处、优点多于缺点。这样，客户就会愿意交易。

> ✎提示：补偿处理法使用技巧
> ➢只承认真实的有效异议。在决定运用补偿处理法前，经纪人员必须对客户异议进行分析。
> ➢有针对性地补偿。经纪人员只能根据面前客户的特点，从产品的诸多优点及利益中挑选一个，针对客户的主要购买动机展开重点推销，才能说服客户接受补偿，满足需求。
> ➢强调楼盘优点，淡化异议。即减轻客户对异议内容的重视程度，并强化符合客户主要购买动机的楼盘优点，这样可以调整客户的价值观念，使客户重视楼盘的优点，认为自己的异议得到了补偿。

（6）忽视处理法。忽视处理法是指房地产经纪人员有意忽视有关的客户异议，从而消除异议的一种处理方法。

对于客户提出的属于无效、无关异议,甚至是虚假的异议,经纪人员完全可以不予理会这些异议,迅速转移话题。这样可以使经纪人员避免了在一些无关、无效异议上浪费时间精力,集中精力去处理有关、有效的异议,提高工作效率。

> 提示:忽视处理法的技巧
> ➢不管客户提出什么内容的异议,也不论是否采取忽视策略,经纪人员都要认真听取客户提出的异议。同时,密切注意客户的反应,了解客户没有表达和说明异议的原因。
> ➢忽视处理法只适用于处理无关的、无效的和虚假的异议。因此经纪人员必须对客户异议进行认真分析。

(7)推迟处理法。所谓推迟处理法,是指房地产经纪人员对客户异议暂不处理,等待客户自我提示后再进行处理的方法。有时客户由于习惯于某种购买模式,拘泥于某种理念,不肯接受售楼人员所推销的楼盘,因此而产生异议。在这种时候,售楼人员如果操之过急反而会使客户反感或顽固坚持异议,在短时间内改变客户异议是不可能的。此时,经纪人员可以留下一段时间给客户,让客户自我消化售楼人员的推销建议。

推迟处理法具有以下几点明显的优点:
1) 可以使客户有充足的时间考虑与决策,避免了匆忙决策带来的弊病。
2) 可以让客户有时间进一步了解楼盘。
3) 可以让客户实际对楼盘进行考察。
4) 可以使客户解除一定的隐性异议。
5) 可以使客户感到售楼人员对他的尊敬与信任。

推迟处理法也有一些缺点。推迟处理法可能会降低销售效率,给竞争对手以可乘之机。另外,在推迟与等待过程中可能会出现一些意想不到的事情,从而使前段销售努力付之东流。

> 提示:推迟处理法的技巧
> ➢要做到竭尽全力。经纪人员不能认为推迟处理就可以不尽力介绍,在允许客户推迟考虑之前,一定要尽量解答客户所有明确的异议,展示尽可能多的证据。
> ➢要果断决策。经纪人员应该表现出充分的信心,不要显得犹豫不决、拖泥带水。要相信符合客户需求的楼盘必能为客户所接受。
> ➢注意适用性。推迟处理法只适用于对具有理智购买行为的客户的推销。
> ➢处理好善后事宜。为了使客户可以进行了解与学习,经纪人员应把证据及可提供的资料等留给客户,为决策提供依据。并约好下次与客户见面的时间与方式。

第五节 促成交易技巧

美国著名的汤姆·霍普金斯国际有限公司针对成交失败的原因进行市场调查,在得到的调查结果中,最普遍的回答是:"我们的交易谈得很顺利,没什么大的问题。"当问及"那为什么没有最后成交呢?"时,回答是:"他们没有要求成交,就这样,于是什么也没有发生。"可见，促成工作对于成交是多么重要。

促使成交就是房地产经纪人员通过及时、有效的行动使准客户在较短的时间内决定购买的营销手段。

在房地产经纪人员领客户看完房之后，客户一般不会主动提出购房要求，因为房屋交易涉及金额大，交易时间长，客户必然会有很多疑虑，担心花钱买了对自己并无多大作用的房子。另一方面，客户会有"购买危机感"，也许他非常渴望拥有这套房屋，但他很难说服自己，害怕自己作出错误的决定。

在这种时候，许多客户其实需要房地产经纪人员的帮助和引导，经纪人员应适时引导准客户进行决策，结束客户头脑中"是与否"的矛盾冲突。

一、促成交易的时机

交易的促成不是随时随地会发生的，它需要房地产经纪人员的努力和判断。时机往往稍纵即逝，让我们看看哪些情况下可以实施促成。

(1) 当顾客不再提问，进行思考时。
(2) 当顾客靠在椅子上，左右相顾突然双眼直视你；那表明，一直犹豫不决的人下了决心。
(3) 当一位专心聆听、寡言少语的客户，询问付款及细节时，表明顾客有购买意向。
(4) 当客户把话题集中在某单位时。
(5) 当客户不断点头，对房地产经纪人员的话表示同意时。
(6) 当客户开始关心售后服务时。
(7) 当客户与朋友商议时。
(8) 当客户对房产的细节表现出强烈兴趣的时候。
(9) 当价格成为客户最关心的问题时。
(10) 当客户仔细查看产品的瑕疵时。

二、促成交易的方法

1. 假设成交法

假设成交法是当发现要求客户购买的时机已经成熟时，房地产经纪人员可以向他询问一些假设当客户已经决定购买之后，所需要考虑的一些购买细节问题，作为缔结客户的方式。

2. 利益成交法

在运用利益成交法时，许多经纪人员都是以客户最认同的利益作为开始，以客户曾提出异议的利益作为结束。这一策略的目的就是激起对方作出购买决定的冲动。

利益成交法对于自信型和疑虑型客户尤为适用。这两类客户都倾向于在了解基本情况的基础上自己作决定，而讨厌经纪人员转弯抹角地进行诱导。

3. 对比成交法

运用对比的方式促使客户作出购买决定时，经纪人员可以通过列出各种选择的方式的优缺点，让客户比较考虑。这种方式明确列出需要分析的各项问题，比较直观地给出了选择的内容，让客户发挥自己的判断能力，有利于缩短购买决策的过程。

对比成交法特别适用于迟疑型客户，还适用于以下情况：客户提出了一些枝节性的但却是真实的异议。这时售楼人员仍可邀请成交，比如对客户说："尊敬的客户，您愿意因为这个小小的不满意而放弃所有的好处吗？"

4. 暂定购买承诺

当客户难以作出最终购买决定时，可以提请客户作出今后可以更改的、暂定性的购买承诺。这一方法既能营造出促成最终购买的动力，又能中止客户的困难抉择，因而是非常有效的。

暂定购买承诺的优点，在于能够使客户较快地作出购买承诺，同时也考虑了有时客户需要再审视一下自己的最大利益。暂定的购买承诺虽不是最坚定的承诺，但总是一种承诺。另外，人们在作出这一承诺之后，一般就会停止寻找其他房源。

5. 机会成交法

这是指经纪人员提请客户抓住即将消失的利益或机会立即采取购买行动，作出购买决定的方法。例如，经纪人员可以对购房者说："如果您对这套房子有兴趣，我建议您马上订购，因为有许多人看中了这套房子。"

人们都竭力想避免损失，所以机会成交法非常有效果。

6. 渐进追问法

有这样一类客户，在购买商品之时，左思右想，举棋不定，无法决定购物行动。对待这一类客户用这种方式最有效。

这一种方法首先对客户要有耐心，充满热情，专心致志地倾听他们对你所讲的话。对于他们所说的，千万不可妄加评论。比如他们说："我想我还是再考虑"，"考虑"就意味着不想买的可能性很大。经纪人员追问一句，他们往往会说："如果不好好考虑……"还是一种婉转的拒绝。怎样才能把他们那种模棱两可的说法变成肯定的决定，这就是经纪人员应该来完成的事。

不断地追问，一直到客户说出真正的原因是渐进追问法的原则。在这期间，不要打断客户的话。追问也必须讲究一些技巧，比如，经纪人员如果接着他的话说："您说得有道理，做事总得多考虑一些。"这样就泡汤了。

7. 回敬成交法

回敬成交法往往被用来探明客户的想法和感觉，它是指当客户提出一个问题，或发出异议时，经纪人员回敬它，把它还给客户。使用这种方法时应注意要用一种疑惑不解的音调和略带吃惊的表情，于是客户必须证明他的异议，在这个过程中，他或者自己回答自己提出的问题，或者告诉经纪人员他需要的成交信息。

8. "突然死亡"成交法

房地产经纪人员大都有过这样的经历：已经向一位准客户作了详细的推介，你也给他留出了充分的"思考的时间"；而且你也拜访这位准客户有4～5次，却往往得到"我们必须再多考虑一下"这样的答复。这时，经纪人员应考虑使用"突然死亡"成交法。

经纪人员可以根据你们最近一次洽谈所达成一致的内容，填写好合同文件（除了签名），然后再去找这位准客户，并对他说："×先生（准客户的名字），您知道我们已经讨论得很久了，我也知道这占用了您很多时间。到底这个楼盘是不是适合您，让我们现在就作一个决定吧。"接着拿出这个文件，放在桌上，上面再摆上一支钢笔，对他说："如果您现在就签字，我们可以马上开始。"然后，就保持绝对的沉默，并耐心地等待客户的反应。

有时候，沉默会越来越长，不过经纪人员在绝对地沉默中等待的时间越长，这个人作出购买决定的可能性就越大。

> 提示：房地产经纪人员在销售推介中唯一应该使用的推销压力就是在提出成交问题后的沉默的压力。基本原则是：在提出成交问题后一定要后开口。

第六节 签约的技巧

在谈判成功之后，紧接着便是签订书面合同的工作。合同主要分为临时合同和正式合同两种。

一、临时合同的签订

业主和客户在各方面均达成一致意见之后，便需将各项条款落实到临时买卖合同或临时租约中去。此时，房地产经纪人员应向交易双方解释每一条款的含义，不应误导或隐瞒任何重要情况；应填妥全部合同内容（不留空白，）后才让客户签名；合同上的修改条款均应由双方签名方才生效；临时合同的所有文本上均需取得双方的原本签名并交双方各一份。

若立约一方预先签订的合同不能在有效期内安排另一方签订，应及时将合同及已付定金全数退还给立约人，并宣布交易作废。

> 提示：对于连租约一起出售的房屋，应在临时买卖合同上附上一份租约复印件；
> 无论出售还是出租房屋，均需附上房地产证复印件；
> 处理附带家具或电器的房屋时，应准备一份详细的盘点清单，必要时需拍照以作识别。

二、正式合同的签订

在产权过户之前，双方必须签订由政府管理部门提供的正式买卖合同。租赁合同因其事项相对简单，基本臻于完善，一般情况下不必作特别的补充；买卖合同则由于房地产的个性差异需作补充约定，如附送设备及装修条款等只能在临时买卖合同中加以约定。对于将正式买卖合同作为逃避税款工具的做法，房地产经纪人员务必声明此做法的风险及将承担的法律责任。

> 提示：签约之后，优秀的房地产经纪人员会立即与客户握手，表示感谢和祝贺，也可趁客户兴奋的时刻寻求连锁业务。同时要技巧地请客户根据合同支付相应的佣金。

第七节 后续服务的技巧

签约并不意味着房地产经纪工作的全部结束，后续服务在很大程度上影响着整个经纪工作的服务水平高低。所以房地产经纪人员切忌认为一旦签约就万事大吉，而是要注意做好各项后续工作，并进行跟进服务，处理客户抱怨，与客户建立起长期的关系。

一、后续服务的内容

在签订了正式合同之后，还有很多复杂的手续需要办理。做好售后服务，其中很重要的就是要代替客户在房地产管理部门和税务部门进行转移登记和租赁登记，并完成一系列的交接工作。

1. 转移登记

在签订正式买卖合同后，房地产经纪人员可协助客户将合同原件连同原房地产权证提交给产权登记部门初查，填写转移登记申请书，并附上当事人身份证明文件复印件。若在查档时间内确认无误，则通知当事人前来打印税单，交缴税费，之后可将有关凭证提交并等待领取新的房地产权证。在此过程中，房地产经纪人员可以主动与相关人员取得联系，并努力与办事人员进行良好的沟通，以提高效率。

2. 租赁登记

房地产经纪人员可协助业主办理租赁许可证，交缴租赁税项及管理费，正式签约签证，进行租赁登记等。

3. 交接服务

在交易达成后，房地产经纪人员一定要严格遵守合同的规定，积极协助客户办理交接手续，直至新业主拿到钥匙为止。

4. 及时跟进服务

包括调查走访销售后的状况，了解客户的要求，协助客户做一些细节工作，如帮助打扫房间，协助燃气开户，水电费户口转名等等；提供最新的情报，如定期给客户寄一份房地产资料，既可以给客户提供参考资料，也可以借此报道商情，这样做可以使客户对房地产经纪工作有持续的好感，起到间接的宣传效果，引发出更多的客户。

二、后续服务的时机

1. 定期服务时机

如客户生日、结婚纪念日、年节问候等固定的日子。

如果要对客户表达生日祝福，房地产经纪人员可以在每逢月初的时候，就把当月过生日的客户名单列出来，并在日历上做个记号，这样就不会因业务太忙而忘记了。

2. 非定期服务时机

如公司的楼盘促销措施，楼盘信息的提供，不定期地拜访或电话问候等。

国家出台一些相关政策时，也可视为房地产经纪人员提高后续服务的契机。如果这些政策再与推销的楼盘有关，那么经纪人员就可以与客户进行对话、交谈，通过对这些问题的探讨、预测，帮助客户发掘新的需求。

三、后续服务的方法

1. 亲自拜访

为使客户真正感受到公司及房地产经纪人员对他的关怀，后续服务应该做得贴切自然。也不一定要花费很大，不一定要占用很多时间。

2. 书信问候

信函不必长篇大论，简单的几句问候语，夹寄一些相关资料就可以了，也可以给客户邮寄节日明信片。

3. 电话或传真

电信事业的发达，为房地产经纪人员做好后续服务工作提供了方便。每天抽出一点时间来给客户打个电话，分期分批地进行联络，既不会冷淡客户，又不会让自己太被动。

> 提示：对客户的需求要及时回应。
> 　　对于自己提供不了的服务，不要随意作出承诺。如果自己不能满足客户的某些要求，要清晰明了地向客户解释原因。
> 　　及时妥善处理客户抱怨，了解客户抱怨的真实情况，做好抱怨记录。

复习思考题

一、名词解释

房源　客源　套盘　笋盘　新盘　散盘

二、填空题

1. 房源具有（　　）、（　　）、（　　）等特点。
2. 房源开拓应坚持（　　）、（　　）、（　　）的原则。
3. （　　）房源是房地产经纪业务中最主要的房源。
4. 一条有效的房源信息，应包括（　　）、（　　）、（　　）等基本要素。
5. 客源构成必须具备（　　）和（　　）两个要素，客源具有（　　）、（　　）、（　　）的特征。
6. 一般而言，客户档案的内容基本包括（　　）、（　　）、（　　）三个方面。
7. 根据异议的内容来划分，客户异议可以分为（　　）、（　　）、财力异议、权力异议、（　　）、（　　）、怀疑异议、利益异议、交房期异议等。
8. 根据异议的真实性来分，客户异议又可分为（　　）、（　　）、（　　）三种。

三、简答题

1. 小业主房源开拓主要有哪些渠道？
2. 大业主主要有哪几种类型？如何做好大业主房源的开拓？
3. 如何做好对房源信息的更新？
4. 常见的谈判策略有哪些？
5. 促成交易的方法有哪些？
6. 房地产经纪的后续服务内容主要有哪些？如何做好后续服务工作？

四、论述题

1. 房地产经纪人员应怎样高效地开拓客源？在进行客源管理时应把握哪些技巧？
2. 客户异议产生的原因主要有哪些？房地产经纪人员应如何处理好客户的异议？

第十章 房地产经纪行业管理

房地产市场的快速发展,为房地产经纪行业提供了广阔的发展空间。目前,我国已构建了行业管理的基本框架,建立了房地产经纪人员职业资格制度,开展了行业诚信建设活动,强化了行业自律管理。房地产经纪行业在提供交易信息、提高市场效率,维护当事人的合法权益等方面发挥了重要作用。本章介绍了房地产经纪行业管理的涵义、作用、基本原则、基本模式,系统阐述了房地产经纪行业的日常管理、房地产经纪合同管理、房地产经纪服务费管理、房地产经纪行业年检与验证管理以及房地产经纪行业信用管理等方面的内容。

第一节 房地产经纪行业管理概述

一、房地产经纪行业管理的涵义与作用

房地产经纪行业管理是由有关政府主管部门、房地产经纪行业组织对房地产经纪活动的主体、运作方式等实施的管理,其目的在于规范房地产经纪活动,并协调房地产经纪活动中所涉及的各类当事人(如房地产经纪机构、房地产经纪人员、房地产经纪活动服务对象)之间的关系。

房地产经纪行业管理是社会事务管理的一个组成部分,因此它的基本作用就是维护社会整体利益,即通过管理使房地产经纪活动能符合社会整体规范,并能最大限度地增进社会福利。具体来看,房地产经纪行业管理的作用主要表现在以下几方面:

(1)通过房地产经纪行业管理来规范房地产经纪服务活动,有助于提高房地产有效供给,提高房地产开发效益,可以进一步改善房地产特别是住宅的流通环节,以利于通过市场机制来促进房地产经济活动及其他相关经济活动的效益,从而促进房地产业的发展,提高居民住宅消费的总体质量水平。

(2)房地产经纪行业管理作为一种行业管理,可以协调行业内部各类主体之间以及行业与社会其他主体之间的关系,促进行业整体的高效运作和持续发展,维护和提高行业的整体利益。从发达国家和地区的实践情况来看,房地产经纪行业管理较好的地方,房地产经纪行业的经济效益较高,其从业人员的社会形象和社会地位也较高,整个行业的发展也比较快。反之,房地产经纪行业管理水平欠佳的地方,房地产经纪行业的经济收益就较低,其从业人员的社会形象和社会地位也较低,行业发展的障碍也较多。

二、房地产经纪行业管理的基本原则

1. 营造良好的从业环境,鼓励行业发展

房地产经纪行业不仅在过去十几年的发展中,为我国房地产市场和房地产业的发展,

乃至社会经济发展作出了重大的贡献，而且是未来房地产市场、房地产业进一步发展中必不可少的重要环节。房地产经纪行业是一个需要鼓励发展的行业。对房地产经纪行业的管理，应本着鼓励行业发展、促进行业进步的原则。行业管理模式的设计和行业管理措施的制定都应有利于营造良好的行业生存与发展环境，有利于建立行业自我更新、不断进步的发展机制。今后房地产经纪行业管理应着重提高从业人员的职业道德素质和专业水平，提高全行业的服务规范化程度，加强行业内的合作与交流，提高行业整体合力，加强行业与社会各界的沟通，改善行业公共关系和社会形象。

2. 遵循行业规律，实施专业管理

房地产经纪行业是以促成房地产交易、提高房地产交易效率、维护房地产交易安全为服务内容的行业。房地产商品的特殊性和房地产交易的复杂性都使得房地产经纪是专业性极强的经纪活动。正如证券经纪、保险经纪一样，房地产经纪活动作为一种特殊商品的经纪活动，其特殊性远远大于它与各类经纪活动具有的共性。从我国证券经纪、保险经纪行业管理的经验来看，对从业人员专业知识要求较高的经纪行业，实施专业化管理的必要性。从境外房地产经纪行业的情况看，专业化的房地产经纪行业管理是一种惯例。目前，有些城市（如上海）将对房地产经纪行业的管理纳入对经纪人的统一管理中。截至2004年5月底在上海工商管理部门所管辖的持证经纪人中，房地产持证经纪人占到总数的90.1%。将一个人数如此众多的行业与其他各类人数均不到10%的行业合在一起进行管理，既不利于房地产经纪行业，也不利于其他各类小规模的经纪行业。因此，应将房地产经纪行业与其他经纪行业分开，参照证券、保险经纪行业的模式实施专业管理。

3. 严格依法办事，强化行业自律

法制社会对房地产经纪行业的管理应以国家法律为基本依据，应避免政府超出法律许可范围实施管理，更要避免不同政府部门从各自局限的角度出发制定互不衔接的行政法规和政策。针对目前房地产经纪法律、法规体系尚不健全，许多方面存在法律空白点的状况，国家和各地方立法机构应该加紧建设有关房地产经纪的法律、法规体系，理顺房地产经纪行业管理的行政管理体系。

在我国政府从"无限"政府向"有限"政府转换的大趋势下，房地产经纪行业管理应建立有利于促进行业自律的原则。行业自律就是充分发挥行业成员自身的积极性、能动性，充分利用社会资源，对行业进行自我管理。在法制社会，政府对行业进行管理必须通过法律授权，而行业自律管理只需要通过行业成员的协商，因而在管理权限上具有更大的灵活性、机动性，更能适应行业快速发展的需要。如自律管理中最重要的手段就是制定行业规范。行业规范通过同行业内的民事行为主体协商制定，比之法律、法规具有更强的灵活性，可以在法律法规所规定的标准之上，为行业提供更高的行业标准，便于根据市场需要和行业发展水平不断进行调整、更新。其与市场竞争、优胜劣汰的市场机制相配合，可以起到推进行业进步，提升行业整体水平的作用。正因为如此，在境外市场经济发达的国家和地区，行业规范对竞争性行业都具有很好的行业管理作用。

在崇尚实现自我价值的现代社会，行业自律管理的基本规则由独立的民事行为主体以自愿遵守为前提，共同制定并认可，具有更广泛的社会基础。因此它虽然没有法定约束力，却有很强的内在约束力。比之政府的行政管理，行业自律管理更容易调动行业成员的主观能动性，可以在更广泛的层面上调动社会资源，这不仅有利于节约政府资源，更有利于提高房地产经纪行业管理水平，使房地产经纪行业在更大程度上增进社会福利。

4. 顺应市场机制，维护有序竞争

对房地产经纪行业的管理应适应市场经济的要求，顺应市场经济发展的趋势。在市场经济体制下，企业是市场中的独立主体，会根据市场供求状况、行业竞争状况和企业自身条件进行行为决策。市场的供求机制、竞争机制会调节企业的行为。对于房地产经纪行业这种竞争性行业，情况更是如此。因此，应避免用计划经济体制下的传统思路管理行业。有关行业的规模、结构等问题，应通过市场选择来决定。房地产经纪行业管理主要应起到避免市场机制失灵，保证市场机制正常运作的作用。房地产经纪行业管理应有助于形成按照市场经济原则有序运作，不断发展的行业发展机制。

在这一原则指导下，房地产经纪行业管理应以维护房地产经纪行业及其相关市场有序竞争为价值取向。因为，市场机制运作以市场有序竞争为前提条件。要维护有序竞争，房地产经纪行业管理首先要保证行业的适度发展，要避免因信息不对称等因素的存在使房地产行业出现超出市场需求的盲目发展，避免因行业过度膨胀导致业内的恶性竞争。其次，房地产经纪行业管理应通过一系列制度坚决抵制不公平、不正当竞争，避免不公平不正当竞争破坏行业发展的内在机制。

三、房地产经纪行业管理的基本方法

管理方法是管理意志的体现，实施不同的管理方法反映管理者不同的管理意志和管理原则。房地产经纪行业采用的管理方法主要有经济手段、行政手段、法律手段、技术手段和行业自律管理五种方法。

1. 经济管理手段

房地产经纪行业的经济活动是在房地产市场中，以提供一定的服务来获取相应的佣金报酬，因而运用经济的管理手段来制约经纪行业的发展是极其有效的方法。经济管理方法主要是通过经济组织、利用经济方式来实施管理的方法，即以物质利益为推动力来制约和协调经纪人与委托人、经纪人与其他相关人员的经济利益关系，来保证经纪人中介活动的顺利进行以及经济利益不受损害。经济管理方法一般是通过制定各种经济政策、利用各种经济杠杆来发挥作用的，如利用价格、税收、佣金分享以及信贷利息等经济杠杆，来调控经纪人员的行为。此外，对于违反经济政策，进行不法经纪活动的经纪人员进行经济制裁等方式，都属于经济管理办法。

2. 行政管理手段

行政手段是指依靠各级政府及有关管理部门的权威，通过下达强硬性的计划、任务和行政命令、法规、办法等，运用行政方式进行管理的方法。

用经济的方法管理经济无疑是正确的，但是仅仅用经济方法进行管理是不能完全达到管理目的的，因而在很多方面辅之以行政手段是十分必要的。国家从整个国民经济发展的大局着眼，为了使各个具体经济部门、单位的各项具体经济活动适应整个经济发展大的需要，政府部门和经济管理机关，必须制定和发布一些带有强制性的命令、规定和指令性的计划、任务，并严格监督执行。不但国家和经营企业之间的关系是这样，即使是企业内部，为了克服阻力、解决问题、保证经济活动的顺利进行、维护正常的经营秩序、完成经营任务，也必须在经济方法的基础上辅之以必要的行政方法，否则很多问题光靠经济方法

是不能解决的。因此，经济方法必须与行政方法密切结合起来进行管理。房地产经纪人员的资质审查、中介活动规范等都是通过行政性强制规定来进行管理的。

3. 法律管理手段

法律管理手段，是指政府有关部门通过立法的形式，来保证经纪业管理的各项政策、制度和方法的实施和运行。利用法律方法和法治方法对房地产经纪行业进行管理是十分必要的。通过民法来调节经纪人和委托人之间的关系，解决经纪过程中可能出现的各种纠纷，打击非法的经纪活动，制裁违法的交易行为，以保证房地产经纪业的顺利发展。完善和发达的房地产经纪人制度必须辅之以必要的法律手段做保障，例如美国房地产经纪业最为发达，美国关于管理房地产经纪人的法律、法规就有几十部；日本也制定了相应的法律、法规来管理房地产经纪人。目前，我国房地产经纪人员管理的法制建设尚处于逐步完善阶段，还没有完备的、统一的管理房地产经纪人的法律、法令，只是在房地产业较发达的城市制定了地方性的试行管理办法，还不完全具备法律效力。因此，加强房地产经纪行业管理的法制建设，尽快颁布完备的房地产经纪人法律，是发展我国房地产经纪业的当务之急。

4. 技术管理手段

技术管理手段是用技术和信息手段来提高房地产经纪行业的竞争力，创造良性的竞争环境。信息通畅是房地产经纪机构从事经营活动的基础。现代科学技术的发展，将促进房地产经纪管理技术手段得到根本性改变。通过网络化的管理手段，可以将房地产经纪机构的基本情况、分支机构情况、执业房地产经纪人情况、被投诉情况及信用档案等情况进行网上公示，起到监督作用。

5. 行业自律管理

完备的房地产经纪人制度离不开行会组织。行业自律管理是房地产经纪行业管理的突出特点，行会组织可以发挥房地产经纪人的力量来进行自行管理，解决房地产经纪人内部之间的矛盾，保证房地产经纪人之间的平等竞争，制止垄断。

四、房地产经纪行业管理的基本模式

所谓管理模式即由管理主体、管理手段和机制所组成的动态系统，不同管理模式之间在系统组成要素（如管理主体、管理手段）、系统结构、运作流程上存在着差异。目前，房地产经纪行业管理都是以法律管理手段和经济管理手段为基础，按照行政管理、行业自律管理的主体地位的不同，主要以下有三种模式：

1. 行政主管模式

在这种模式下，政府行政主管部门承担了房地产经纪行业管理的绝大部分职能，管理手段以行政手段为主，如进行执业资格认证、登记备案与年检、制定收费标准和示范合同、行政监督等。这种模式下的房地产经纪行业协会管理职能相对薄弱，一般只在教育训练、学术交流、评奖等方面发挥作用。目前，我国内地和香港地区主要采取这种模式，但我国香港地区在法律手段的运用上比内地更成熟一些。

2. 行业自治模式

这种模式中房地产经纪的直接管理主体是房地产经纪行业协会。行业协会不仅实施自律性管理职能，还受政府职能部门甚至立法机构的委托，行使对房地产经纪业的行政管理职能。在这种模式下，管理手段相对较为丰富，法律、行政、经济和自律等手段都有所运用。目前中国台湾地区就是采取这种模式。

3. 行政与行业自律并行管理模式

在这种模式中，政府行政主管部门和房地产经纪行业协会都是强有力的管理主体，但两者管理职能有所分工。美国房地产经纪业的行业管理即是这种模式。

以上三种模式的主要区别是管理主体及其因主体不同而导致的管理手段有所不同。就房地产经纪行业管理的内容来看，政府行政主管部门和行业协会这两类不同性质的主体，对不同管理内容的胜任度也是不同的。因此，双重主体的管理模式通常比单一主体的管理模式更能适应房地产经纪行业管理的多重要求，因而管理效果更好。美国又由于法律、法规的健全，房地产经纪业的发展与管理成绩更加显著。

第二节 房地产经纪行业管理的内容

一、中国内地房地产经纪行业管理的主要内容

（一）房地产经纪行业的日常管理

1. 房地产经纪人员的注册登记

房地产经纪组织内持有《房地产经纪人执业资格证书》的从业人员，其持有的资格证书必须经过注册登记，方可使用，未经注册的持证从业人员不得代表该组织从事经纪活动。

2004年6月，建设部颁布了《关于改变房地产经纪人执业资格注册管理方式有关问题的通知》，将房地产经纪人执业资格注册工作转交中国房地产估价师学会。7月，"中国房地产估价师学会"正式更名为"中国房地产估价师与房地产经纪人学会"，开展房地产经纪人执业资格注册工作。

房地产经纪人执业资格注册，由本人提出申请，经聘用的房地产经纪机构送省、自治区、直辖市房地产管理部门初审合格后，统一报中国房地产估价师与房地产经纪人学会注册。准予注册的申请人，由中国房地产估价师与房地产经纪人学会核发《房地产经纪人注册证》。

房地产经纪人执业资格注册有效期一般为3年，有效期满前3个月，持证者应到原注册管理机构办理再次注册手续。在注册有效期内，变更执业机构者，应当及时办理变更手续。

中国房地产估价师与房地产经纪人学会及省级房地产管理部门应当定期公布房地产经纪人执业资格的注册和注销情况。

2. 房地产经纪人员的日常自律性管理

在市场经济条件下，对房地产经纪人员实行自律性管理更为客观和符合实际。自律性管理主要发挥行业内部组织的管理作用，强调自我性管理，以行业内部人员为基础，组成行业组织，约定和实施对本行业的管理措施，进行自治性管理。2004年7月，"中国房地产估价师学会"正式更名为"中国房地产估价师与房地产经纪人学会"，开始开展房地产经纪行业自律管理。这也是我国房地产经纪人员管理的努力方向。

具体到房地产经纪机构内部的日常管理，要尽量做到：

（1）保证每个岗位的人员都具有适当的任职资格。根据每个岗位的需要配置合适的人员，量才施用是非常重要的。

（2）注重对员工在岗位中的再学习和再培训。市场是在不断变化的，知识更新的速度正在不断地加快，这就对员工提出了更高的要求。为了适应这种变化和要求，必须注重对员工的在职培训，这是保证一支高素质员工队伍的关键，也是保证服务水准专业化的关键。

（3）注重对员工的操行管理，不要姑息员工一些细小的违规行为。由于经纪活动的特殊性，经纪人员的操行显得非常重要。只有在平时的日常行为中严格管理，才能保证房地产经纪机构的声誉。

（4）机构的高层管理者要以身作则。在一个企业系统中，基层理念是上层理念的反映，因此，作为企业的经营管理者，对于服务的理念将在很大程度上决定基层员工的行为。作为机构的领导，在各个方面都要注意平时的言行，因为领导的言行是在向员工传达某些信息。

（5）控制好一些关键的岗位。控制好合同管理、信息管理等关键性的岗位，其实也就在很大程度上控制了员工的行为。

3. 房地产经纪执法检查与投诉受理

在房地产经纪行业管理中，对于违法、违规行为的检查和处理，是维护房地产市场秩序，保障当事人合法权益的必要措施。

（1）凡违反房地产有关法律、政策和规定的，由房地产管理部门按有关规定查处；进行不正当竞争等违法活动的，由工商行政管理部门查处。

（2）有下列行为的房地产经纪人，由所在地房地产管理部门按规定予以行政处罚：

1）未取得《房地产经纪人员执业资格证书》，擅自从事房地产经纪活动的，责令其停止违法行为，并可处以1万元至3万元的罚款；

2）未按规定向房地产交易管理部门办理备案手续的，责令其限期补办备案手续，并可处以500元至1000元的罚款；

3）房地产经纪人员同时在2个或者2个以上房地产经纪组织内兼职从事房地产经纪活动的，责令其改正，并可处以2000元至2万元的罚款；

4）房地产经纪人超标准收取服务费的，责令其退还超收的费用，并可处以超收费用1~3倍的罚款，但最高不超过3万元；

5）采取弄虚作假损害当事人合法权益的，责令其赔偿损失，并可处以5000元至3万元的罚款。

（3）行政管理部门作出行政处罚，应当出具行政处罚决定书；收缴罚款，应当开具由市财政部门统一印制的罚没财物收据。罚款按规定上缴国库。

（4）当事人对行政管理部门的具体行政行为不服的，可以依照《行政复议条例》和《中华人民共和国行政诉讼法》的规定，申请行政复议或者提起行政诉讼。

（5）当事人在法定期限内不申请复议、不提起诉讼又不履行具体行政行为的，作出具体行政行为的部门可以依照《中华人民共和国行政诉讼法》的规定，申请人民法院强制执行。

（二）房地产经纪合同管理

房地产经纪行业成为产生社会矛盾和纠纷较多的一个经济领域。从现实经济生活看，房地产经纪活动中常见的纠纷类型主要有三类：缔约过失造成的纠纷、合同不规范造成的纠纷、服务标准与收取佣金标准差异造成的纠纷。加强和规范房地产经纪合同管理是一条避免房地产经纪纠纷的有效途径。房地产经纪合同管理主要包括：

1. 签订房地产经纪合同的规范要求

（1）房地产经纪人员向当事人提供居间介绍、代理或具有委托事项的咨询服务项目，必须与当事人以书面形式签订房地产经纪合同。

（2）房地产经纪人员承办经纪业务，必须以其所在房地产经纪机构的名义从事经纪活动。同时，建立房地产经纪人署名制度，即在签订房地产经纪合同时，由机构内取得《房地产经纪人员执业资格证书》的人员进行，并在合同中标明姓名、资格证书编号，以便房地产行政主管部门在备案中核对查询。

（3）签订房地产经纪合同，应坚持贯彻遵守法律、平等互利、诚实信用、协商一致的原则。

2. 制订示范合同文本

为了维护合同当事人的合法权利，减少合同纠纷，除了督促房地产经纪人员在职业活动中加强自律，遵守合同规则外，政府或者行业组织应当制订符合合同规则的示范合同文本，加以推广。示范合同文本可以发挥多重作用：

（1）既不干涉经纪活动的正常运行，又可以将合法的合同规则通过公开的途径进行示范，鼓励、督促合同当事人自觉把握自己的权利与义务关系；

（2）示范合同文本的推广，有利于合同当事人通过比较，改变交易陋习和不自觉地违规、违法、违约行为；

（3）示范合同文本的推广，可以保护社会的弱势群体，避免受到违反合同规则的恶意行为的损害；

（4）示范合同文本也是政府管理机构与行业组织公开进行宣传，维护消费者利益、行业形象和政府的政策导向的有效手段。

3. 房地产经纪合同的文本备案

房地产经纪合同签订生效后规定期限内，交由经纪机构备案注记所在地房地产交易管理部门备案。房地产交易管理部门收到房地产经纪合同后应在规定期限内对符合规定的，予以备案。对签订的合同中有违规、违法内容的条款，应要求其及时改正，否则不予备案。

4. 房地产经纪合同的立案和归档

房地产经纪机构与当事人签定的各类经纪合同，应将合同文本按照签约时间、业务性质、履行结果等项目，及时进行分类编号，装订立卷，建立档案，妥善保存。

房地产交易管理部门受理备案的房地产经纪合同，必须分类归档，妥善保存，并予以保密。未经批准不得私自接受查询、翻印；擅自泄露合同内容的，应承担由此造成的经济损失和民事责任。

5. 房地产经纪合同纠纷的处理方式

房地产经纪合同的纠纷，是指当事人之间因对合同履行状况及不履行的后果所发生的争议。对于合同纠纷的处理方式有：

（1）协商解决。指经纪合同当事人之间直接磋商，自行解决彼此之间发生的争议。这是当事人在自愿、互谅互利的基础上，按照法律、法规的规定和合同的约定，解决合同纠纷的一种方式。

（2）调解解决。由经纪合同当事人以外的第三人出面调解，使争议双方在互谅互利的基础上自愿达成解决纠纷的协议。

（3）仲裁。指经纪合同当事人不愿通过协商、调解或者协商、调解不成，由当事人依据合同中的仲裁条款或将合同纠纷提交国家规定的仲裁机关，经仲裁机关对合同争议作出裁决的一种活动。

（4）诉讼。指经纪合同当事人之间发生争议，在合同正文未规定仲裁条款或发生争议后也未达成书面仲裁协议的情况下，由当事人一方将争议提交人民法院起诉，并按诉讼程序审理作出判决的活动。

（5）行政复议。当事人对行政处罚决定不服的，可依照《行政复议条例》和《中华人民共和国行政诉讼法》的规定，申请行政复议或者向人民法院提起诉讼。

（三）房地产经纪服务收费管理

房地产经纪活动的经营性服务收费也是房地产经纪行业管理涉及的一项内容。根据有关规定，房地产经纪组织主要从事房地产的居间介绍、代理、咨询等服务性营业活动。因此，各类房地产经纪活动的收费标准各有所不同。根据规定，房地产中介服务收费实行明码标价制度。凡违规行为，将受到相应的处罚。

1. 房屋买卖代理收费

房屋买卖代理收费，按成交价格总额的0.5%～2.5%计收。实行独家代理的，收费标准由委托方与房地产中介机构协商，可适当提高，但最高不超过成交价格的3%。房地产经纪费由房地产经纪机构向委托人收取。

2. 房屋租赁代理收费

房屋租赁代理收费，无论成交的租赁期限长短，均按半个月至一个月成交租金额标准，由双方协商议定一次性计收。

3. 居间介绍代理房屋交换的收费

居间介绍、代理房屋交换的，按房地产评估价值的1%以下收取。

4. 咨询费

（1）口头咨询费，按照咨询服务所需时间结合咨询人员专业技术等级由双方协商议定收费标准。

（2）书面咨询费，按照咨询报告的技术难度，工作繁简结合标的额大小计收。普通咨询报告，每件收费300～1000元；技术难度大，情况复杂，耗用人员和时间较多的咨询报告，可适当提高收费标准，收费标准一般不超过咨询标的总额的0.5%。

（四）房地产经纪行业年检与验证管理

为规范房地产经纪市场，促进房地产经纪行业的健康发展，保障房地产经纪机构及从业人员的合法权益，根据《中华人民共和国城市房地产管理法》、《城市房地产中介服务管理规定》等法律、法规和规章，由房地产经纪主管部门会同工商行政主管部门定期对房地产经纪机构及房地产经纪人进行年检和验证工作，对不合资质、资格条件的，逐步进行清理和整顿。这两项工作是加强行业管理，实施执行规范的重要措施。

房地产行政管理部门对房地产经纪行业的年检、验证管理实行定期、集中审查式的监督管理，具有时间固定集中、检查面广、检查内容全面等特点，具有其他监督管理方式不可替代的作用。概括地说，年检与验证管理是一种制度化的，兼备确认、检查、处罚及综合考察、评价等功能的监督管理，是行业管理体系中的重要组成部分。

1. 年检与验证管理的作用

（1）年检与验证管理有利于监督房地产经纪机构及时办理变更登记。

房地产经纪机构在每年的经营活动中，一般都会有一些登记事项的变动，如企业名称、住所、经营场所、法定代表人、从业人员的调动等。但一些房地产经纪机构登记事项发生了变化而没有及时办理变更注记，一方面造成违法，另一方面也使企业实际情况与所核准的注记事项不符。因此，通过年检与验证，对企业登记事项的变动情况进行检查，督促房地产经纪机构及时进行变更登记，可以使房地产经纪机构实际情况与核准的登记事项相一致，是对登记工作的促进。

（2）年检与验证管理有利于清除房地产经纪机构统计数字中的"水分"。

机构有生有灭，是经济活动中的正常现象。根据法规规定，房地产经纪机构歇业、被撤销、宣布破产或者因其他原因终止营业，应当向房地产交易管理部门申请注销登记。但许多房地产经纪机构终止营业后不向登记机关申请注销登记。由于这些终止经营的房地产经纪机构不办理注销登记，名存实亡，使企业统计数字中出现了"水分"。年检当中，房地产交易管理机构可以督促这些企业按规定办理注销登记，从而能使统计数据更加准确。

（3）年检与验证管理有利于对房地产经纪机构进行综合检查、分析和评价。

对房地产经纪机构的日常监督管理或者其他方式的管理往往只是在不确定的时段内，就个别或某一类问题、针对局部或个别对象，以个案或抽查方式进行的，而年检与验证则是在统一的时段内，依据统一的标准，针对所有的对象就其每一个年度的整个经营状况进行的全方位的检查。这种监督检查内容和方式的全面性和集中性，就使得房地产管理机关能够通过年检与验证，发挥对机构的综合检查、综合评价和综合分析的作用。使年检机关可以掌握、了解一个地区房地产经纪机构的总体状况。通过对年检资料的汇总统计、分析，从而对机构的基本状况作出客观、综合的考察和评价，发现带普遍性的问题，总结带规律性的经验。同时，有关年检与验证的统计资料数据，能够为各级政府经济决策提供参考和信息服务。随着统计制度更加科学、完善，年检与验证的综合分析、评价功能作用变得越来越重要，这是其他任何监督管理方式都无法替代的。

2. 年检与验证管理的内容

年检主要是每年一次检查房地产经纪组织经营业务范围、注册地点、注册资金、持证从业人员是否变动，以及在房地产经纪活动中是否遵纪守法，是否接受注册、备案管理。

对持有房地产经纪人执业资格证的人数低于规定标准的及其他不符合标准的，不予备案登记。房地产管理部门应当每年对房地产经纪机构内的执业人员资格进行年检，并公布年检合格的房地产经纪机构名单。年检不合格的，应限期整顿，经限期整顿仍不合格的，撤销备案证书，今后不得从事房地产经纪活动。

房地产经纪人执业资格和房地产经纪人协理从业资格证明应定期由发证机关验证。验证应符合一定的条件，如经过一定量的培训并考试合格，完成一定的业务量，无违规、违法执业情况等。对验证合格的人员由验证机关核发证明文件或在原证明文件上注明。验证不合格或不参加验证的人员,不得从事房地产经纪活动。中国房地产估价师与房地产经纪人学会及省级房地产管理部门,应当定期公布房地产经纪人员职业资格的注册和注销情况。

各省级房地产管理部门或其授权的机构负责房地产经纪人协理从业资格注册登记管理工作。每年度房地产经纪人协理从业资格注册登记情况应报中国房地产估价师与房地产经纪人学会备案。

(五)房地产经纪行业信用管理

房地产经纪行业信用管理也是房地产行业管理的一项重要内容。尤其在当前信用经济的大背景下,建立房地产经纪信用管理体系对于整顿房地产经纪市场,规范房地产经纪从业人员行为,提高行业诚信度和服务水平,促进房地产经纪行业的发展更显意义重大。目前,房地产经纪行业的信用管理是纳入房地产全行业信用管理体系中实施的。2002年8月,建设部决定在全国范围内建立房地产企业及执(从)业人员信用档案系统(建办住房函〔2002〕521号)。房地产信用档案的建立范围是房地产开发企业、房地产中介服务机构、物业管理企业和房地产估价师、房地产经纪人、房地产经纪人协理等专业人员。

房地产信用档案的内容包括基本情况、业绩及良好行为、不良行为等。通过此信用信息管理系统的建设,可以为各级政府部门和社会公众监督房地产企业市场行为提供依据,为社会公众查询企业和个人信用信息提供服务,为社会公众投诉房地产领域违法、违纪行为提供途径。全国房地产信用档案系统建设按照"统一规划、分级建设、分步实施、信息共享"的原则,由建设部统一部署,各级建设(房地产)行政主管部门负责组织所辖区内所有房地产企业及执(从)业人员信用档案系统的建设与管理工作。在此基础上,建设部组织建立全国资质一级房地产企业及执业人员信用档案(简称"一级房地产信用档案")系统。资质二级(含二级)以下的房地产企业和执(从)业人员的信用档案(简称为"二级房地产信用档案")系统,由地方建设(房地产)行政主管部门组织建立。

二、中国香港特别行政区房地产经纪行业管理概况

(一)行业管理主体

1. 地产代理监管局

地产代理监管局是香港专门管理房地产经纪行业的政府机构,主要负责颁发牌照和行政管理的工作。它是根据《地产代理条例》成立的一个财政独立的法定机构,其使命是提高地产代理业的服务水准,加强对消费者权益的保护,并鼓励公开、公正、诚实的物业交易。其主要职能和一般权力包括:

(1)规范地产代理运作,确保地产代理机构和从业人员遵守条例的规定。

(2)促使地产代理在进行代理活动中保持公正的立场,正确履行自己的职责,以维持并提高他们的声誉和社会地位。

(3)联络教育机构或训练团体,提供与地产代理工作有关的训练课程。

(4)制定执业指引,并依据条例制定其他条例和规则。

(5)界定发牌条件和受理牌照申请。

(6)在接受投诉后或主动对涉嫌违反条例规定的行为进行调查。

(7)对违反条例的机构和个人采取纪律制裁行动。

(8)就佣金方面的争议,作出裁定。

2. 行业协会

香港地产代理业的商会多达五个,分别为香港地产代理商协会、香港地产代理专业协会、地产代理联会、新界地产代理商总会和香港专业地产顾问商会,但各商会对会员行为的约束力都较弱,各商会均无法加强会员自律,使得社会人士对地产代理业的自我监管失去信心,这也是香港政府决定对地产代理进行立法监管的一个重要原因。然而,各商会在香港代理监管制度建立的过程中还是起到了重要作用。表现为,在监管制度确立前,作为地产代理业的代表与政府进行谈判,反映同业意见及为同业争取合理权益;在监管制度确立后,采取种种措施帮助会员熟悉、适应新的政策法规等。

(二)行业管理的主要内容和方式

1. 设定代理机构和地产代理人从事代理活动的基本资质

地产代理监管局通过确定取得牌照的基本条件和素质来对地产代理机构和地产代理人进行筛选,使执业的机构和个人具有相当的专业知识和工作经验,从而保证服务的质量。

2. 建立监察机构

一个强有力的监察机构是保证房地产经纪业健康发展的基本条件。地产代理监管局的职能之一就是对地产代理活动进行监察。地产代理监管局财政独立,将牌照费、罚款及杂项收费作为日常运作的经费。

监管活动具体表现为:

(1) 对地产代理活动进行监督,接受消费者对地产代理机构或个人的投诉,并组织调查;

(2) 调解地产代理人与委托人的纠纷,裁定合理的佣金及收费;

(3) 对违纪的地产代理机构和个人进行相应的惩处。

3. 推行书面代理合约

香港在法律未作出明确规定以前,也曾经有过经常以口头指示或口头协定确立中介代理关系,这样较易引起争端。后来,法律作出规定,要求地产代理机构必须事先与委托方签订书面代理合约。合约的主要内容一般包括:地产代理的责任,议定的佣金或费用,合约的有效期,房地产代理是否同时担任第三者(买主或卖主)的代理(即是否是双重代理),委托人责任(如买主不经过某房地产中介代理机构而又购买该代理机构所介绍的物业所需承当的责任)等等。

(三)主要立法文件

在香港,规范地产代理活动的主要法律有:《地产代理条例》、《地产代理常规(一般责任及香港住宅物业)规例》及《地产代理(裁定佣金争议)规例》。

总之,香港地区房地产经纪行业管理以政府行政管理部门为主要管理主体,较为注重依据相关法律运用法律手段来进行管理。香港房地产中介服务业的行业协会也为行业管理起着一定的辅助作用,但其在同一行业中存在多个行业协会的分散化特点,在发达国家和地区中非常特殊,也不利于行业协会真正在房地产中介服务业行业管理中发挥作用。

三、中国台湾地区房地产经纪行业管理概况

(一)行业管理主体

1. 主管机关

台湾地区重视对房地产经纪业的行业管理,早在1984年3月,正式决定将房地产中介业归"地政司"主管。1988年3月,确定"内政部"为房屋中介业的主管机关。1999年2月颁布的《不动产经纪业管理条例》规定,不动产经纪业的主管机关为"内政部",在直辖市为市政府地政处,在县(市)为县(市)政府,以立法程序确立了行业主管部门。

2. 同业公会

台湾地区政府主管部门对行业的管理是实行指导、间接管理,而直接管理则是依托同业公会实施"自治"管理。1987年11月,"经济部"在商业团体分类标准中增列了"房屋中介商业"的类目,并准予成立公会,使经纪行业得到应有的定位。为了加强行业管理,1988年5月,台北市房屋中介经纪商业同业公会成立;1994年4月,由12家大型房屋中介公司发起组织,台湾地区房屋中介经纪商业同业公会联合会宣告成立,台湾地区约有2000多家不动产经纪企业,目前虽仅有400多家参加了公会,但入会者均系大中型公司,其营业额约占全行业80%以上,主导着整个行业。因而,主管机关以行业为依托,以公会为重点,对行业管理进行指导,具体事务委托公会承担操作,切实有效地进行行业管理,使台湾地区的房地产经纪活动逐步走向规范。

(二)行业管理的主要内容和方式

1. 同业公会参与行业立法和组织实施

目前,台湾地区房地产经纪业唯一的专法为《不动产经纪业管理条例》,是由主管机关委托公会承担起草,然后报送立法机关审核颁布。这部法规原名为《房地产中介业管理条例草案》,后修改审定为《不动产经纪业管理条例》,于1999年2月由政府明令发布。《条例》明确规定,"经纪业在办妥公司登记或商业登记后,应加入登记所在地的同业公会后方得营业。"通过立法确定"业必归会"的原则,为实施行业管理奠定了重要基础。为了规范房地产经纪行为,由官方制订的《成屋托售契约书范本》在颁行时,主管部门专门下达文件给公会要求组织施行;公会接文后则行文下属公会和会员公司进行贯彻。

2. 行业发展的大事在主管机关指导下由公会操作

如建立房地产流通信息网络,使房地产经纪行业走上"信息高速公路",是行业发展现代化的基础。为了适应这种发展的需要,台湾地区的"房屋流通网"已经建成,尽管建网的相当一部分费用是由主管机关拨款的,但建网工作从规划到实施,都是由公会组织操作,主管部门仅是进行指导。

3. 行业管理的具体事务均由公会承担

台湾地区经纪人同业公会在培训行业队伍、指导企业自律、组织企业交流、协调企业关系等方面做了大量工作。如台湾地区的房地产经纪业从业人员的业务培训和执业考试就是由公会组织的。公会为此专门成立了不动产经纪人和经纪营业员考照管理小组,编辑出版了培训系列教材。1995年以来,公会已先后组织了三次房地产经纪人员的资格考试。台湾地区房地产经纪业为树立良好的行业形象,对从业人员进行评优选秀的"金仲奖"评选活动,也是由公会组织实施的。公会在行业发展和管理中起着不可替代的作用。实践表明,依托行业组织实行自律、自治,是在市场经济条件下推进行业发展的必然要求。

(三)主要法律文件

台湾地区房地产经纪业管理的主要立法文件是《不动产经纪业管理条例》,于1999年(民国年)2月3日政府明令发布,这是行业管理的重要依据。这部条例原由台湾地区房屋中介经纪商业同业公会联合会起草,为《房地产中介业管理条例(草案)》,1996年2

月,送"立法院"审批,后来修改为《不动产经纪业管理条例》。该条例共6章、40条,内容包括总则、经纪业、经纪人员、业务及责任、奖惩、附则。为了便于贯彻实施,政府主管部门还协同公会研究制订了《不动产经纪业管理条例施行细则》(共31条,由"内政部"于2000年4月19日发布)、《不动产经纪业营业保证金缴存或提供担保办法》(共10条,由"内政部"于2001年6月11日发布)、《不动产经纪业营业保证金管理委员会组织及基金管理办法》(共4章、25条,由"内政部"于2001年6月12日发布)。此外,还制订了《不动产经纪营业员测定办法》、《不动产经纪人专业训练机构团体及课程认可办法》、《不动产说明书应记载及不得记载事项》、《不动产经纪业或经纪人员奖励办法》、《不动产经纪人员奖惩委员会组织规程》等10余项法规,均由主管机关"内政部"发布施行。台湾地区房地产经纪业的管理,通过立法认定,制订多种细则,内容具体,易于操作,并依托同业公会来实施管理,这些行之有效的经验可供借鉴。

从总体来看,我国台湾地区的房地产中介服务业行业管理,是在充分利用法律手段的前提下实施行业自律管理的一种模式。由于法律、法规体系相对比较完善,管理主体又是非常贴近行业的行业协会,管理内容丰富,手段多样,管理效果也较好。

四、美国房地产经纪行业管理概况

(一)行业管理主体

1. 政府管理机构

美国各州政府多数都有专门的机构对房地产行业进行管理,它们的名称和组织方式有所不同。有些州,如加里福尼亚州为房地产局(Department of Real Estate),而有些州,如肯塔基州、德克萨斯州则为房地产委员会(State Real Estate Commission),有些州还有其他不同的名称。在此,权且以房地产委员会为例进行阐述。

(1) 房地产委员会的组成。州房地产委员会是房地产经纪业的管理机构,负责经纪人与销售员的执照颁发与管理,房地产交易客户的投诉,以及对执业房地产经纪机构、房地产经纪人及房地产销售员有关经纪活动的行政管理等。在经纪人和销售员执业资格考试中,负责审批培训的学校和相关的课程,并审查执业资格考试的内容等等。

例如肯塔基州的房地产委员会,其由五名成员组成,由州长任命,均为资深的专业人士。现任的五名委员中,四名为资深的房地产经纪人,还有一名为投资、保险方面的专家。委员会下设教育及执照部、法律事务部和行政管理部。

(2) 房地产委员会的职责。①发布关于经纪人和销售员管理的规则和规章。②负责经纪人和销售员的牌照颁发与管理。③审查牌照申请人资格,审查培训课程内容以及考试内容。④审批有关学校从事课程教育的资格。⑤研究与经纪人活动有关的法律、法规。⑥行使有关房地产法律赋予的职能,管理房地产经纪活动。

2. 实行自律性行业管理的全国性经纪人协会组织

美国有两个自律性行业管理的全国性经纪人组织,一个是全国房地产经纪人协会(NAR),成立于1908年,其会员为有执照的经纪人,名称是Realtor(r)。该协会的宗旨主要是促进经纪人与立法机关、行政机关的协调、沟通,经纪人协会与房地产业其他行业协会的交流,以及经纪人之间的沟通、协调,执业行为的约束,提高房地产经纪业从业人员的专业水平,保持从业人员的伦理道德水准以维持房地产经纪业的良好声誉等等。

另一个协会是全国房地产中介人协会（National Association of Real Estate Brokers，NAREB），其成立于1947年，主要由黑人房地产经纪人组成。其会员被称为Realtist。该协会的宗旨与房地产经纪人协会类似。

其中，全国房地产经纪人协会及其下属的各级房地产经纪人协会在房地产经纪业中的影响为最大。

（二）行业管理的主要内容和方式

1. 房地产经纪机构的设立

一般来说，州房地产委员会或者其他类似的政府职能机构是执行这一行为管理内容的权利主体。

在美国，一个房地产经纪机构的拥有者必须是一个持房地产经纪人牌照的人，但持房地产经纪人牌照的人不一定每一个都会发起设立自己的机构，可以受雇于别的房地产经纪人申办的房地产经纪机构。从这个意义上讲，持有房地产经纪牌照是发起房地产经纪机构的一种先决条件。

房地产经纪人在发起设立房地产经纪机构时只要能提供一个房地产经纪人牌照，即可向政府企业登记部门申请，登记部门通过政府间计算机管理系统确认其牌照的真实性后，便可获准登记，不需要任何注册资本，企业存续期间发生的一切责任都由发起设立房地产经纪机构的房地产经纪人承担。因此房地产经纪人以机构名义签订的任何一份合同都须经机构的所有者或其授权的人进行确认。当机构所有者在牌照存续期间注册或重新考试未获通过时，该机构或者倒闭，或者重新更换所有者。美国法律规定一个经纪机构可允许有几个投资者，但目前基本上都是一个经纪人拥有一家或多家经纪机构。

州房地产委员会有权发给执照，执行房地产业执照法及提供领有执照业者有关不动产方面的资料。该委员会通常通过以下三种方式来执法：拒发牌照、扣留牌照、吊销牌照。同时也可视案情的严重程度，向法院提起诉讼。

2. 信息管理

房地产经纪人协会负责房地产经纪行业的信息管理。在美国，人们一般约定俗成，要卖房先找经纪人。这样，信息都通过经纪人源源不断地传送给经纪人协会，协会汇总后出一本小册子或在自己的网站上公布，详细介绍所有卖房信息，定期更新。房地产经纪业的主要经营资源是市场供求信息，如果每一个经纪人得到信息后，只是个人垄断，那么整个行业的经营效率就不可能提高。因此，房地产行业的信息管理是非常重要的一项管理内容。美国房地产经纪人协会规定，凡是加入协会的经纪人，信息不得私有，必须报给协会；如果将信息垄断，一旦查出，协会就会将该经纪人开除。所以，经纪人不敢垄断信息。经纪人也总是先从协会的信息汇编或该网站上获得卖房信息。这样就形成了一套模式化的运转流程：经纪人A采集信息后，通过信息杂志或网络传导给经纪人B、C、D……直到有一人最终与买主成交。协会规定，凡采用协会信息，不论以何种方式成交，均要向协会交纳信息费，从佣金中扣除。这样，经纪人就可以不断地输送或从协会那里获取信息，不间断地开展中介业务。

3. 处罚管理

美国对失职或在执业中出现问题的房地产经纪人主要采取以下措施：罚款、暂停牌照、吊销牌照。大约有15～25种现象与行为要暂停或吊销牌照，其中主要有：① 不实陈述；②虚假承诺；③多方代理；④将购房保证金放到自己个人账户；⑤隐瞒实际利润；⑥以欺诈手段取得牌照；⑦虚假广告；⑧经纪人未尽监督职责等。

在美国，房地产经纪人只要犯了错，无论大小都要被记录在案，次数多了牌照会被吊销。美国还确立了回顾检讨制度，每隔一定时期由所有同行对一些业务行为进行回顾和评判，如果大家都认为有异议的，可以对其进行处罚。

州的政府主管部门一般还设有调查机构，可以在任何时候到经纪人办公室检查业务记录，发现问题及时向该主管部门报告，由该委员会讨论决定是否做出处罚，严重的要向法院控告。同时，美国各地都有专门的检察机构处理此类案件。经纪人或销售员只要有一次违反职业道德的行为发生并被暂停或吊销牌照，就会被刊登在经纪人的广告刊物上，从此很难再从事这一职业。

(三) 主要法律文件

美国有关规范房地产经纪人的法律大致有：

- 一般代理法规（Common-law Agency）；
- 契约法规（Contract Principles）；
- 各州的执照法（State Licensing Laws）；
- 联邦法（Federal Laws）；
- 专业伦理法则（Professional Codes of Ethics）。

其中，以房地产执照法为规范经纪业者最严密的法令。该法的主要目的是通过规定发给中介业者执照所需符合的标准与所需具备的资格，来维持房地产业一定的专业水准，进而保护社会大众免受不肖业者之害，同时保护领有执照业者免受不公平或不正当的竞争。

各州房地产委员会大多会根据该法另行制定较详细的施行细则，诸如：该委员会的职权及业者的经营理念与原则等皆有进一步的说明。

总之，美国房地产中介服务业行业管理是一种行政管理与行业自治管理并存模式。在这种模式下，政府与行业协会分工明确，各司其职。其中，特别有特色的是其行业协会的管理方式。行业协会虽然没有法律或政府授权的管理职能，但却通过提供服务（如MLS的信息服务，促进经纪人与政府、立法机关的沟通与协调等），寓管理于服务之中，大大促进了全行业的整体运作效率。此外，美国房地产经纪行业管理非常重视对经纪人的信用和违规处罚管理，这为维护房地产经纪行业的整体形象和声誉发挥了重要作用。所以，在美国社会中，美国房地产经纪人具有较高的社会地位，而其经济收入之高，在发达国家和地区中也是非常突出的，这都与其相对较健全、完善的房地产经纪行业管理是分不开的。

复习思考题

一、名词解释

房地产经纪行业管理

二、填空题

1. 房地产经纪行业管理的基本模式主要有（　　）、（　　）、（　　）三种。
2. 房地产经纪行业采用的管理方法主要有（　　）、（　　）、（　　）三种方法。

3. 房地产经纪人执业资格注册有效期一般为（　　）年，有效期满前（　　）个月，持证者应到原注册管理机构办理再次注册手续。

4. 房屋买卖代理收费，按成交价格总额的（　　）计收。房屋租赁代理收费，无论成交的租赁期限长短，均按（　　）标准，由双方协商议定一次性计收。

三、简答题
1. 房地产经纪行业的日常管理主要包括哪些内容？
2. 签订房地产经纪合同应遵循哪些规范要求？
3. 房地产经纪合同纠纷的处理方式有哪些？

四、论述题
1. 为什么说年检与验证管理是房地产经纪行业管理中重要的组成部分？
2. 为什么说建立房地产经纪人信用管理体系对于整顿房地产经纪市场，规范房地产经纪从业人员行为，促进房地产经纪行业的发展有十分重大的意义？

第十一章 房地产经纪管理信息化

随着信息时代的到来，信息在当今社会起着越来越重要的作用。在房地产经纪业中，房地产经纪信息是重要资源和无形财富。本章介绍了房地产经纪信息的内涵和特征，重点阐述了房地产经纪信息管理在搜集、加工整理与利用等环节的主要内容，并通过软件实例介绍了房地产经纪信息计算机管理系统的主要结构和功能。

第一节 房地产经纪信息概述

一、房地产经纪信息的涵义

（一）信息的基本概念

信息是指可以传递、传送的消息。通过信息，可以减少或消除风险发生的可能性。现代社会被称为"信息社会"。自古以来，人类就通过感官收集信息，通过文字交流信息。可以说，没有信息的交流与传递，人类社会就不可能发展到今天的水平。现代经济中，精细划分的社会分工，日益频繁的商品交换，使各个独立部门之间的联系越来越复杂，所以信息的重要性越发突出，信息被视为"无形的财富"、"第二资源"。信息包括客观信息和人工信息两种。客观信息是指来自自然界的和已经发生的信息；人工信息是指人们大脑对客观信息加工而成的信息。

（二）房地产经纪信息的内涵

房地产经纪信息是指反映房地产经纪活动并为房地产经纪活动服务的信息。它通常包括四方面的信息：房源信息、客户信息、房地产市场信息和房地产经纪行业信息。这四方面缺一不可，没有房源信息犹如无米之炊；没有客户信息，就找不到服务对象；没有市场信息，就无法把握市场的脉搏；没有房地产经纪行业信息，就无法掌握行业发展和竞争对手的实际情况，无法在竞争中立于不败之地。

与其他信息一样，房地产经纪信息也是由若干要素组成的。一般来讲，房地产经纪信息的基本要素主要有语言要素、内容要素和载体要素三方面组成。

语言是传递信息的媒体，也是信息的表现形式和工具。房地产经纪信息通常可以用文字性语言（包括数字）表现，也可以用形象性语言（如图画）来表现。内容则是关于其所涉及对象（如房源）的表象、属性、特征、本质和运动规律等的确定性描述。信息本身不具有实体物质形态，必须依附于某一介质或载体如纸张、胶片、磁带、磁盘等才能被传递、加工和整理。

通过一则房地产广告，我们可以直接地了解这三个要素是如何构成房地产经纪信息的。这是一个新楼盘推出的报纸广告，为了让消费者注意，发展商用了一个版面的篇幅。首先映入人们眼帘的是图片与文字，图片、文字就是一种书面语言。通过这些书面语言，展现了关于楼盘具体情况的内容，如楼盘所在的地理位置、小区的周边环境、小区的内部装饰、智能化情况、楼盘的价格及售楼地址、发展商名称等许多内容。使消费者了解楼盘的情况，进而激发潜在消费者的购买欲望。以上所述的语言、内容并不能孤立存在，要依附于报纸纸张的物质载体，传递到千家万户并得以保存。

二、房地产经纪信息的特征

信息的性质、作用及时效，是由消息和信号所含的具体内容和意义来决定的。人们是通过信息来认识事物的，因此要求信息从不同侧面来反映事物的某些特征。房地产经纪信息既具有一般信息所具有的共同特征，又具有一些自身的个别特征，具体而言，包括以下五个方面：

1. 共享性

房地产经纪信息具有正外部性，不会因为使用者的增加而减少每个使用者所获得的信息。信息的共享很重要，通过共享，使更多的人获得信息，给更多的人带来价值，最后使整个社会的经济效益增加。但是并不是所有信息都需要共享，对于一些机密或具有排他性的信息，应注意保护。

2. 多维性

即一条房地产经纪信息在具有不同的价值观或不同的认识层次的人那里会有不同的价值含义。房地产市场的发展和人们需求的变化，会使人们在不同时段、不同的环境下对同一房地产经纪信息有不同的认识，当经纪信息的属性和内容与人们的需求相联系时，其使用价值就能发挥出来。

3. 积累性

房地产经纪信息的价值并不是一次性的，它常常可以重复使用，而且随着信息的累积，将会有新的价值产生。在房地产经纪活动中，房地产经纪人必须注意这一点，在信息使用后，也要加以保存，不能以为使用过就丢弃一旁，通过对积累信息的分析还能加深对市场的了解。

4. 时效性

人们的需求是不断变化的，房地产市场也是不断变化的。随着时间的推移，房地产经纪信息的使用价值将会逐渐减少。

5. 增值性

通过经纪信息的传递，使获得信息的人大大增加，由于每个人掌握的信息并不会因此而减少，就会使整个社会的总经济效益增加；通过将大量相关的信息综合分析能够得到新的信息；通过对经纪信息的收集、加工和整理，将其物化于房地产实物上，还能增加房地产实物的附加值。

三、房地产经纪信息的作用

从特定意义上讲，房地产经纪活动和房地产经纪人本身是由于房地产市场主体对房地产信息的需求而产生的。房地产交易双方通常并不知道交易对方的存在，也不可能完全掌握房地产市场上所有的供求信息，或是虽然能够获得有用信息，但需支付大于有用信息所带来收益的费用。房地产市场就是一个信息不充分的市场，房地产信息的不对称会导致市场机制失灵、市场效率低下等现象。一个优秀的房地产经纪人就是要通过自己所掌握的大量经纪信息将闲置资源加以利用，来降低市场效率低下等不利情况发生。

房地产经纪信息是房地产经纪人的重要资源，是开展房地产经纪活动的前提。具体而言，它有以下三方面的作用：

1. 实现房地产经纪活动的基本功能

房地产交易的成功与否就在于是不是能够找到匹配的交易双方。客户由于受到自身情况的限制，缺乏充分的信息，所以常常不能找到合适的交易对象。房地产经纪人由于掌握了一定的房地产信息并具备针对问题快速有效搜集信息的技能，因而能尽快找到匹配的交易双方，使交易尽早完成，从而实现房地产经纪的基本功能。

2. 有利于提升房地产经纪服务的附加值

房地产经纪人拥有的许多房地产经纪信息能够使房地产经纪人更好地为客户服务，提高房地产经纪服务的附加值。在房地产经纪活动中，向房地产开发企业传递有价值的信息，就能让开发企业及时的了解市场状况，减少盲目开发，提高房地产的有效供给，增加企业的经营效益；向消费者提供有用的信息，能使消费者在交易过程中减少人力、物力、财力的付出；通过向交易双方提供信息，可在一定程度上避免因信息不对称而使交易中一方处于优势而另一方处于劣势，减少交易纠纷，规范房地产市场。

3. 有利于活跃和规范房地产经纪行业

房地产经纪信息还有利于房地产经纪人和房地产经纪机构充分了解和把握同行业的发展现状和趋势，及时有效地修正自身的业务运作方式，提高业务运作水平，从而活跃和规范整个房地产经纪行业。

第二节 房地产经纪信息管理

一、房地产经纪信息管理的原则

1. 重视房地产经纪信息的系统性

由于房地产市场和房地产经纪活动的纷繁复杂，房地产经纪活动所需要的信息不是零星的、孤立的、个别的，而必须是大量的、系统的、连续的。它不仅数量大，而且涉及到房地产经纪活动的方方面面，通过有效的结合才能有全面的认识。房地产经纪活动总是不断发生、向前发展的，所以房地产经纪信息也总是不断产生，因而房地产经纪人要不断地收集、加工、传递和利用房地产经纪信息，通过其连续性及时了解房地产市场的变化和趋势，以便房地产经纪活动顺利进行。

2. 加强房地产经纪信息的目的性

房地产经纪信息直接作用于房地产经纪活动的过程之中，而这种活动是人们有意识、有目的的自觉行为。因此它具有比其他信息更明显的目的性特征。房地产经纪信息的管理，包括收集、加工、整理和利用都应针对房地产经纪活动的目的，如某一个楼盘的销售、某一套房源的出售，以及房地产经纪机构自己所专注的某类市场、某类客户。只有这样，才能将信息资源转化为经济效益。

3. 提高房地产经纪信息的时效性

由于房地产市场环境和市场主体都在不断地发生变化，因此房地产经纪信息的有效性也随时间而发生变化。因此房地产经纪信息的利用应提高时效性。一方面要及时更新信息库中的信息内容，另一方面要提高信息利用的效率，尽量使信息在最短的时间内发挥作用。如根据市场信息和同行业信息及时调整经营方式、经营类型，及时向客户提供最新市场信息、政策信息，用以提升服务附加值等。

4. 促进房地产经纪信息的网络化

计算机网络技术的发展，已使得信息的处理更为快速，信息的传递更为便捷。对房地产经纪机构而言，在房地产经纪信息利用中引入计算机网络可改变原有的信息管理、查询方式，提高经济效率。网络传递的多媒体信息包括汉字、图片以及三维动态模拟，其传递的信息量也不是传统媒体所能企及的，而且计算机网络可以突破时间、空间的限制，能够在不同地方、任何时间为客户提供服务。因此，房地产经纪机构应积极促进房地产经纪信息网络化。

二、房地产经纪信息的搜集、整理与利用

（一）房地产经纪信息的搜集

房地产经纪信息是房地产经纪活动中十分重要的资源，但经纪信息不是自然而然地被经纪人所掌握，而是要通过有意识、有目的的劳动才能将其收集起来。由于房地产经纪信息量大面宽，所以收集应从多个方面入手。通常可从以下途径进行收集。

1. 收集公开传播的房地产经纪信息

在现代社会，众媒体在信息的传播中起了重要的作用。大量房地产经纪信息通过报纸、广播、电视、杂志以及正式出版的文献等媒介向外传送，这是收集房地产经纪信息的重要途径。

2. 从有关单位内部获取房地产经纪信息

有些房地产经纪信息并不是通过大众媒体传播的，需要通过派人磋商和发函联系等方式才能获得，如楼书、房地产企业内部刊物等。

3. 现场收集

由于房地产的不可移动性，以及内容的多样、复杂，房源方面的信息一般需要实地考察、现场调查后才能获得感性的认识和准确的信息，同时也可以排除一些不准确的信息。

4. 利用网络获取

随着信息化的日益发展，网络成为获取信息的便捷途径。房地产经纪人可以足不出户，在任何时间通过网络获取信息。主要有以下几条途径：

（1）利用互联网收集信息；

（2）利用联机系统收集；

（3）利用商情数据库收集。

（二）房地产经纪信息的加工整理

通过各种渠道获取的房地产经纪信息，其本身的内容、形式各种各样，这给查询、储存、利用带来了很大的难度，所以需要进行房地产经纪信息的加工整理。

在日常的房地产经纪活动中，房地产经纪人所获得的经纪信息由于来源与口径的不同，会有许多重复、交叉和矛盾，这就需要经纪人对信息进行加工整理。通过加工整理使无序的信息有序化，便于使用和管理。

加工整理的程序通常包括鉴别、筛选、整序、编辑和研究这几个环节。

1. 鉴别

房地产经纪人在使用房地产经纪信息的过程中，必须注意信息的准确性，虚假的信息既会造成使用的困难，也会使客户对经纪人的信用产生怀疑。鉴别就是对房地产经纪信息的准确性、真实性、可信性进行分析，判断误差的大小和时效的高低，剔除人为、主观的部分，使之准确、客观。

2. 筛选

筛选就是对已鉴别的房地产经纪信息进行挑选。在挑选的过程中，既要考虑到当前的需要，又要考虑到以后的需要。在考虑当前需要时主要考虑信息的深度，而后者则主要考虑信息的广度。通过筛选，可以减少信息的数量，将无用信息删除，将有用信息保留，这样既减少以后几个整理加工步骤的工作量，又减少以后查询所需的时间。

3. 整序

整序就是将不同的、杂乱无序的房地产经纪信息按一定标准、方法加以整理归类。整序的主要方法就是分类，将相同的信息归为一类，将性质相似的类别排在一起。这样做的主要目的是为了便于查询，能够减少查询时间。

4. 编辑

编辑就是对整序的信息进行具体的文字整理过程，这是整个加工整理过程中最关键的工作。在编辑的过程中要注意简单明了、重点突出，同时要注意语义表达的准确性。

5. 研究

前面的几个步骤还是停留在比较低的层次上，而研究就不同了，它是一种较高层次的信息加工整理步骤。它是在对大量信息综合分析的基础上，经过分析、判断、思考，产生具有深度和新价值的信息。房地产经纪人要经常研究，以产生新的信息并提高自身的判断、思考能力。

信息通过加工整理之后，通常以表格、图片、文字报告等形式展现出来。其中表格又是最常见的一种。房地产经纪机构对本机构业务类信息的整理，通常采取表格形式，一般可分为日报表、周报表、月报表等。日报表一般就是将当日发生的房地产经纪信息加以归类，主要是以数据为主。周报表是在日报表的基础上，通过将 7 天的日报表数据汇总得出，除了数据的汇总，还附有一些文字分析，阐述本周的房地产经纪情况，分析原因等。月报表是建立在周报表的基础上，文字的分析更为详细，并预测未来房地产经纪情况的变动。

在房地产经纪机构的客观信息表格中，有一种非常重要的表格——客户登记表。来人登记表是客户资料中最重要的报表。通过来人登记表可以反映客户人数的变化、所属区域变化、产生客户区域变化的原因；可以反映客户需求的变化，变化的原因；可以反映政策的变化导致销售情况的变化以及退户的人数、原因等。

房地产经纪机构根据客观信息和业务活动，分析、研究而产生的新信息，通常以文字与表格相结合的形式来反映。例如，新楼盘的结案分析，其中会有反映销售过程、进度、业绩的表格和对销售过程中得失的文字分析。

（三）房地产经纪信息的利用

房地产经纪信息是一种资源，只有通过利用才能将这种资源的使用价值发挥出来。收集、加工整理等前期工作都是为最后的利用服务的。

房地产经纪信息的利用主要包括两方面：一是通过信息的发布来影响消费者（如发布房源信息，吸引潜在客户）；二是以信息提供的具体内容来指导具体的业务活动。

不同的信息发布过程，由于其任务的不同，导致使用资金不同，发布信息的不同，使用媒体的不同。在发布信息时首先要注意发布的目标是什么，希望通过发布获得何种反应。然后考虑，由任务的不同，决定投入资金的多少。资金的多少又影响信息投放和所选择的媒体。信息投放牵涉到房地产经纪信息的投放量、信息的选择和信息的表述等。媒体选择要考虑到媒体的触及面、频率、影响、主要媒体的类型、特定的媒体工具和媒体的时机。这一连串的环节都需通盘考虑，才能在完成任务的同时节省资金。

利用房地产经纪信息来指导房地产经纪的业务活动，几乎贯穿于房地产经纪业务活动的全过程。如通过对客户方面信息的分析，房地产经纪人可以了解客户的偏好、所能接受的价位，并指导查找房源信息和筛选房源，最终促使交易成功；通过对市场和竞争对手的了解，能够及时地把握市场方向，竞争对手目前的状况，便于很好地开展房地产经纪活动；在新楼盘销售过程中，通常要通过对市场、客户以及交易楼盘等信息的分析，才能合理制定市场推广计划、销控计划，并进行广告设计、价格调整等一系列步骤；在二手房经纪活动中，房地产经纪人需要利用买方的信息，通过分析其偏好，才能找到与之匹配的房源，增大交易成功的概率。

第三节　房地产经纪信息的计算机管理系统

一、房地产经纪信息计算机管理系统的主要类型

如前文所述，房地产经纪信息是房地产经纪机构最重要的经营资源，房地产经纪机构必须对房地产经纪信息实施有效的管理。由于计算机系统具有超大容量的信息存储功能、自动化的信息处理和快速传输功能，因此，计算机系统也成为房地产经纪机构进行信息管理的重要工具。目前国内一些大型的房地产经纪机构都非常重视自己企业的计算机信息管理系统。

建立房地产经纪信息计算机管理系统，首先要对房地产经纪机构进行企业信息化改造。企业信息化包括办公自动化、业务处理自动化和生产、设计、客户服务自动化。企业信息化，就是要建设企业内部的各个系统，让它们最大限度地发挥效能；企业信息化，就是要建立企业与外部的一切联系，让它们完全接轨，并不断调整自己，适应需要；企业信息化，就是要从企业管理入手，实现信息时代先进的现代化管理。房地产经纪信息系统主要有下列几种类型。

（一）数据管理的信息系统

这类系统把现有房源信息、销售合同、费用凭证、需求客户等都以一定的数据格式录入到计算机里，以数字的形式保存起来，可以随时查询，实现企业内部信息的数字化，并可通过局域网连接互联网来实现企业与外部信息交流。

（二）具有流程控制功能的信息系统

这类系统把企业已经规范的一些流程以软件程序的方式固化下来，使得流程所涉及岗位员工的工作更加规范高效，减少人为控制和"拍脑袋"的管理行为，同时也能提升客户满意度。比如客户前来付款，财务人员打开信息系统，输入客户的名称和交易代码，就可以直接显示该客户的详细交易信息，如何时前来咨询、何时登记、何时签订合同等信息，并且显示出该客户已付多少，本次支付金额，以及下次需支付金额和时间等信息，而这些都是通过不同岗位的信息得到的。

（三）类似具有辅助决策功能的信息系统

这类系统通过对那些信息化的原始数据进行科学的加工处理，运用一定的计算模型，起到对管理和决策的支持作用。比如说成本和费用控制是每个管理者都重视的内容，但以前我们只能在每个月报表出来后才知道哪儿超了、哪儿省了，那是事后控制。运用信息化手段，第一层面的工作完成后，也就是每笔费用、销售都录入电脑以后，我们就可以清晰地归纳各科目费用，可以按岗位、按部门、按项目来汇总。同时我们可以对那些关键控制的费用或费用率给出一个计划值（这个计划值是根据历史数据和增长规律，通过专业的标准模型拟合出来），并计算实际发生值与计划值的差额，一旦超标立即报警，或停止授权，这样就可以对这些费用进行实时控制。

二、房地产经纪信息计算机管理系统实例

随着房地产市场的不断成熟和房地产经纪行业迅速发展，房地产经纪信息计算机管理系统软件开发也应运而生。在此，仅以北京飞鸿科技中心开发研究的 SmartRAIM 软件为例介绍房地产经纪信息管理软件的基本结构和主要功能。

SmartRAIM 软件是一套为推进房地产中介企业信息化管理的信息化解决平台。SmartRAIM 帮助企业决策层掌握终端客户资源结构组成、质量分布，随时把握一线市场信息。SmartRAIM 帮助业务执行者追踪、把握业务的进展情况，识别风险，从而保证高质量的完成业务，提升企业的市场竞争力。SmartRAIM 帮助企业管理层动态控制业务成本，杜绝业务过程中因为人为因素导致的业务成本失控。SmartRAIM 规范、监督经纪人行为过程，优化经纪人行为质量，帮助经纪人提升业务能力稳定业绩。

（一）研发背景

随着房地产市场化进程的加快，国内房地产中介企业已经从小规模、作坊式的个体运营模式向规模化、品牌化的大型现代企业方向发展。发达地区出现了一些拥有上百家分店的巨型房地产中介企业，而国外的大牌房地产经纪公司也开始纷纷抢滩中国市场。在这种情况下中介企业的管理者们普遍意识到信息化管理的必然趋势，中介企业的信息化不仅是效率上的提高更是企业核心竞争力的提高。加快企业信息化建设，不只是提高效率，更是管理上的革命，而谁能快速把握这一利器，谁就能获得竞争优势。中介企业迫切需要一种专业的应用集成产品，使他们"无需花巨大的费用，就可以将各种新、旧应用系统集成起来"，实现数据、功能共享，实现业务自动协作。

（二）系统架构

SmartRAIM 采用中央分布式应用架构，以服务器企业应用层为核心，通过 Internet/Intranet 连接各个业务分点，客户端直接访问应用层上的服务来完成业务；业务流程在

SmartRAIM 服务器上运行，通过数据库接口与数据库服务器建立连接，所有的数据操作都需要经过这样的数据通道，从而保证了数据的安全可靠性；SmartRAIM 服务器通过操作接口，可以与企业已存在的业务系统进行信息交互，从而提高企业的资源利用率（图11-1）。

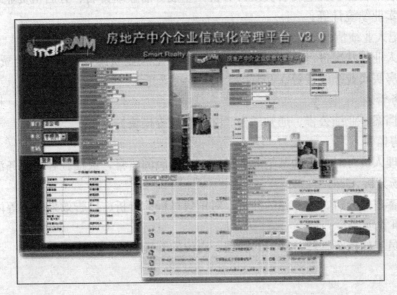

图 11-1　SmartRAIM 房地产经纪信息管理系统

（三）主要功能

1. 房源中心

房源中心按租赁和买卖的不同记录了普宅、公寓、别墅、写字楼等物业类型的房源信息。在房源信息描述中可加入外景图、室内格局图等信息。

2. 客户中心

客户中心记录了客户信息、客户需求信息以及客户投诉、咨询等信息。

3. 经纪人任务管理

经纪人可方便地管理和查看自己所负责的未成交任务、历史任务、及对每个客户的销售进度和历史销售记录；

4. 销售过程管理

记录经纪人对某一房源的销售过程，包括每次和客户的沟通记录和看房活动。用以日后追溯销售过程，总结销售经验。

5. 配对查询

利用数据库中的房源信息和客户需求信息进行智能配对查询，找出相匹配的信息，便于向客户推荐。

6. 合同管理

记录成交信息及合同信息，生成销售报表。财务部门对其进行监管。

7. 权证办理

记录权证办理过程，便于动态查询办理进度以及办理过程中所发生的各项费用。生成权证办理进度表。

8. 预警提示

对于将要到期的合同信息进行报警提示，以便到期房源和到期客户的跟踪服务。

9. 分店业绩情况统计

对各分店的营业状况进行各类统计分析，生成分店业绩排名、分店租赁业绩统计、分店二手房买卖业绩统计等。

10. 经纪人业绩情况统计

对经纪人业绩状况进行各类统计分析，生成经纪人业绩排名、经纪人租赁业绩统计、经纪人二手房买卖业绩统计等。

11. 店务管理

经纪人档案、业绩公告、通知通告、文档管理等模块。

12. 销售监督

公司管理人员可对分店的某笔业务进行一查到底的监督，或抽查客户服务满意度等。

13. 市场分析

包括对客户的分析、对房源的分析、对销售过程的分析、广告效果分析等内容。

14. 人事管理

包括对员工的档案管理、部门的管理、岗位的管理。

复习思考题

一、名词解释

房地产经纪信息

二、填空题

1. 房地产经纪信息具有（　　）、（　　）、（　　）、多维性、积累性的特征。
2. 房地产经纪信息的加工整理的程序通常包括（　　）、（　　）、（　　）、（　　）、（　　）五个环节。
3. 房地产经纪信息是开展房地产经纪活动的前提，其作用主要表现在（　　）、（　　）、（　　）三个方面。

三、简答题

1. 简述房地产经纪信息管理的原则。
2. 房地产经纪信息的收集途径有哪些？
3. 房地产经纪信息计算机管理系统有哪些主要类型？

附录 1

城市房地产中介服务管理规定

(1996 年 1 月 8 日建设部令第 50 号发布，2001 年 8 月 15 日根据
《建设部关于修改〈城市房地产中介服务管理规定〉的决定》修正)

总　则

第一条　为了加强房地产中介服务管理，维护房地产市场秩序，保障房地产活动当事人的合法权益，根据《中华人民共和国城市房地产管理法》，制定本规定。

第二条　凡从事城市房地产中介服务的，应遵守本规定。

本规定所称房地产中介服务，是指房地产咨询、房地产价格评估、房地产经纪等活动的总称。

本规定所称房地产咨询，是指为房地产活动当事人提供法律法规、政策、信息、技术等方面服务的经营活动。

本规定所称房地产价格评估，是指对房地产进行测算，评定其经济价值和价格的经营活动。

本规定所称房地产经纪，是指为委托人提供房地产信息和居间代理业务的经营活动。

第三条　国务院建设行政主管部门归口管理全国房地产中介服务工作。

省、自治区建设行政主管部门归口管理本行政区域内的房地产中介服务工作。

直辖市、市、县人民政府房地产行政主管部门（以下简称房地产管理部门）管理本行政区域内的房地产中介服务工作。

中介服务人员资格管理

第四条　从事房地产咨询业务的人员，必须是具有房地产及相关专业中等以上学历，有与房地产咨询业务相关的初级以上专业技术职称并取得考试合格证书的专业技术人员。

房地产咨询人员的考试办法，由省、自治区人民政府建设行政主管部门和直辖市房地产管理部门制订。

第五条　国家实行房地产价格评估人员资格认证制度。

房地产价格评估人员分为房地产估价师和房地产估价员。

第六条　房地估价师必须是经国家统一考试、执业资格认证，取得《房地产估价师执业资格证书》，并经注册登记取得《房地产估价师注册证》的人员。未取得《房地产估价师注册证》的人员，不得以房地产估价师的名义从事房地产估价业务。

房地产估价师的考试办法，由国务院建设行政主管部门和人事主管部门共同制订。

第七条　房地产估价员必须是经过考试并取得《房地产估价员岗位合格证》的人员。未取得《房地产估价员岗位合格证》的人员，不得从事房地产估价业务。

房地产估价员的考试办法，由省、自治区人民政府建设行政主管部门和直辖市房地产

管理部门制订。

第八条 房地产经纪人必须是经过考试、注册并取得《房地产经纪人资格证》的人员。未取得《房地产经纪人资格证》的人员，不得从事房地产经纪业务。

房地产经纪人的考试和注册办法另行制定。

第九条 严禁伪造、涂改、转让《房地产估价师执业资格证书》、《房地产估价师注册证》、《房地产估价员岗位合格证》、《房地产经纪人资格证》。

遗失《房地产估价师执业资格证书》、《房地产估价师注册证》、《房地产估价员岗位合格证》、《房地产经纪人资格证》的，应当向原发证机关申请补发。

中介服务机构管理

第十条 从事房地产中介业务，应当设立相应的房地产中介服务机构。

房地产中介服务机构，应是具有独立法人资格的经济组织。

第十一条 设立房地产中介服务机构应具备下列条件：

（一）有自己的名称、组织机构；

（二）有固定的服务场所；

（三）有规定数量的财产和经费；

（四）从事房地产咨询业务的，具有房地产及相关专业中等以上学历、初级以上专业技术职称人员须占总人数的50％以上；从事房地产评估业务的，须有规定数量的房地产估价师；从事房地产经纪业务的，须有规定数量的房地产经纪人。

跨省、自治区、直辖市从事房地产估价业务的机构，应到该业务发生地省、自治区人民政府建设行政主管部门或者直辖市人民政府房地产行政主管部门备案。

第十二条 设立房地产中介服务机构，应当向当地的工商行政管理部门申请设立登记。房地产中介服务机构在领取营业执照后的一个月内，应当到登记机关所在地的县级以上人民政府房地产管理部门备案。

第十三条 房地产管理部门应当每年对房地产中介服务机构的专业人员条件进行一次检查，并于每年年初公布检查合格的房地产中介服务机构名单。检查不合格的，不得从事房地产中介业务。

第十四条 房地产中介服务机构必须履行下列义务：

（一）遵守有关的法律、法规和政策；

（二）遵守自愿、公平、诚实信用的原则；

（三）按照核准的业务范围从事经营活动；

（四）按规定标准收取费用；

（五）依法交纳税费；

（六）接受行业主管部门及其他有关部门的指导、监督和检查。

中介业务管理

第十五条 房地产中介服务人员承办业务，由其所在中介机构统一受理并与委托人签订书面中介服务合同。

第十六条 经委托人同意，房地产中介服务机构可以将委托的房地产中介业务转让委托给具有相应资格的中介服务机构代理，但不得增加佣金。

第十七条 房地产中介服务合同应当包括下列主要内容：

（一）当事人姓名或者名称、住所；

（二）中介服务项目的名称、内容、要求和标准；

（三）合同履行期限；

（四）收费金额和支付方式、时间；

（五）违约责任和纠纷解决方式；

（六）当事人约定的其他内容。

第十八条 房地产中介服务费用由房地产中介服务机构统一收取，房地产中介服务机构收取费用应当开具发票，依法纳税。

第十九条 房地产中介服务机构开展业务应当建立业务记录，设立业务台账。业务记录和业务台账应当载明业务活动中的收入、支出等费用，以及省、自治区建设行政主管部门和直辖市房地产管理部门要求的其他内容。

第二十条 房地产中介服务人员执行业务，可以根据需要查阅委托人的有关资料和文件，查看现场。委托人应当协助。

第二十一条 房地产中介服务人员在房地产中介活动中不得有下列行为：

（一）索取、收受委托合同以外的酬金或其他财物，或者利用工作之便，牟取其他不正当的利益；

（二）允许他人以自己的名义从事房地产中介业务；

（三）同时在两个或两个以上中介服务机构执行业务；

（四）与一方当事人串通损害另一方当事人利益；

（五）法律、法规禁止的其他行为。

第二十二条 房地产中介服务人员与委托人有利害关系的，应当回避。委托人有权要求其回避。

第二十三条 因房地产中介服务人员过失，给当事人造成经济损失的，由所在中介服务机构承担赔偿责任。所在中介服务机构可以对有关人员追偿。

罚　则

第二十四条 违反本规定，有下列行为之一的，由直辖市、市、县人民政府房地产管理部门会同有关部门对责任者给予处罚：

（一）未取得房地产中介资格擅自从事房地产中介业务的，责令停止房地产中介业务，并可处以1万元以上3万元以下的罚款；

（二）违反本规定第九条第一款规定的，收回资格证书或者公告资格证书作废，并可处以1万元以下的罚款；

（三）违反本规定第二十一条规定的，收回资格证书或者公告资格证书作废，并可处以1万元以上3万元以下的罚款；

（四）超过营业范围从事房地产中介活动的，处以1万元以上3万元以下的罚款。

第二十五条 因委托人的原因，给房地产中介服务机构或人员造成经济损失的，委托人应当承担赔偿责任。

第二十六条 房地产中介服务人员违反本规定，构成犯罪的，依法追究刑事责任。

第二十七条 房地产管理部门工作人员在房地产中介服务管理中以权谋私、贪污受贿的，依法给予行政处分；构成犯罪的，依法追究刑事责任。

附　则

第二十八条 省、自治区建设行政主管部门、直辖市房地产行政主管部门可以根据本规定制定实施细则。

第二十九条 本规定由国务院建设行政主管部门负责解释。

第三十条 本规定自1996年2月1日起施行。

附录2

关于房地产中介服务收费的通知

计价格第 971 号

各省、自治区、直辖市物价局（委员会）、建委（建设厅），北京、天津、上海市房地产管理局：

为规范房地产中介服务收费行为，维护房地产中介服务当事人的合法权益，建立房地产中介服务收费正常的市场秩序，现就房地产中介服务收费的有关问题通知如下：

一、凡依法设立并具备房地产中介资格的房地产咨询、房地产价格评估、房地产经纪等中介服务机构，为企事业单位、社会团体和其他社会组织、公民及外国当事人提供有关房地产开发投资、经营管理、消费等方面的中介服务，可向委托人收取合理的费用。

二、房地产中介服务收费是房地产交易市场重要的经营性服务收费。中介服务机构应当本着合理、公开、诚实信用的原则，接受自愿委托，双方签订合同，依据本通知规定的收费办法和收费标准，由中介服务机构与委托方协商确定中介服务费。

三、房地产中介服务收费实行明码标价制度。中介服务机构应当在其经营场所或交缴费用的地点的醒目位置公布其收费项目、服务内容、计费方法、收费标准等事项。

房地产中介服务机构在接受当事人委托时应当主动向当事人介绍有关中介服务的价格及服务内容等情况。

四、房地产中介服务机构可应委托人要求，提供有关房地产政策、法规、技术等咨询服务，收取房地产咨询费。

房地产咨询收费按服务形式，分为口头咨询费和书面咨询费两种。

口头咨询费，按照咨询服务所需时间结合咨询人员专业技术等级由双方协商议定收费标准。

书面咨询费，按照咨询报告的技术难度、工作繁简结合标的额大小计收。普通咨询报告，每份收费 300~1000 元；技术难度大，情况复杂、耗用人员和时间较多的咨询报告，可适当提高收费标准，收费标准一般不超过咨询标的额的 0.5%。

以上收费标准，属指导性参考价格。实际成交收费标准，由委托方与中介机构协商议定。

五、房地产价格评估收费，由具备房地产估价资格并经房地产行政主管部门、物价主管部门确认的机构按规定的收费标准计收。

以房产为主的房地产价格评估费，区别不同情况，按照房地产的价格总额采取差额定率分档累进计收。具体收费标准见附表。

土地价格评估的收费标准，按国家计委、国家土地局《关于土地价格评估收费的通知》的有关规定执行。

六、房地产经纪收费是房地产专业经纪人接受委托，进行居间代理所收取的佣金。房地产经纪费根据代理项目的不同实行不同的收费标准。

房屋租赁代理收费，无论成交的租赁期限长短，均按半个月至一个月成交租金额标准，由双方协商议定一次性计收。

房屋买卖代理收费，按成交价格总额的 0.5‰～2.5‰计收。

实行独家代理的，收费标准由委托方与房地产中介机构协商，可适当提高，但最高不超过成交价格的 3‰。

土地使用权转让代理收费办法和标准另行规定。

房地产经纪费由房地产经纪机构向委托人收取。

七、上述规定的房地产价格评估、房地产经纪收费为最高限标准。各省、自治区、直辖市物价、房地产行政主管部门可依据本通知制定当地具体执行的收费标准，报国家计委、建设部备案。对经济特区的收费标准可适当规定高一些，但最高不得超过上述收费标准的 30％。

八、各地区、各部门和房地产中介服务机构应严格执行物价部门规定的收费原则和收费标准，切实提供质价相称的服务。

凡中介服务机构资格应经确认，而未经确认、自立名目乱收费、擅自提高收费标准或越权制订、调整收费标准的，属于价格违法行为，由物价检查机构按有关法规予以处罚。

九、本通知下达以前有关规定凡与本通知相抵触的，一律以本通知为准。

中华人民共和国国家计划委员会

中华人民共和国建设部

一九九五年七月十七日

附表：以房产为主的房地产价格评估收费标准计算表

附表：

以房产为主的房地产价格评估收费标准计算表

档次	房地产价格总额（万元）	累进计费率（‰）
1	100 以下（含 100）	5
2	101～1000	2.5
3	1001～2000	1.5
4	2001～5000	0.8
5	5001～8000	0.4
6	8001～10000	0.2
7	10000 以上	0.1

附录3

中介服务收费管理办法

计价格 [1999] 2255 号 1999 年 12 月 22 日

第一章 总 则

第一条 为适应建立和完善社会主义市场经济体制的要求，规范中介机构收费行为，维护中介机构和委托人的合法权益，促进中介服务业的健康发展，根据《中华人民共和国价格法》，制定本办法。

第二条 本办法适用于中华人民共和国境内独立执业、依法纳税、承担相应法律责任的中介机构提供中介服务的收费行为。

根据法律、法规规定代行政府职能强制实施具有垄断性质的仲裁、认证、检验、鉴定收费，不适用本办法。

第三条 本办法所称的中介机构是依法通过专业知识和技术服务，向委托人提供公证性、代理性、信息技术服务性等中介服务的机构。

（一）公证性中介机构具体指提供土地、房产、物品、无形资产等价格评估和企业资信评估服务，以及提供仲裁、检验、鉴定、认证、公证服务等机构；（二）代理性中介机构具体指提供律师、会计、收养服务，以及提供专利、商标、企业注册、税务、报关、签证代理服务等机构；（三）信息技术服务性中介机构具体指提供咨询、招标、拍卖、职业介绍、婚姻介绍、广告设计服务等机构。

第四条 中介机构实施收费必须具备下列条件：

（一）经政府有关部门批准，办理注册登记，取得法人资格证书；（二）在有关法律、法规和政府规章中规定，须经政府有关部门或行业协会实施执业资格认证，取得相关市场准入资格的，按规定办理；（三）依法进行税务登记，取得税务登记证书；（四）未进行企业注册登记的非企业法人需向价格主管部门申领《收费许可证》。

第五条 中介机构提供服务并实施收费应遵循公开、公正、诚实信用的原则和公平竞争、自愿有偿、委托人付费的原则，严格按照业务规程提供质量合格的服务。

按照法律、法规和政府规章规定实施的中介服务，任何部门、单位和个人都不得以任何方式指定中介机构为有关当事人服务。

第六条 中介服务收费实行在国家价格政策调控、引导下，主要由市场形成价格的制度。

（一）对咨询、拍卖、职业介绍、婚姻介绍、广告设计收费等具备市场充分竞争条件的中介服务收费实行市场调节价；（二）对评估、代理、认证、招标服务收费等市场竞争不充分或服务双方达不到平等、公开服务条件的中介服务收费实行政府指导价；（三）对检验、鉴定、公证、仲裁收费等少数具有行业和技术垄断的中介服务收费实行政府定价。

法律、法规另有规定的，从其规定。

第二章 收费管理权限的划分

第七条 国务院价格主管部门负责研究制定中介服务收费管理的方针政策、收费标准核定的原则，以及制定和调整重要的政府定价或政府指导价的中介服务收费标准。

国务院其他有关业务主管部门或全国性行业协会等社会团体应根据各自职责，协助国务院价格主管部门做好中介服务收费监督和管理工作。

第八条 省、自治区、直辖市人民政府价格主管部门负责国家有关中介服务收费管理的方针政策的贯彻落实，制定分工管理的政府定价或政府指导价的中介服务收费标准。

省级以下其他有关业务部门或同级行业协会等社会团体应根据各自职责，协助本级价格主管部门做好中介服务收费管理工作。

第九条 实行政府定价、政府指导价的分工权限和适用范围，按中央和省级价格主管部门颁布的定价管理目录执行。定价目录以外的中介服务项目，实行市场调节价。

第十条 对实行市场调节价的中介服务收费，政府价格主管部门应进行价格政策指导，帮助中介机构做好价格管理工作。

第三章 收费标准的制定

第十一条 制定中介服务收费标准应以中介机构服务人员的平均工时成本费用为基础，加法定税金和合理利润，并考虑市场供求情况制定。

法律、法规和政府规章指定承担特定中介服务的机构，其收费标准应按照补偿成本、促进发展的非营利的原则制订。

中介服务收费标准应体现中介机构的资质等级、社会信誉，以及服务的复杂程度，保持合理的差价。

第十二条 实行市场调节价的中介服务收费标准，由中介机构自主确定。实施服务收费时，中介机构可依据已确定的标准，与委托人商定具体收费标准。

第十三条 价格主管部门制订或调整政府定价、政府指导价的中介服务收费标准，应认真测算、严格核定服务的成本费用，充分听取社会各方面的意见，并及时向社会公布。

第四章 收费行为的规范

第十四条 应委托人的要求，中介机构实施收费应与委托人签订委托协议书。委托协议书应包括委托的事项、签约双方的义务和责任、收费的方式、收费金额和付款时间等内容。

第十五条 中介机构向委托人收取中介服务费，可在确定委托关系后预收全部或部分费用，也可与委托人协商约定在提供服务期间分期收取或在完成委托事项后一次性收取。

第十六条 中介机构应在收费场所显著的位置公布服务程序或业务规程、服务项目和收费标准等，实行明码标价，自觉接受委托人及社会各方面的监督，不得对委托人进行价格欺诈和价格歧视。

第十七条　中介机构的行业协会等社会团体以及中介机构之间不得以任何理由相互串通，垄断或操纵服务市场，损害委托人的利益。

第十八条　中介机构要严格执行国家有关收费管理的法规和政策，不得违反规定设立收费项目、扩大收费范围、提高收费标准。

第十九条　中介机构不得以排挤竞争对手或者独占市场为目的，低于本单位服务成本收费，搞不正当竞争。

第二十条　委托人可自主选择中介机构提供服务，中介机构不得强制或变相强制当事人接受服务并收费。

第五章　法　律　责　任

第二十一条　因中介机构过错或其无正当理由要求终止委托关系的，或因委托人过错或其无正当理由要求终止委托关系的，有关费用的退补和赔偿事宜依据《合同法》办理。

第二十二条　中介机构与委托人之间发生收费纠纷，由所在地业务主管部门或行业协会协调处理，委托人对业务主管部门或行业协会的处理有异议的，可申请所在地价格主管部门协调处理，当事双方或其中一方对行政机关或行业协会协调处理仍有异议的，可协议申请仲裁或依法向人民法院起诉。

第二十三条　中介机构违反本办法规定，有下列行为之一的，由价格部门依据《价格法》和《价格违法行为行政处罚规定》予以查处：

（一）不符合本办法规定的收费条件，实施收费的；（二）违反收费管理权限，自立收费项目，自定收费标准收费的；（三）擅自提高收费标准、扩大收费范围、增加收费频次、超越收费时限收费的；（四）违反已签定的协议（合同）实施收费的；（五）违反自愿原则，与行政机关或行使行政职能的事业单位、行业组织联合下发文件或协议，强制或变相强制委托人购买指定产品或接受指定服务并收费的；（六）公证性的中介机构提供虚假服务成果收费的；（七）未按规定实行明码标价或对委托人进行价格欺诈、价格歧视的；（八）违反规定相互串通，垄断或操纵服务市场，损害委托人利益的；（九）违反规定搞不正当价格竞争，以低于本单位服务成本收费的；（十）其他违反本规定的收费行为。

第六章　附　　则

第二十四条　省、自治区、直辖市人民政府价格主管部门可依据本办法结合本地实际制定实施细则。

第二十五条　本办法由国家计委负责解释。

第二十六条　本办法自发布之日起实施。

附录 4

房地产经纪人员职业资格制度暂行规定

(2001 年 12 月 18 日)

第一章 总　则

第一条　为了加强对房地产经纪人员的管理，提高房地产经纪人员的职业水平，规范房地产经纪活动秩序，根据国家职业资格制度的有关规定，制定本规定。

第二条　本规定适用于房地产交易中从事居间、代理等经纪活动的人员。

第三条　国家对房地产经纪人员实行职业资格制度，纳入全国专业技术人员职业资格制度统一规划。凡从事房地产经纪活动的人员，必须取得房地产经纪人员相应职业资格证书并经注册生效。未取得职业资格证书的人员，一律不得从事房地产经纪活动。

第四条　本规定所称房地产经纪人员职业资格包括房地产经纪人执业资格和房地产经纪人协理从业资格。

取得房地产经纪人执业资格是进入房地产经纪活动关键岗位和发起设立房地产经纪机构的必备条件。取得房地产经纪人协理从业资格，是从事房地产经纪活动的基本条件。

第五条　人事部、建设部共同负责全国房地产经纪人员职业资格制度的政策制订、组织协调、资格考试、注册登记和监督管理工作。

第二章 考　试

第六条　房地产经纪人执业资格实行全国统一大纲、统一命题、统一组织的考试制度，由人事部、建设部共同组织实施，原则上每年举行一次。

第七条　建设部负责编制房地产经纪人执业资格考试大纲、编写考试教材和组织命题工作，统一规划、组织或授权组织房地产经纪人执业资格的考前培训等有关工作。

考前培训工作按照培训与考试分开，自愿参加的原则进行。

第八条　人事部负责审定房地产经纪人执业资格考试科目、考试大纲和考试试题，组织实施考务工作。会同建设部对房地产经纪人执业资格考试进行检查、监督、指导和确定合格标准。

第九条　凡中华人民共和国公民，遵守国家法律、法规，已取得房地产经纪人协理资格并具备以下条件之一者，可以申请参加房地产经纪人执业资格考试：

（一）取得大专学历，工作满 6 年，其中从事房地产经纪业务工作满 3 年。

（二）取得大学本科学历，工作满 4 年，其中从事房地产经纪业务工作满 2 年。

（三）取得双学士学位或研究生班毕业，工作满 3 年，其中从事房地产经纪业务工作满 1 年。

（四）取得硕士学位，工作满 2 年，从事房地产经纪业务工作满 1 年。

（五）取得博士学位，从事房地产经纪业务工作满 1 年。

第十条 房地产经纪人执业资格考试合格，由各省、自治区、直辖市人事部门颁发人事部统一印制，人事部、建设部用印的《中华人民共和国房地产经纪人执业资格证书》。该证书全国范围有效。

第十一条 房地产经纪人协理从业资格实行全国统一大纲，各省、自治区、直辖市命题并组织考试的制度。

第十二条 建设部负责拟定房地产经纪人协理从业资格考试大纲。人事部负责审定考试大纲。

各省、自治区、直辖市人事厅（局）、房地产管理局，按照国家确定的考试大纲和有关规定，在本地区组织实施房地产经纪人协理从业资格考试。

第十三条 凡中华人民共和国公民，遵守国家法律、法规，具有高中以上学历，愿意从事房地产经纪活动的人员，均可申请参加房地产经纪人协理从业资格考试。

第十四条 房地产经纪人协理从业资格考试合格，由各省、自治区、直辖市人事部门颁发人事部、建设部统一格式的《中华人民共和国房地产经纪人协理从业资格证书》。该证书在所在行政区域内有效。

第三章 注 册

第十五条 取得《中华人民共和国房地产经纪人执业资格证书》的人员，必须经过注册登记才能以注册房地产经纪人名义执业。

第十六条 建设部或其授权的机构为房地产经纪人执业资格的注册管理机构。

第十七条 申请注册的人员必须同时具备以下条件：

（一）取得房地产经纪人执业资格证书。

（二）无犯罪记录。

（三）身体健康，能坚持在注册房地产经纪人岗位上工作。

（四）经所在经纪机构考核合格。

第十八条 房地产经纪人执业资格注册，由本人提出申请，经聘用的房地产经纪机构送省、自治区、直辖市房地产管理部门（以下简称省级房地产管理部门）初审合格后，统一报建设部或其授权的部门注册。准予注册的申请人，由建设部或其授权的注册管理机构核发《房地产经纪人注册证》。

第十九条 人事部和各级人事部门对房地产经纪人员执业资格注册和使用情况有检查、监督的责任。

第二十条 房地产经纪人执业资格注册有效期一般为3年，有效期满前3个月，持证者应到原注册管理机构办理再次注册手续。在注册有效期内，变更执业机构者，应当及时办理变更手续。

再次注册者，除符合本规定第十七条规定外，还须提供接受继续教育和参加业务培训的证明。

第二十一条 经注册的房地产经纪人有下列情况之一的，由原注册机构注销注册：

（一）不具有完全民事行为能力。

（二）受刑事处罚。

(三) 脱离房地产经纪工作岗位连续 2 年 (含 2 年) 以上。
(四) 同时在 2 个及以上房地产经纪机构进行房地产经纪活动。
(五) 严重违反职业道德和经纪行业管理规定。

第二十二条 建设部及省级房地产管理部门,应当定期公布房地产经纪人执业资格的注册和注销情况。

第二十三条 各省级房地产管理部门或其授权的机构负责房地产经纪人协理从业资格注册登记管理工作。每年度房地产经纪人协理从业资格注册登记情况应报建设部备案。

第四章 职 责

第二十四条 房地产经纪人和房地产经纪人协理,在经纪活动中,必须严格遵守法律、法规和行业管理的各项规定,坚持公开、公平、公正的原则,恪守职业道德。

第二十五条 房地产经纪人有权依法发起设立或加入房地产经纪机构,承担房地产经纪机构关键岗位工作,指导房地产经纪人协理进行各种经纪业务,经所在机构授权订立房地产经纪合同等重要业务文书,执业房地产经纪业务并获得合理佣金。

在执行房地产经纪业务时,房地产经纪人员有权要求委托人提供与交易有关的资料,支付因开展房地产经纪活动而发生的成本费用,并有权拒绝执行委托人发出的违法指令。

第二十六条 房地产经纪人协理有权加入房地产经纪机构,协助房地产经纪人处理经纪有关事务并获得合理的报酬。

第二十七条 房地产经纪人和房地产经纪人协理经注册后,只能受聘于一个经纪机构,并以房地产经纪机构的名义从事经纪活动,不得以房地产经纪人或房地产经纪人协理的身份从事经纪活动或在其他经纪机构兼职。

房地产经纪人和房地产经纪人协理必须利用专业知识和职业经验处理或协助处理房地产交易中的细节问题,向委托人披露相关信息,诚实信用,恪守合同,完成委托业务,并为委托人保守商业秘密,充分保障委托人的权益。

房地产经纪人和房地产经纪人协理必须接受职业继续教育,不断提高业务水平。

第二十八条 房地产经纪人的职业技术能力:
(一) 具有一定的房地产经济理论和相关经济理论水平,并具有丰富的房地产专业知识。
(二) 能够熟练掌握和运用与房地产经纪业务相关的法律、法规和行业管理的各项规定。
(三) 熟悉房地产市场的流通环节,具有熟练的实务操作的技术和技能。
(四) 具有丰富的房地产经纪实践经验和一定资历,熟悉市场行情变化,有较强的创新和开拓能力,能创立和提高企业的品牌。
(五) 有一定的外语水平。

第二十九条 房地产经纪人协理的职业技术能力:
(一) 了解房地产的法律、法规及有关行业管理的规定。
(二) 具有一定的房地产专业知识。
(三) 掌握一定的房地产流通的程序和实务操作技术及技能。

第五章 附 则

第三十条 本规定发布前已长期从事房地产经纪工作并具有较高理论水平和丰富实践经验的人员，可通过考试认定的办法取得房地产经纪人执业资格，考试认定办法由建设部、人事部另行规定。

第三十一条 通过全国统一考试，取得房地产经纪人执业资格证书的人员，用人单位可根据工作需要聘任经济师职务。

第三十二条 经国家有关部门同意，获准在中华人民共和国境内就业的外籍人员及港、澳、台地区的专业人员，符合本规定要求的，也可报名参加房地产经纪职业资格考试以及申请注册。

第三十三条 房地产经纪人协理从业资格的管理，由省、自治区、直辖市人事厅（局）、房地产管理部门根据国家有关规定，制定具体办法，组织实施。各地所制定的管理办法，分别报人事部、建设部备案。

第三十四条 本规定由人事部和建设部按职责分工负责解释。

第三十五条 本规定自发布之日起施行。

附录 5

房地产经纪人执业资格考试实施办法

(2001 年 12 月 18 日)

第一条 根据《房地产经纪人员职业资格制度暂行规定》(以下简称《暂行规定》),为做好房地产经纪人执业资格考试工作,制定本办法。

第二条 人事部和建设部共同成立全国房地产经纪人执业资格考试办公室,在两部领导下,负责房地产经纪人执业资格考试的组织实施和日常管理工作。

各地考试工作由当地人事部门会同房地产管理部门组织实施,具体分工由各地自行确定。

第三条 房地产经纪人执业资格考试从 2002 年度开始实施,原则上每年举行 1 次,考试时间定于每年的第三季度。首次开始于 2002 年 10 月份举行。

第四条 房地产经纪人执业资格考试科目为《房地产基本制度与政策》、《房地产经纪相关知识》、《房地产经纪概论》和《房地产经纪实务》四个科目。考试分 4 个半天进行,每个科目的考试时间为两个半小时。

第五条 考试成绩实行两年为一个周期的滚动管理。参加全部四个科目考试的人员必须在连续两个考试年度内通过应试科目;免试部分科目的人员必须在一个考试年度内通过应试科目。

第六条 符合《暂行规定》第九条规定的报名条件者,均可报名参加房地产经纪人执业资格考试。

在 2005 年以前(包括 2005 年),报名参加房地产经纪人执业资格考试的人员,可以不需要先取得房地产经纪人协理从业资格。

第七条 凡已经取得房地产估价师执业资格者,报名参加房地产经纪人执业资格考试可免试《房地产基本政策与制度》科目。

第八条 参加考试须由本人提出申请,所在单位审核同意,携带有关证明材料到当地考试管理机构报名。考试管理机构按规定程序和报名条件审查合格后,发给准考证。考生凭准考证在指定的时间、地点参加考试。

国务院各部委及其直属单位的报考人员,按属地原则报名参加考试。

第九条 房地产经纪人执业资格考试的考场设在省辖市以上的中心城市。

第十条 建设部负责组织编写和确定房地产经纪人执业资格考试、培训指定用书及有关参考资料,并负责考试培训管理工作。

第十一条 建设部或授权的机构负责组织房地产经纪人执业资格考试的师资培训工作,各省、自治区、直辖市房地产管理部门或其授权的机构组织负责具体培训工作。各地培训机构要具备场地、师资、教材等条件,经省、自治区、直辖市房地产管理部门会同人事部门审核批准,报建设部备案。

第十二条 坚持培训与考试分开的原则,参加培训工作的人员,不得参加所有考试组织工作(包括命题、审题和组织管理)。应考人员参加考前培训坚持自愿原则。

第十三条 房地产经纪人执业资格考试、培训及有关项目的收费标准,须经当地价格主管部门核准，并公布于众，接受群众监督。

第十四条 严格执行考试考务工作的有关规章制度，做好试卷命题、印刷、发送过程中的保密工作，严格考场纪律，严禁弄虚作假。对违反规章制度的，按规定进行严肃处理。

参 考 文 献

[1] 张永岳,刘道桐主编.房地产经纪人基础教程.上海:上海三联书店,2002.
[2] 中国房地产估价师与房地产经纪人学会编.房地产经纪概论.北京:中国建筑工业出版社,2005.
[3] 中国房地产估价师与房地产经纪人学会编.房地产基本制度与政策.北京:中国建筑工业出版社,2005.
[4] 周传林主编.房产中介机构运作指南.北京:中国经济出版社,2004.
[5] 廖俊平主编.中国房地产经纪人员职业资格制度.广州:南方日报出版社,2003.
[6] 高荣,周云编著.房地产经纪概论.南京:东南大学出版社,2004.
[7] 麦德思销售顾问中心主编.房地产业务员销售方法与技巧.广州:广东省出版集团,广东经济出版社,2005.
[8] 余源鹏主编.三天造就售楼冠军.北京:机械工业出版社,2005.
[9] 宋伟主编.房地产经纪基础.北京:人民邮电出版社,2005.
[10] 中国城市房地产网 www.zcf100.com
[11] SmartRAIM 房地产中介管理软件产品白皮书. www.smartraim.uqc.cn